LÉOPOLD ROBERT

SA VIE,

SES ŒUVRES

ET SA CORRESPONDANCE.

PARIS. — IMPRIMERIE GERDÈS,

10, RUE SAINT-GERMAIN-DES-PRÉS.

LÉOPOLD ROBERT

SA VIE,

SES OEUVRES

ET SA CORRESPONDANCE.

PAR

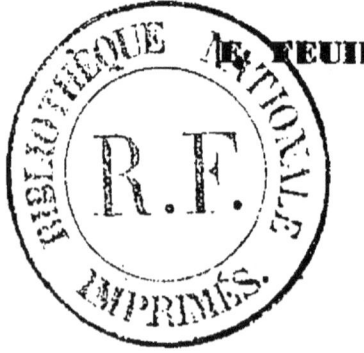 FEUILLET DE CONCHES.

PARIS

BUREAU DE LA REVUE DES DEUX MONDES,
18, RUE SAINT-BENOÎT.

AMYOT, LIBRAIRE-ÉDITEUR,
6, RUE DE LA PAIX.

GOUPIL, VIBERT ET C°,
15, BOULEV. MONTMARTRE.

1848.

1849

Un prince, quelque génie qu'il ait reçu du ciel, ne fait point tout botté, en descendant de cheval, le *Stabat* de Pergolèse ou la *Sainte Famille* de Raphaël..... Un homme naît grand, et on le fait grand sans que le mérite s'en mêle...... Pour qu'un homme soit peintre, il y faut plus de façon; cela ne se donne pas en dot ni ne se lègue par succession. Jamais le pinceau du Titien ne fut un héritage; Raphaël ne dut rien au bon plaisir de Michel-Ange; il eût servi de peu à Lysippe d'épouser la sœur de Scopas ou la fille de Praxitèle. Pour parvenir au comble de la gloire et de son art, ni alliance, ni parenté, ni naissance, ni faveur, ne le pouvaient dispenser d'un seul des degrés nécessaires de ce pénible apprentissage; et, pâlissant sur le modèle, encore eût-il perdu ses veilles comme tant d'autres, si le ciel ne l'eût doué d'une ame capable de sentir les beautés naturelles, car il faut tout cela : une exquise sensibilité et un travail opiniâtre, un enthousiasme de génie et une patience à l'épreuve des difficultés... une longue méditation, tout ce que peut joindre l'étude à une heureuse nature, assemblage plus rare que la fortune et les commandemens; et voilà pourquoi si peu d'hommes excellent dans les arts.

(PAUL-LOUIS COURIER : *Conversation chez la comtesse d'Albany.*)

LIVRE PREMIER.

―――

PREMIÈRE PÉRIODE.

GRAVEUR ET PEINTRE.

―――

On peut dire, à beaucoup d'égards, que la meilleure biographie d'un peintre est l'histoire de ses
ouvrages. Un croquis de la main d'un maître a
pour nous plus de valeur que le récit d'une anec-
dote dont il sera le héros; il nous importe plus, en
un mot, de savoir ce qu'il a peint que ce qu'il a
fait. L'œuvre cependant ne nous suffit pas: Soit légitime curiosité, soit malice ou jalousie secrète, on
veut surprendre l'auteur en déshabillé; scruter à
l'aise ses qualités morales, ses passions, ses habi-

tudes, ses défauts; assister en quelque sorte, s'il est possible, à l'élaboration de sa pensée. On veut des détails biographiques, on veut des lettres authentiques et autographes. Aussi bien, à cela l'instruction y trouve son compte. L'œuvre et l'auteur s'expliquent l'un par l'autre, l'un et l'autre doivent être également étudiés. A part la nature même du génie d'un artiste, la position sociale, l'éducation, les circonstances extérieures, ont de puissantes influences sur la direction de son goût et de son talent. Des qualités qu'on peut lui reconnaître, des torts qu'on peut lui reprocher, quelques-uns sont à lui, plusieurs à l'école dont il a sucé le lait, d'autres à son siècle. Ainsi, l'artiste qui se livre aux flots de la mode, aux agitations du monde, éparpille son talent en essais éphémères et gaspille sa destinée. Interrogé sur ce qu'il fallait faire pour devenir original, un philosophe répondit : « Vivre seul, ne rien lire, et se promener beaucoup. » Et, de fait, dans les arts d'imitation, les grandes et belles œuvres ne peuvent s'enfanter qu'au sein du calme et de la retraite, comme aussi dans la retraite et le calme seuls peuvent éclore et mûrir les grands ouvrages littéraires. « Comment avez-vous pu tant écrire? » demandait-on à Voltaire. — « C'est en ne vivant point à Paris. » Ainsi, le génie du Poussin se sentait mal à l'aise sur le théâtre de la cour de Louis XIII. Un instant, peut-être, « ce ne lui

eût pas été peu de plaisir (il le dit lui-même) que
de sortir quelquefois de l'orchestre pour, d'un petit coin et comme inconnu, pouvoir goûter le jeu
des acteurs; » mais bien vite il aspira vers Rome,
fuyant ses protecteurs autant que les tracasseries
de Vouët et de Fouquières. Ainsi encore Le Sueur
abritait dans la solitude et fécondait silencieuse-
ment sa pensée en s'isolant des intérêts du siècle.
De même ont fait Ingres et Robert. *Nulla dies,* disait Zeuxis cité par Pline, *nulla dies sine linea.*

C'est surtout de l'artiste qui se sera montré original et aura procédé seulement de lui-même,
qu'il sera juste de dire que sa vie est le meilleur
commentaire de ses productions. Elle en est, en
effet, l'explication naturelle et comme l'histoire. En
général, les artistes écrivent peu; mais ce qu'on a
recueilli de leurs lettres jette un grand jour sur
les pensées et les doctrines, sur l'art et la science
que reflètent leurs œuvres. Les *Lettere pittoriche*
du recueil donné par l'évêque Bottari sont un mo-
nument inestimable des maîtres des xvie et xviie siècles. Il est curieux de voir ces beaux génies, dont
la langue naturelle était la ligne et la couleur,
achever avec la plume la pensée du crayon et du
pinceau, se compléter ainsi eux-mêmes, et sup-
pléer à l'obscurité des traditions que le temps nous
a léguées sur la plupart d'entre eux. La publica-
tion des lettres de Nicolas Poussin a rendu un im-

portant service à l'histoire de l'art comme à celle
de l'esprit humain, et ce livre plein de charme a
moins de lecteurs qu'il n'en mérite. C'est par le
Poussin et par Le Sueur que les qualités suprêmes
de la grande et véritable peinture sont entrées
dans notre école, ou, pour mieux dire, l'ont con-
stituée. De quel intérêt n'est-il point, dès-lors, de
suivre pas à pas, jusqu'au degré éminent de doc-
trine où il est parvenu, ce Poussin dont la dignité
de caractère, le sérieux et l'élévation de pensée,
la force de conviction et l'originalité de talent ont
fait un grand homme? Poussin, dont les tableaux
révèlent d'ailleurs une érudition pittoresque peu
commune, avait étudié les livres uniquement dans
la vue de son art. Il va au fait, « cueillant la fleur
des beaux ouvrages, et travaillant gaillardement, »
comme il le dit lui-même, toutefois écrivant bon-
nement, simplement, avec un fort bon fonds d'idées
justes, avec des formes très naturelles, rien de
plus. Il s'en excuse et dit «qu'on doit lui pardonner,
parce qu'il a vécu avec des personnes qui l'ont su
entendre par ses ouvrages, n'étant pas son métier
de savoir bien écrire. » Ses descriptions, ses réflexions critiques n'en sont pas moins admirables:
c'est simple et grand comme ses beaux dessins. Il
y règne surtout cette clarté suprême, qualité française si éminente dans les arts comme dans les
lettres, et qui en suppose tant d'autres. Il se pro-

posait « d'ourdir des observations sur le fait de la
peinture : » ce devait être l'occupation de sa vieillesse; mais, comme toujours, la mort prévint l'exécution du projet. Dans cette précieuse correspondance, on voit éclore les œuvres du Poussin; on
voit avec quelle scrupuleuse conscience il les épure,
avec quelle jalouse tendresse et quel sentiment
d'art il les suit par-delà, quand elles ont quitté ses
mains créatrices.

Ce qu'on a fait pour Nicolas Poussin, nous le ten-
terons pour Léopold Robert. Nous essaierons de
raconter l'histoire de sa vie et de ses ouvrages par
sa correspondance. Silencieux et recueilli, cet
homme réservait toute l'abondance de son ame
pour les épanchemens épistolaires, et c'est là qu'il
le faut chercher tout entier, mais sans se préoccuper du style : il avait plus étudié David que Patru.
Diffus le pinceau à la main, il l'est à plus forte raison quand il tient la plume. Parfois les idées les
plus élevées et les plus justes sont là en germe,
qui n'eussent attendu chez lui pour étinceler avec
netteté que le choc de la contradiction de quelque
esprit exercé; mais, seul avec lui-même, il lui arrive de n'avoir qu'une expression confuse, même
sur les matières qu'il connaît le mieux. Que ceux
qui s'imaginent qu'un grand artiste peut toujours
écrire avec la plume d'aussi belles choses qu'avec
le pinceau se détrompent. Michel-Ange, il est vrai,

*

et Raphaël furent poètes; Léonard de Vinci toucha de sa plume tous les sujets; Rubens, qui partagea la gloire des négociateurs, écrivit également beaucoup et bien. Plusieurs, alors et depuis, furent d'habiles écrivains sans s'en douter : fermes, simples, précis, merveilleux surtout de sobriété. On n'y faisait point alors tant de façons. L'analyse et le développement, les finesses et subtilités d'idée et de langage, naquirent plus tard, et l'usage en devint plus fréquent, chez les artistes, en proportion de la décadence du talent de peindre. Mais, encore une fois, autre chose est l'art de peindre et l'art d'écrire : rien de plus rare que l'assemblage de ces deux dons portés à la fois à un point élevé. Du moins, un mérite peu commun distingue la correspondance de Robert : écrite plutôt avec le cœur qu'avec l'esprit, elle est remplie de sentimens tendres, élevés, religieux; elle est le vrai miroir de son ame.

Un naturel méditatif, des études fortes et austères, un travail patient, avaient, de longue date, donné à son esprit cette gravité qui fait la dignité de l'intelligence. Formé, comme Le Sueur, à la sévère école du christianisme; comme lui tendre, comme lui empreint de cette chasteté de goût qui tient toujours à celle de l'ame, nul n'était plus pur, plus naïf, plus inoffensif, nul plus exempt de jalousie et d'ambition, nul plus rempli de cette

modération du sage, qui, sans jamais transiger
avec l'autorité de la conscience, incline à l'indulgence envers les personnes. Tel il se montre dans
les lettres inédites où nous allons suivre ses débuts difficiles, ses succès, ses jugemens sur l'art
ancien et moderne, ses amitiés, ses douleurs, qui
préparèrent sa fin tragique, dont on a jusqu'ici
plutôt pressenti et deviné qu'analysé les véritables
causes. Semblable, par un côté, à Raphaël, à Le
Sueur, à Pascal, à Mozart, Léopold fut un de ces
hommes qui portent au front le signe fatal d'une
fin prématurée. Dieu, en versant dans leur ame
le feu céleste, leur donne assez de jours pour mériter la gloire, trop peu pour en jouir. On pourra
différer d'avis sur l'excellence des œuvres de Robert, on ne pourra se défendre d'aimer et de plaindre sa personne.

I.

Louis-Léopold Robert naquit, le 13 mai 1794,
dans le canton de Neufchâtel en Suisse, au dis-
trict de la Chaux-de-Fonds, où, sous un ciel bru-
meux, sur un sol âpre et sauvage, blanchi de
neige les deux tiers de l'année, fleurit une de ces

colonies d'horlogers dont l'ancienne Suisse française est couverte. A l'époque où Léopold Robert
vit le jour, la Chaux-de-Fonds n'était qu'une triste
bourgade sans importance. Elle a bien changé de
son vivant, et l'on dirait que, sous ce ciel ingrat,
l'activité manufacturière a dompté la nature, et
que le génie de la liberté et de l'industrie a com-
muniqué sa puissance à la terre et ses feux au soleil. La Chaux-de-Fonds et le Locle, village voisin
et rival d'industrie (1), ont produit, de nos jours,
plusieurs artistes connus, tels que les frères Girardet, graveurs sur bois et en taille-douce; Brandt,
premier grand-prix de gravure en France, et premier graveur de la Monnaie de Berlin; enfin, un
de nos plus habiles graveurs en taille-douce, Charles Forster, aujourd'hui naturalisé Français et
membre de notre Institut. Tous ces hommes, nés
à quelques pas de distance les uns des autres, se
sont assis sur les bancs de la même école de village,
tenue par un digne maître à qui plus tard la tête
tourna d'orgueil aux succès de Robert.

---

(1) La Chaux-de-Fonds est bâtie sur un des plateaux du versant oriental des montagnes du Jura. Neufchâtel est au bas du
versant, et, à une certaine époque de l'année, on ne peut faire
qu'en traîneau une partie du chemin qui descend vers la ville.
Le Locle est dans la vallée de Fleurier, du côté de France, à
trois quarts d'heure de notre frontière.

Le père de Léopold était un horloger monteur de boîtes. Sa mère, qui fut toujours d'une santé débile, et qui mourut d'une maladie de langueur en 1828, était une personne d'une piété touchante et d'une exquise délicatesse de sentimens. Léopold avait deux frères : Alfred, plus jeune que lui d'une année, et qui, par suite de peines de cœur, s'est coupé la gorge avec son rasoir, le 20 mars 1825, dix ans, jour pour jour, avant que le peintre des *Pêcheurs* se vouât au même sort; et Aurèle, le plus jeune des trois, qui s'est fait connaître par des dessins et des peintures fort goûtés à nos expositions. Deux sœurs complétaient cette famille : l'une, honorablement mariée; la seconde, volontairement consacrée au célibat pour soigner son vieux père, mort seulement depuis peu d'années. Tous ces enfans, heureusement doués, avaient pris à tâche de développer les qualités qu'ils avaient reçues de la nature, et les parens s'étaient imposé de grands sacrifices pour ouvrir à leur jeune famille les sources d'une instruction morale digne de leurs mœurs patriarcales et pures.

La biographie qui découvre après coup, dans l'enfance des grands artistes, le facile horoscope de leur destinée future, se trouverait, sur plusieurs points, en défaut pour Léopold. Lui qu'on vit plus tard si triste et si morose, montra, durant ses premières années, une vivacité et une pé-

tulance indomptables avec un naturel ouvert des
plus aimables et des plus attachans. La maison où
il avait vu le jour est en dehors du village, dans
la campagne, sur le chemin qui conduit au Locle.
C'est une des plus anciennes du lieu, et sa modeste apparence contraste avec les proportions
considérables des constructions modernes, véritables ruches qui contiennent quelquefois jusqu'à
vingt familles d'ouvriers (1). Léopold errait çà et
là au milieu des pâtres et des troupeaux, prenant
plaisir à leurs mœurs. Si la poésie bucolique s'est
réfugiée quelque part, c'est en Suisse. Bientôt
l'enfant saisit le crayon et ne le quitta plus. Papier, murailles, tout se couvrait de ses esquisses,
et un œil attentif eût pu démêler dans ses essais
informes, mais empreints d'observation autant que
de naïveté, quelque germe de ce goût qui devait
faire de lui un artiste. Son bisaïeul maternel, vieillard presque séculaire, mais d'une trempe d'esprit
vigoureuse, étant venu, dans ce temps-là, visiter

---

(1) Depuis la mort de Robert, des mains amies ont placé
au-dessus de la porte de la maison une inscription gravée qui
rappelle qu'elle est le lieu de sa naissance. L'autorité locale
s'est opposée à l'érection d'aucun autre monument en l'honneur de l'artiste, à raison de son genre de mort. Les Genevois
ont pu se montrer moins sévères pour leur propre gloire à
l'endroit de Jean-Jacques Rousseau.

la famille, fut frappé de l'expression et de la vivacité de regard du dessinateur précoce, et lui pré-
dit de hautes destinées.

Cette vie passée à l'air libre de la campagne et
au foyer du pauvre, dans l'étude et en quelque
sorte dans l'intimité de toutes les harmonies
rustiques, fit bientôt place à une initiation plus sévère. Léopold entra dans un pensionnat à Porren-
truy, alors chef-lieu de sous-préfecture du dépar-
tement du Haut-Rhin, et là, chose curieuse, il
oublia le dessin et dévora les livres. Les idées com-
plexes n'allaient point à cet esprit déjà tout d'une
pièce. On le vit même prendre en dégoût son
ancienne passion, et, quand la leçon de dessin arrivait, en consacrer obstinément les heures à toute
autre étude, quelque aride qu'elle pût être. Son
aptitude au travail était remarquable, sa persévérance plus remarquable encore, à tel point qu'il en
perdit la santé, jusqu'à faire craindre pour sa vie.
Son père dut le ramener à la Chaux-de-Fonds, et
c'est avec les ressources que pouvait offrir ce village qu'il acheva tant bien que mal son éducation.

Quand il fut en âge de prendre un état, le désir
de lui assurer promptement une existence indépendante porta la tendresse inquiète de ses parens
à le mettre en apprentissage dans une maison de
commerce à Yverdun; mais le commerce n'était
nullement son fait, et quelques mois s'étaient à

peine écoulés que l'enfant était au désespoir. Son père alors, ouvrant les yeux, comprit que la vocation de Léopold était celle qu'il avait montrée si fortement dans sa première jeunesse, et dont il avait donné de nouvelles preuves. On se détermina donc à lui laisser courir la carrière des arts, qui effraie toujours les parens sans fortune. L'enfant revint encore dans sa famille, et se mit à copier quelques mauvaises gravures plutôt faites pour égarer son goût que pour le diriger et le développer.

Cependant son père était lié avec de bonnes gens du Locle, les Girardet, de père en fils dessinateurs, libraires, éditeurs d'almanachs, graveurs et peintres, et qui, dans leur humble échoppe villageoise où ils tenaient classe de dessin, résumaient tout un petit monde d'art. Deux frères de ce nom pratiquaient alors la gravure : l'un était cet Abraham Girardet, si connu à Paris pour avoir gravé, sous l'Empire, le *Triomphe d'Auguste*, et, suivant l'expression du temps, *illustré* de ses gravures dans le style de Ficquet la plupart des collections et des éditions de luxe mises au jour sous la Restauration : artiste merveilleux d'adresse, mais dont tout le talent est allé s'éteindre dans les excès les plus abrutissans du vin et des liqueurs fortes (1).

_____

(1) J'ai connu cet Abraham Girardet, qui était né en 1763,

Le second frère se nommait Charles, et n'avait ni les talens ni les défauts de ce singulier artiste. Re-

et qui mourut à Paris, le 2 janvier 1823, ivre, comme il avait vécu. Il avait été professeur de dessin des élèves tapissiers de la manufacture des Gobelins, mais n'y logeait pas, les logemens d'artistes ayant été supprimés là comme au Louvre. C'est aux Gobelins que jadis le roi Louis XIV avait donné une retraite au chevalier Édelinck et à Gérard Audran. Le Louvre était réservé aux peintres et aux gens de lettres. Les peintres Le Brun et Mignard logèrent cependant aux Gobelins, mais comme direc- teurs. Abraham Girardet s'était, à la fin de sa vie, affermé à un boiteux nommé Véron, ouvrier des Gobelins, qui le nourrissait et lui donnait tant par jour. Tout le profit de la besogne revenait à ce Véron, peut-être un peu moins ivrogne que lui. L'une des premières conditions de l'engagement, c'est qu'une bouteille d'eau–de– vie serait, chaque matin, sur la table de Girardet. Celui-ci dessinait assez finement le portrait à la mine de plomb; mais ses modèles devaient être en séance à l'aube du jour : plus tard, le moderne Lantara était inabordable, mais n'en gravait pas moins. Il demandait généralement pour ses portraits une petite somme et un dîner à discrétion, sous–entendant la condition de rapporter sa personne. En sortant des Gobelins, l'empereur Alexandre fut conduit, un jour, dans l'atelier de Girardet : l'artiste ne se dérangea pas, faute de comprendre l'honneur qu'il recevait. — Le célèbre Étienne Ficquet, le Gérard Dow de la gravure, a fini à peu près comme Girardet.

Ce dernier nom est bien relevé de nos jours par les deux fils du maître de Robert, dessinateurs, graveurs et peintres pleins de finesse, d'observation et de goût. L'un d'eux semble chercher le genre de Robert, mais n'en a pas encore trouvé le style.

venu de Paris, en 1810, pour se marier dans un village voisin du Locle, Charles se préparait à retourner dans la capitale. Il proposa d'emmener Léopold et de le former à sa profession. Le père de Robert y consentit, et ce fut chez cet honnête praticien que l'enfant passa les premières années de son séjour à Paris.

C'était là, il est vrai, un maître médiocrement artiste; mais, en pareille matière, l'éminence de talent du maître est plus indifférente qu'on ne pense. Il sert de peu d'avoir essuyé la poussière de tel atelier en renom pour devenir un grand artiste. Dans un atelier, on n'apprend qu'à discipliner son attention, on n'apprend qu'à apprendre. Au-delà du métier, de la partie purement pratique de l'art, l'élève doit tout chercher en lui-même : le sentiment, l'originalité, l'art véritable, viennent d'en haut, et toutes les recettes pour avoir du génie ne sont propres qu'à former la médiocrité. Je ne sache pas que le *Gradus ad Parnassum* ait fait beaucoup de poètes. Le vieux Robert n'avait donc pas été aussi malavisé qu'on l'aurait supposé d'abord (1).

(1) Le grand graveur anglais d'origine suisse, Abraham Raimbach, qui a si merveilleusement traduit les principaux ouvrages (première manière) de sir David Wilkie, et en a conservé la finesse profonde avec ce souffle inspiré d'Ostade, qui

Girardet enseigna à son élève les rudimens de
la gravure, le poussa, à sa manière, dans l'étude
du dessin, l'envoya travailler d'après nature à
l'académie des beaux-arts, et le laissa en même
temps fréquenter l'atelier de David, où il avait demandé à étudier. Robert suivit ces leçons de son
choix avec ardeur, car il ne faisait rien sans passion. Ce n'est pas que la méthode d'enseignement
de David fût, en général, autre chose que la
vieille routine pratiquée chez son maître Vien;
chez Lemoyne, le maître de Boucher; chez Si-
mon Vouët, le maître de Le Sueur et de Le Brun,
— c'est-à-dire l'étude, toujours l'étude du modèle
humain; mais ce que cette méthode éternelle avait
de dangereux pour le développement de l'intelligence des jeunes gens, David savait le corriger
par des leçons sur la composition, par des cou-

---

les caractérise, avait lui-même été mis en apprentissage chez
un artiste fort occupé, mais d'un ordre secondaire : il n'en a
pas moins secoué avec gloire les langes de sa première éducation. Ses mémoires inédits font mention de cette circonstance,
et, sur le choix d'un maître, nos raisonnemens sont les siens.
Voici comment il se résume : « All true excellence in art is,
« in my humble opinion, to be chiefly attributed to an early
« conviction of the inadequacy of all means of improvement,
« in comparison with that of self-acquired knowledge. » (*Me-
moirs and Recollections of the late A. Raimbach, esq., en-
graver, corresponding membre of the Institute of France.*)

seils sur les principes les plus élevés de la philosophie du dessin, par un art merveilleux à saisir
en ses élèves le secret de leur génie natif et à les
diriger dans leurs propres voies. En effet, il ne
voulait point être imité. « On peut étudier les
maîtres, leur disait-il sans cesse; mais c'est la nature seule qu'il faut suivre. On se fait toujours
soi-même. Je veux vous préparer pour vous, suivant votre nature, et non contre nature. »

Les paroles de David se sont gravées partout où
elles sont tombées.

Robert montra, dès ce moment, en ses dessins,
un singulier amour de la précision, mais avec cela
aussi une difficulté native de travail. Le grand
maître eut bientôt discerné ce qu'il y avait en lui
de volonté vigoureuse et intelligente. Il l'encou-
ragea avec une bienveillance particulière, et déclara à *son jeune Léopold,* comme il se plaisait à
l'appeler, que, s'il continuait avec la même volonté,
il serait tout ce qu'il voudrait être : graveur, peintre ou sculpteur. Il ne cessa, dans tous les cas, de
lui conseiller de faire marcher de front l'étude de
la peinture et celle de la gravure, dans l'intérêt
même de son burin; — conseil judicieux à coup
sûr, mais comparaison dangereuse pour l'élève,
car tôt ou tard l'ingrate et aride lenteur du burin,
qui n'a d'autre ressource que le blanc et le noir,
devait ne pas tenir contre les séductions du pin-

ceau, qui se joue avec la lumière colorée. Néanmoins les progrès du jeune graveur furent rapides, et, laissé à lui-même par Girardet, qui
retourna dans son pays, il fut en mesure de concourir, dans l'année 1814, pour le grand prix de
gravure en taille-douce. Il obtint le second grand
prix; le premier fut remporté par son compatriote et son camarade, ~~Charles~~ Forster, du Locle,
plus âgé que lui, et qui, l'année précédente, avait
obtenu le second.

Dans l'atelier de David, Robert se lia avec deux
condisciples distingués qui goûtaient sa douceur et
ne l'appelaient jamais que *le bon Suisse* : M. Navez
de Bruxelles (1) et M. Victor Schnetz, dernièrement directeur de l'académie de France à Rome,
artiste aussi distingué par la franchise et la fermeté du talent que par la sûreté du caractère.
Avec ces deux peintres, qui, plus tard, devaient
l'environner de leurs soins et l'aider de leurs con-

(1) M. Navez, né à Charleroy, le 16 novembre 1787, fils
d'un magistrat, fut d'abord placé à Bruxelles dans l'atelier d'un
peintre d'histoire alors en réputation, nommé François. Il y
resta neuf ans et s'y fit remarquer. Ayant obtenu le premier
prix à un concours de peinture d'histoire à Gand, il reçut la
médaille des mains du comte d'Houdetot, préfet de cette ville,
alors française, et cet homme distingué, artiste lui-même et
ancien élève de David, l'engagea à se rendre à Paris et à se
placer sous la direction de ce grand peintre. La société des

*

·seils à son arrivée à Rome, il suivit un cours
·d'ostéologie et de myologie, comme l'eût pu faire
le plus assidu étudiant en chirurgie.

· Cependant, bien que graveur un peu malgré lui,
depuis surtout qu'il avait goûté des prompts et attrayans résultats du pinceau, Robert tint bon; il
·laboura vaillamment le cuivre pour tenter, deux
·ans après, la fortune d'un nouveau concours de
taille-douce, et enlever de haute lutte, avec le
premier grand prix, la pension de Rome. Déjà sa
pièce de concours était achevée, quand, la chute
de Napoléon ayant fait rendre la principauté de
Neufchâtel à la Prusse, Léopold fut déclaré étranger à la France, et, comme tel, rayé de la liste
des concurrens, en mars 1816. Le coup était cruel,
d'autant que la palme lui eût été acquise, car son
heureux concurrent lui-même, Joseph Coiny,
ayant vu, après la radiation, la pièce de Robert,
ne put s'empêcher de lui dire : « Il est bien heureux pour moi que vous ayez été mis hors de

---

beaux-arts de Bruxelles lui en donna les moyens en l'envoyant
à Paris comme pensionnaire. Il ne quitta l'atelier de David
que pour se rendre à Rome, à l'époque où cet artiste fut exilé.
Après plus de quatre ans de séjour en Italie, il revint à Bruxelles,
où s'était réfugié David; il l'entoura de soins, et ce fut lui qui
ferma les yeux à son maître vénéré. M. Navez, talent sérieux
et classique, a beaucoup produit. Il est directeur du musée de
peinture de Bruxelles et de l'académie des beaux-arts.

concours. » C'est en vain que le peintre Gérard, qui, par pur amour de l'art, s'intéressait à Léopold presque sans le connaître, et qui voulait à tout prix le rattacher à la France, fit de pressantes démarches auprès de M. Lainé, ministre de l'intérieur : l'exclusion de Robert fut maintenue, et le jeune artiste perdit ainsi le fruit de plusieurs années d'efforts.

II.

Déconcerté dans cette voie où il ne tenait que par le courage, Léopold posa le burin et prit la palette; mais les réactions de 1816 le poursuivirent jusque dans la personne de son maître. Celui-ci ayant été condamné à l'exil, son atelier se ferma, et le pauvre élève, frappé encore de ce côté, ne demeura que peu de temps dans l'atelier de Gros, qui avait rouvert et continué celui de David. Il prit le parti de retourner dans son pays pour se retremper dans sa famille. Là, il fit ressource du pinceau, et, durant dix-huit mois, il peignit à l'huile un assez grand nombre de portraits empreints de cette vigueur et de cette vérité de nature qui constituèrent plus tard le caractère de son talent. Parmi ces ouvrages, il faut compter son propre portrait, qui est à la Chaux-de-Fonds, chez sa sœur, Mᵐᵉ Huguenin-Robert(1).

Les artistes et les amateurs de Neufchâtel applaudirent à ces premiers essais de Léopold et regrettèrent qu'il se bornât au genre du portrait. L'un des plus distingués parmi ces amateurs, M. Roullet de Mézerac, arrivant d'une longue excursion en Italie et ne voyant pour former un artiste que la ville de Rome, le pressa vivement de s'y rendre, lui montrant en perspective l'aisance et la gloire. Mais, pour entretenir Léopold pendant six années à Paris, sa famille avait déjà fait des dépenses au-dessus de ses moyens; et cependant, père, mère, frères et sœurs, tous, comme si ce poids eût été trop léger pour leur tendresse, l'avaient accueilli, au retour, avec la plus vive effusion. Léopold en avait été profondément ému, et, ainsi qu'il le dit dans une de ses lettres, il eût préféré redevenir paysan plutôt que d'abuser de nouveau d'une fa-

(1) Le musée d'Avignon conserve l'une des premières peintures de Léopold, exécutée à Paris pendant qu'il était encore dans l'atelier de David. C'est le portrait en petit de l'un de ses camarades d'atelier, pieuse relique à laquelle sa réputation n'a rien à gagner. Ce portrait a été donné au musée avec diverses autres productions de Robert par M. Imer, son compatriote, l'un de ses amis les plus chers, son camarade d'étude chez David, et qui vit aujourd'hui dans la retraite à Avignon.

mille si tendre à bout de sacrifices. Comment réaliser ce saint pèlerinage de l'Italie, son rêve le plus ardent? Repoussé du côté de la France, il espéra un instant de l'intervention de MM. de Humboldt que le nouveau gouvernement imposé à sa patrie lui en fournirait les moyens, et il s'étaya, pour l'obtenir, du crédit de Gérard. La lettre qu'il lui écrivit de la Chaux-de-Fonds, le 6 septembre 1817, atteste ses anxiétés et ses espérances :

« ...... Si les démarches que j'ai faites avant de quitter Paris n'ont pas été heureuses, je ne puis l'attribuer qu'aux grands événemens qui ont changé la face du globe, et qui étaient trop récens pour laisser le loisir aux ministres de s'occuper de petits détails.

« M. de Sandoz-Rollin, de Neufchâtel, conseiller d'état, est parti dernièrement pour Paris; il souffre de l'état d'incertitude dans lequel je me trouve, et fera tout ce qui dépendra de lui pour contribuer à opérer un changement dans ma destinée présente. Comme il est en relations avec MM. de Humboldt, il m'a promis de me servir auprès d'eux et de chercher à me procurer les moyens de continuer mes études, en allant passer quelques années en Italie. Rien, je crois, ne pourrait me causer un plaisir aussi vif. Je sens bien qu'il m'est nécessaire de chercher à me produire par des talens, ce qui autrement me serait impossible, ayant un carac-

tère trop timide. D'un autre côté, quelle existence
pénible n'ai-je pas en perspective, si je suis obligé
de rester ici, où les arts ne font aucune espèce de
sensation ! Qu'il est malheureux pour un élève,
après avoir eu le bonheur de voir une partie des
chefs-d'œuvre des arts, de profiter des conseils des
grands maîtres, d'avoir obtenu quelques succès, de
se trouver obligé de labourer un champ stérile! Je
voudrais pouvoir vous exprimer, monsieur, aussi
bien que je le sens, la vérité de ce que j'avance. Je
sais à quel degré mes faibles talens me placent, et
quel chemin j'ai encore à faire pour mériter une
réputation; mais, avec un courage assidu et beaucoup de persévérance, en tout on peut avancer. Si
vous me jugiez en état de profiter de l'encouragement que je sollicite, monsieur, et que vous vouliez
bien joindre votre influence à celle des personnes
bien disposées en ma faveur, cette bienveillance de
la part d'un artiste aussi célèbre me donnerait un
espoir bien fondé... »

Dès cette époque, Robert était porté à la mélancolie, et ses regrets s'exhalaient sans cesse :

« Mon cher, écrivait-il le 17 décembre 1817 à
son parent Brandt, que le roi de Prusse venait
d'appeler à Berlin (1), tu ne peux savoir quel désir

---

(1) Henri-François Brandt était né à la Chaux-de-Fonds en
1789, fils, comme Robert, d'un horloger. Il fit un premier ap-

j'ai de voir l'Italie et avec quelle ardeur j'entre-
prendrais ce voyage, dans l'espoir de faire des progrès et de vivre peut-être quelque part avec toi. Je
me sentirais fort, si j'étais appuyé de tes conseils.
Quand on a rencontré des obstacles, on se défie de
son talent et de ses moyens. Pour m'exciter, mon
cher, il faudrait que je fusse auprès de toi ou que
je reçusse souvent de tes nouvelles. J'espère que

prentissage chez un graveur de montres de son pays, d'où il
passa dans l'atelier d'un de ses compatriotes, Jean-Pierre Droz,
graveur en médailles, directeur de la Monnaie des médailles de
Paris, depuis le directoire jusqu'en 1814, et le même qui, en
1818, remporta le prix au concours ouvert pour la gravure des
monnaies. Brandt, qui suivit en même temps l'atelier de Bridan
le sculpteur, et reçut les conseils de Louis David, fit d'assez
rapides progrès pour remporter, en 1813, à l'âge de vingt-quatre
ans, le premier grand prix de gravure en médailles. Le sujet
du concours était « Thésée relevant la pierre sous laquelle son
père avait caché ses armes. » Les grands prix de gravure en
médailles, dont le premier fut obtenu par Tiollier en 1805, le
second par Gatteaux en 1809, le troisième par Durand en 1810,
et le quatrième par Brandt, donnaient, ainsi que les grands
prix en pierre fine, le même privilége que les grands prix de
peinture et de sculpture : la pension de cinq ans à l'académie
de France à Rome. Ce n'est que depuis 1816 que les graveurs
ne reçoivent que quatre années de pension. Brandt partit donc
pour Rome. Il y était depuis trois ans, quand les traités lui
firent perdre, comme à Robert, la qualité de Français. Il revint
à Paris. Le directeur des musées, le baron Denon, ne l'abandonna pas, et lui fit graver la médaille allégorique représentant
l'Aigle française sur le Borysthène. Le roi de Prusse l'ap-

tu seras persuadé de la vérité de mes paroles et
que tu m'enverras bientôt une lettre. Une seule
page, si tu n'as pas le temps d'écrire davantage,
suffira pour me rappeler que ma destinée n'est pas
de rester à la Chaux-de-Fonds, et pour me rendre
cette énergie dont malheureusement je manque
trop souvent. »

Ces vœux ardens devaient être exaucés : Dieu

pela en 1817 à Berlin, où il est mort en 1846, laissant un œuvre
en médailles fort nombreux, dans lequel on remarque particulièrement les portraits de Louis XVIII, de Pie VII, vu de
trois quarts, etc., et la représentation de monumens tels que la
Trinité du Mont, l'Académie de France à Rome.

Brandt a bien mérité des arts en concourant à ouvrir la voie
de l'Italie à Léopold; mais ses gravures n'ont guère justifié la
haute opinion que la reconnaissance de Robert semblait avoir
conçue de l'auteur. Pour le fini et la finesse, deux qualités si
différentes dans les arts, le type moderne des artistes est ce
Jean Varin, l'illustre *conducteur et tailleur général des monnaies* de Louis XIII et de Louis XIV. Brandt, moins artiste
qu'ouvrier, homme de patience et de labeur plus que de sentiment, n'offrait rien de ce grand modèle. Il n'avait en partage
que le fini qui plaît à la foule, mais qui ne suffit pas à faire
vivre les œuvres du burin. Il exerça cependant durant longues
années les fonctions de premier graveur à la Monnaie de Berlin. Rome se souvient encore des étranges façons de cet homme,
qui se jouait avec une puérile affectation des instrumens de son
art. Tandis que les autres graveurs étaient à la peine, penchés
sur leur étau, lui s'en allait par les chemins, fouillant sa gravure, tenant en main son coin d'acier, comme on tiendrait un
cahier de croquis. Il n'y avait point là l'étoffe d'un artiste sérieux.

épargna au cœur tout français de Robert le protectorat direct de la Prusse, et lui ouvrit, par une autre voie, cette sainte Italie où son génie devait éclore. M. de Mézerac, instruit par Brandt de la position de Robert, lui offrit tous les moyens d'étudier, pendant trois ans, à Rome, sauf à le rembourser à son aise et quand il aurait pris son essor. On devine si Léopold accepta avec joie.

« Enfin, mon cher (c'est à ce même Brandt qu'il s'adresse le 30 avril 1818), toutes mes inquiétudes se dissipent : je vais partir! Je sens en moi une partie de ta force. Ta manière élevée de voir se communique à moi, et, quoiqu'en ce moment il se trouve ici beaucoup d'ouvrage pour moi, je laisse tout pour ne suivre que tes conseils. Un découragement bien pardonnable, après les fâcheux événemens qui m'ont contrarié, me faisait voir tant de difficultés invincibles, que je ne pouvais m'arrêter à aucune détermination. Maintenant tout me sourit: l'espoir d'une heureuse réussite se présente à moi; j'aspire à de nouvelles études, et il me semble que ce sentiment est l'avant-coureur des progrès. »

Il partit donc; mais, à son départ, il sentait en homme de cœur les obligations dont il était chargé, et le souvenir de la touchante abnégation des siens et du généreux patronage de M. de Mézerac devint, de son propre aveu, le mobile de ses actions et le

3

gardien de sa jeunesse. Cette religion du devoir et
du foyer domestique fut pour lui, dans tous les
temps, la vie de l'ame, et il lui prenait parfois, au
souvenir de sa famille, des attendrissemens subits
qui le mettaient en larmes. Le nom de mère était
sans cesse sur ses lèvres ou sous sa plume : « Si je
puis juger ton cœur d'après le mien, disait-il à
Brandt, je te souhaiterais une bonne mère, c'est-
à-dire je te souhaiterais un bonheur qui ne peut
exister sans cela. » Aussi avait-il accoutumé de dire
que le chef-d'œuvre de la nature est le cœur d'une
mère, et, à coup sûr, il ignorait que Grétry l'eût
dit avant lui.

Une circonstance puérile peut servir à montrer
à quel point il portait, dans sa première jeunesse,
ce sentiment de la famille. Parmi les facéties plus
ou moins de bon goût que les anciens de l'atelier
de David lui firent subir à son entrée, comme à
tous les nouveaux, on l'avait invité à un déjeuner
où il voulut payer son écot : « C'est fait, lui dit-on;
c'est toi qui as régalé pour ta bienvenue. — Et avec
quoi? — Avec ta montre, qu'on a vendue à un marchand ambulant. — Mon Dieu! s'écria-t-il, ne trouvant plus en effet sa montre; mais savez-vous que
c'était un présent de ma grand'mère! je la rachète-
rais dix fois son prix! » Et il éclata en sanglots à
fendre le cœur. Les écoliers de rire plus fort; et ce
fut seulement trois jours après qu'on fit cesser son

désespoir en lui rendant cette montre qu'on avait
cachée, et qui lui avait coûté tant de pleurs.

Comme les enfans (*cet âge est sans pitié!* a dit La
Fontaine), les jeunes gens sont très sévères dans
les jugemens qu'ils portent les uns des autres. Les
caractères concentrés et taciturnes ne sont souvent, à leurs yeux, que des caractères sournois et
dissimulés. Or, le petit paysan de la Chaux-de-
Fonds, resté lourd d'extérieur, se communiquait
peu, s'ouvrait moins encore; c'en fut assez pour
que ses camarades de l'atelier de gravure (en loge,
à l'Institut, pour les concours) trouvassent contre
lui un texte incessant de saillies piquantes. Non
pas qu'on le tourmentât plus que les autres, car
on n'épargnait personne; mais Robert, qui n'avait
point la répartie prompte, prenait moins bien les
plaisanteries. Sa timidité et sa gaucherie naturelles
s'en accrurent, et avec elles s'accrut la malice des
tourmenteurs d'atelier. On cherchait incessamment
à l'exciter par la discussion qu'il aimait et où il
poussait volontiers les autres, mais à laquelle, par
défiance de lui-même, il évitait de prendre une
part active. En résumé, il ne se sentait point aimé,
quoiqu'il eût si bien mérité de l'être. Or, c'est la
chaleur de l'affection qui eût pu fondre les glaces
de son caractère. Il demeura donc concentré et intérieur, et il n'est pas douteux que ces souvenirs

de sa première jeunesse n'aient réagi sur les impressions prédominantes de son âge mûr.

Avant son départ pour Rome, Léopold n'avait pas encore bien démêlé sa vocation définitive. Une lettre de lui, écrite à Brandt et datée de la Chaux-de-Fonds, 12 décembre 1817, en est la preuve :

«.....Si je n'avais écouté que mon cœur, j'aurais répondu tout de suite à ta lettre; mais combien sont froides toutes les paroles pour te peindre le bonheur que j'éprouve d'avoir rencontré un ami tel que toi! Ton amitié me ranime comme un talisman : elle me rend la force qui m'abandonne parfois. Je le sens, j'ai du penchant à la mélancolie; comme un voyageur épuisé par une longue et pénible route perd courage en songeant qu'il n'est pas encore au bout de ses peines, de même je ne suis pas toujours maître de mes tristes pensers, quand je jette un coup d'œil sur le long chemin qui me reste à faire. Tes lettres sont pour moi ce que serait un bon gîte pour un voyageur; aussi pense à la joie que me cause leur réception.

« Je dois te communiquer mes plans, mes études, et l'irrésolution pénible qui m'arrête sur l'art auquel je dois me vouer. Mes désirs me portent à la peinture; mais ma raison me dit que j'ai beaucoup à faire avant de parvenir à une médiocre importance. Les études d'un peintre sont coûteuses : les modèles, nécessaires aux petits détails, épuisent la bourse. Pour la gravure, au contraire, il ne me manque qu'un peu d'exercice du burin, et je dessine assez bien pour pouvoir, en m'habituant un peu plus au maniement des outils, exécuter des planches qui passeront pour de bons ouvrages. D'un autre côté, je vois que je manie facilement le pinceau; tous les portraits que j'ai faits ont été trouvés très ressemblans. M. Meuron lui-même m'en dit beaucoup de bien, quoiqu'il pense à peu près comme moi sur la détermination que j'ai à prendre. La vue de l'Italie me donnera, je l'espère, quelques pensées plus grandes et plus relevées. Nous nous rouillons ici, M. Meuron me le dit tous les jours. Il se plaint souvent d'être forcé de rester chez lui (1). »

A son départ, dans les premiers mois de 1818 (il était alors âgé de vingt-quatre ans), il n'était pas mieux fixé sur son avenir, et, malgré l'opinion de David et les conseils de Gérard, il n'avait pas encore tout-à-fait renoncé à la gravure. L'étude des maîtres du burin, tels que Marc-Antoine dans l'école

---

(1) Maximilien de Meuron, de Neufchâtel, est un peintre de paysage très distingué qui produit de fort bons tableaux et dessine parfaitement au lavis et à la plume. C'est un homme vraiment digne du nom d'artiste.

*

d'Italie; Édelinck, Gérard Audran, Jean Pesne, Pierre Drevet, Nanteuil, dans l'école française; Bolswert, J. Suyderhoef, Corneille Visscher, dans l'école flamande; Albert Dürer, dans celle d'Allemagne, etc., lui révélait ce qu'il peut y avoir d'élevé dans la vocation de la gravure, dont les moyens si limités suffisent cependant à de si beaux effets.

« Nor does the chisel occupy alone
The pow'rs of Sculpture, but the style as much;
Each province of her art her equal care.
With nice incision of her guided steel,
She ploughs a brazen field, and clothes a soil
So sterile with what charms soe'er she will,
The richest scen'ry and the loveliest forms (1). »

Ce n'était point tant à gagner de l'argent que songeait Léopold Robert qu'à s'élever dans l'échelle des arts, et il avait horreur de tout ce qui sent le métier. Il ne lui serait pas venu à la pensée, pour réaliser des gains plus rapides, comme le lui conseillait un graveur subalterne, d'adopter le genre mou du pointillé, impropre aux sujets sérieux. Plus tard, quand il se fut donné exclusivement à la peinture, se propagea la manière noire, ce genre marchand si fort pratiqué en Angleterre, où les

(1) William Cowper. *The Task*, book I.

graveurs luttent avec les peintres de célérité, de
coquetterie et d'effets factices, et tuent à l'envi la
gravure de style. Robert n'eut en général que dédain pour ce genre à la mode. « Non pas, disait-il,
en 1834, à un graveur célèbre, qu'un véritable artiste n'ait pu faire la débauche de s'y essayer, et,
relevant le genre de sa mollesse native par le secours magistral du burin, ne s'y soit montré supérieur, parce que l'homme fort est toujours lui-
même, quel que soit son instrument; mais la vraie
gravure historique n'en sera pas moins toujours la
gravure en taille-douce, pourvu qu'elle sache se
donner de l'aisance et de la liberté. » Aussi était-
ce le seul genre de gravure qu'il goûtât avec les
eaux-fortes de maîtres. Il aurait aimé à voir ses
œuvres gravées d'une manière pittoresque, et,
comme il le disait, avec *ragoût*. Il détestait cette
gravure froide et compassée que les graveurs appellent exclusivement *classique*, qui sent le métal,
et accorde trop au métier pour ne pas négliger
le sentiment. C'est ce sentiment qui donne du
prix aux François de Poilly, qui fait passer sur les
défauts des Claude Mellan et des François Chau-
veau, qui fait le charme des *petits maîtres* dont le
talent si souple, si délicat et si fin, s'est mis, sous
Louis XV, au service des peintres de la décadence.

Abraham Raimbach appelait la taille-douce la
seule gravure *légitime*. En effet, par sa fermeté,

par la diversité, par le savant entre-croisement de
ses tailles, elle dispose d'un éclat, d'une variété,
d'une intensité de tons, d'une transparence de
demi-teintes, refusés aux autres genres. Aussi Robert ajoutait-il que, s'il était demeuré graveur, il
se fût ligué avec les artistes vraiment dignes de ce
nom : les Al. Tardieu, les Desnoyers et les H. Dupont en France; les Toschi, les Jesi en Italie; les
Raimbach, les Doo, les Robinson en Angleterre;
les Frédéric Müller en Allemagne, pour protester
de toute la force de son courage contre l'envahissement des genres bâtards.

Le graveur peut passionner le cuivre comme le
peintre passionne la toile; mais les œuvres des
maîtres du burin prouvent assez que leur première
préoccupation est moins la beauté de la taille que
la conservation du caractère de leur modèle. On
n'est un maître qu'à ce prix : tant il est vrai qu'en
toute chose il faut plus d'esprit qu'on ne le croit
pour se servir de l'esprit des autres. C'est l'écueil
même des plus grands talens. Ainsi, que l'on compare les séduisans mensonges de Raphaël Morghen
avec les originaux qu'il a traduits : par exemple, sa
gravure de *la Cène* de Léonard de Vinci avec ce qui
reste de cette admirable peinture au réfectoire des
dominicains de Milan. *Traduttore, traditore*, dit-
on souvent des plus habiles. A côté des originaux
de Raphaël, du Corrége, du Poussin, mettons les

estampes qu'en ont faites les vieux maîtres et celles des modernes. Ces derniers, dont l'outil sera, si l'on veut, plus beau, paraîtront plus exacts peut-être au premier aspect, plus mathématiquement littéraux dans les tons; mais les anciens, plus forts, plus artistes, ont senti qu'à inégalité de moyens il fallait, pour rendre leurs modèles, prendre avec eux des licences, et en définitive ils sont plus fidèles, plus dans le caractère des maîtres. Traduire de la sorte, c'est buriner avec l'ame des modèles : c'est la seule vraie fidélité (1). Ainsi, dans les lettres françaises, le Plutarque d'Amyot, une traduction, s'est acquis le rang d'un original.

A cette époque où Robert commençait à sentir avec force la grandeur et le caractère divin de la pensée, les difficultés de son art lui apparaissaient plus ardues. Il avait l'intention de faire à Rome, d'après les fresques de Michel-Ange et de Raphaël

---

(1) Les grands maîtres en peinture, ceux de l'Italie particulièrement, et avant tout les Vénitiens, sont les plus rudes jouteurs pour les pauvres graveurs; mais quelques peintres d'un ordre moins élevé ont gagné dans les traductions. Ainsi Mignard et Le Brun ont emprunté du style au burin d'Edelinck et de Gérard Audran. Que sont encore les vastes toiles de l'Américain West? De sages compositions souvent pleines de finesse, mais filles d'une palette blafarde, que l'Anglais Woollett a réchauffées du feu de son burin, et dont il a fait des *miracles d'harmonie*, comme disait Bervic, le maître de notre admirable Henriquel-Dupont.

(comme le fait aujourd'hui le grand graveur Toschi, d'après les fresques du Corrége à Parme), des dessins dont plus tard il aurait exécuté les planches; mais comment rendre dignement ces chefs-d'œuvre? C'est par la base que pèchent ordinairement les graveurs : par le dessin; il s'était donc vigoureusement adonné au dessin, et, dans les premiers mois de son arrivée à Rome, il faisait, comme à son départ, les plus vastes projets en gravure. Cependant tout ce beau zèle tourna court. Il eut une telle joie de retrouver des amis, des camarades d'atelier qui ne s'occupaient que de peinture, qu'une fois installé en Italie, cette patrie de la lumière, il se sentit peintre, reprit de nouveau la palette, et finit insensiblement par renoncer tout-à-fait à sa première carrière. Aussi n'a-t-on de lui, en gravure, avec ses deux pièces de concours, que le portrait de la femme de David, d'après une peinture de ce maître; une tête du roi de Prusse Frédéric-Guillaume III, d'après Gérard, tête qu'il a reproduite en plus petit format pour l'ornement d'un *Essai statistique sur le canton de Neufchâtel*, par M. de Sandoz-Rollin (1), puis un

(1) Robert avait le dessein de graver une collection des souverains de Neufchâtel : le portrait du roi de Prusse aurait fait partie de la collection, de même que celui de la duchesse de Némours, resté inachevé, et dont on conserve une épreuve d'essai, à peu près unique, dans le musée d'Avignon.

petit portrait de M. de Pourtalès père, puis encore
une petite scène champêtre, effet de nuit, et enfin
un fragment de la *Bataille de Sempach*, grande
planche terminée par Charles Girardet. Du reste,
il le faut avouer, ces gravures, curieuses à raison
du nom de l'auteur, n'ont qu'un mince intérêt
comme art : ce n'est qu'un travail d'habile écolier.

La gravure égratignée plutôt que burinée du
portrait de la femme de David eut cette destinée curieuse, que l'éditeur, pour donner quelque essor à
la vente de la planche publiée sans aucun nom,
s'avisa de faire inscrire au bas celui de la duchesse
d'Orléans–Penthièvre. De ce moment, la vente
augmenta sensiblement. Cette supercherie est plus
fréquente qu'on ne croit, et il y aurait une nomen-
clature piquante à faire de portraits qui ont paru
et reparu successivement, toujours également ad-
mirés et ressemblans, sous les noms les plus disparates.

III.

Qui de nous, en franchissant, surtout pour la
première fois, les derniers pics glacés des Alpes
savoisiennes, n'a senti tout à coup l'air comme

s'amollir, et la Flore de l'Italie pousser comme à notre rencontre son haleine embaumée? Ainsi Robert se sentait enivré aux caressantes approches de ce qu'il appelait sa *terre promise*, et il s'élançait, d'une vivacité ailée, vers la vallée d'Aoste en chantant les strophes de la Mignon de Goethe, que lui avait envoyées Brandt : « Connais-tu la terre où les citronniers fleurissent? où, dans leur sombre feuillage, mûrissent les oranges dorées?..... » Enfin il est arrivé à Rome. Il baise la terre antique; et son classique enthousiasme, comme celui du bon Degérando à son arrivée dans la ville immortelle, ne manque point de saluer le Capitole, et les Sept Collines, et le Tibre, et la colonne Trajane. Il a toujours quelque chose d'obligeant à dire aux Scipions et aux Antonins. Sa civilité s'étend à toute la nature et à tous les siècles (1). Ses premières lettres, disons plutôt ses premières exclamations, sont pour Brandt.

« C'est de Rome que je t'écris, mon cher, et ce n'est pas un rêve! Quel séjour enchanteur! quel paradis pour un artiste! Ah! cher ami, je n'oublierai jamais que je te dois ce bonheur. Tout fait naître en moi des sentimens inconnus, délicieux. Je sens que jusqu'ici je n'ai pas vécu. On est ici forcé de penser, et on ne peut avoir de ces pen-

---

(1) Paul-Louis Courier, Lettres écrites d'Italie.

sées étroites et mesquines comme on en a chez nous. Mon cœur est trop plein, je ne sais comment commencer ma lettre....

« Ah! mon cher, quelle joie j'ai éprouvée en voyant le Vatican! Quels beaux ouvrages et quelle quantité! Ah! David disait bien vrai, quand il disait que le ciel d'Italie pouvait seul inspirer l'artiste. Je cours beaucoup : je ne puis rester en place. Tu vois avec quelle hâte je remplis cette lettre. Il me semble toujours que je perds mon temps quand je ne vois rien de nouveau. Je veux d'abord faire un grand nombre d'esquisses, surtout dans les premiers mois. J'ai l'intention d'essayer ensuite quelques études au pinceau d'après de bons tableaux, et puis nous verrons si j'oserai moi-même entreprendre un tableau; mais pour cela il faut tâcher, de manière ou d'autre, de gagner de l'argent, car naturellement avec cinquante louis on ne peut rien entreprendre. Cependant tout ira bien, j'espère; jamais je ne me suis senti si content et si heureux. » (Rome, 19 juillet 1818.)

Quelle voie va-t-il suivre? Il est parti pour Rome, comme il le dit quelque part, avec l'idée d'y vaincre ou d'y mourir. « Ce qui me fait espérer des progrès, disait-il avant de se mettre en route (lettre à Brandt de décembre 1817), c'est qu'aucun de mes ouvrages ne me plaît, et que je sens mieux que je ne puis faire maintenant. » Ce mieux, cet

4

idéal qu'entrevoit sa pensée, et qui sera l'étude ardente de toute sa vie, il le cherche donc sur la toile, il le cherche avec acharnement. Il vit dans une retraite silencieuse, d'une vie d'austérité, de labeur, d'économie, d'incessante et opiniâtre activité. D'abord, il fait de nombreuses études d'après nature, et il ne s'interrompt que pour composer de petits tableaux qui lui sont demandés par des amateurs de son pays. Sa force de volonté semble, pour lui, multiplier les heures, et donne du ressort à une constitution qu'une assiduité sans repos aurait dû briser.

A son début, il s'était essayé dans le genre des intérieurs, et il avait fait entre autres une *Procession dans l'église romaine des saints Côme et Damien,* pour laquelle le prieur du couvent avait posé; mais Granet, à qui il avait montré sa peinture, lui avait dit : « Laissez donc ces tableaux à murailles pour les gens qui ne savent pas dessiner la figure. » De ce moment, la vocation de Robert avait été décidée. Voici comme il rend compte à Brandt de ses travaux, sous la date du 6 mai 1819:

« Je commence, mon cher, par te dire comment j'ai passé mon temps depuis que je suis à Rome. J'ai employé les premiers mois à apprendre à connaître Rome, à faire un grand nombre de croquis, et à essayer quelques esquisses peintes d'après nature ou de ma composition. J'ai aussi, il y

à quelques mois, commencé un tableau, un intérieur, qu'on m'a commandé. Il est maintenant fini,
et ceux qui le voient en font l'éloge. Je suis sur le
point d'en terminer un autre de la même grandeur : je crois qu'il plaira davantage. Je cherche à
suivre la nature en tout. David nous disait toujours
que c'est le seul maître que l'on puisse suivre sans
craindre de s'égarer. Ah! mon cher, que je suis
heureux! que l'Italie est belle! avec quelle force
le plaisir de tout ce que je vois et que j'admire
s'augmente continuellement! Ces contrées sont
faites pour l'artiste, ou plutôt l'artiste seul est en
état d'en sentir les beautés. »

Enfin, après bien des efforts, après bien des inquiétudes, l'espérance vint à son tour, quand, au
bout de trois ans, en 1820, il eut réuni dans son
atelier une douzaine de tableaux dont les artistes
faisaient l'éloge et qui plaisaient par leur originalité.

En effet, dans l'année 1819, une circonstance
singulière lui fournit l'occasion de traiter avec talent un genre tout-à-fait nouveau. Les briganda-
ges des Apennins avaient rendu, chaque jour, plus
dangereux le voyage de Naples. Dans les états romains, les bandes détruites renaissaient de leurs
cendres. Le secrétaire d'état de Pie VII, le cardinal
Consalvi, avait été arrêté par le fameux brigand

surnommé le *Barbone*, qui, fatigué de son métier
d'aventures, n'avait relâché le cardinal que sur la
promesse d'une place dans la police romaine. Les
routes et la campagne étaient alors battues par
d'autres bandes organisées sous la conduite de
Gasparone de Sonnino. Les brigands, poussant
leurs courses jusqu'à Albano, arrêtaient les voyageurs presque aux portes de la ville sainte. En
vain des colonnes mobiles de carabiniers étaient
formées pour courir sus aux bandits; la peur avait
été sur le point de tout désorganiser : pas un officier n'avait voulu partir. Enfin un homme de
résolution se rencontra : un Français, maréchal-
des-logis chef, nommé Dubois, décoré de la Légion-d'Honneur par Napoléon; il fut choisi pour
commandant, et la lutte, une lutte acharnée, une
véritable campagne, s'ouvrit contre les brigands.
Ceux-ci se recrutaient principalement dans la
petite ville de Sonnino, à vingt-cinq lieues de la capitale; aussi le bourreau et le chevalet du sup-
plice y étaient-ils en permanence sur la grande
place. Aux deux portes extrêmes de la ville, assise
sur la chaîne des montagnes de Terracine, entre
les états romains et ceux de Naples, étaient exposées les têtes des suppliciés. Quand les coupables
n'avaient pas mérité la peine de mort, on leur
administrait vingt-cinq coups de nerf de bœuf, ap-
pliqués avec une vigueur toute romaine; et, comme

cette punition était rachetable un écu par cinq coups, on en ajoutait cinq pour les pauvres. Ces rigueurs n'ayant pas suffi, le gouvernement pontifical se résolut à user des moyens extrêmes contre ce nid de brigands. Un édit fut lancé qui en ordonna la démolition, et qui, indépendamment d'une gratification promise pour l'arrestation ou la mort d'un chef, garantit un dégrèvement d'impôt à toute commune qui aurait détruit une bande (1). En un tour de main, une grande partie de la population de Sonnino fut enlevée, et plus de deux cents montagnards, hommes, femmes, enfans, tous brigands ou parens de brigands, furent entassés à Rome, les chefs au château Saint-Ange, le reste à l'établissement de travail des *Termini,* ainsi appelé parce qu'il est en face des thermes de Dioclétien.

C'est alors que Léopold s'avisa de solliciter du *monsignore* gouverneur de Rome, depuis cardinal Bernetti, la concession d'un local propre à travailler au milieu de cette population transplantée. La permission obtenue, il s'installe aux *Termini,* se mêle aux brigands, dont son argent le fait bien venir, et passe deux mois à les peindre d'après nature, le plus souvent seul au milieu d'eux, parfois

(1) L'édit est du **18** juillet **1819.** Le dégrèvement portait sur le sel et les farines.

*

en société avec Michalon, qui en fit plusieurs études. Vigueur d'accentuation, énergie de physionomie, beauté de stature, souplesse et fierté de poses, originalité de costumes et de mœurs, tout s'offrait à la fois dans les modèles pour donner aux petits tableaux de Robert une puissance de caractère inaccoutumée. Il réussit au-delà de son attente, et, quand ses études furent terminées, il acheta aux brigands tous les habits qu'il en put obtenir, et qu'il se proposait de faire entrer dans des tableaux nouveaux. Cette collection de costumes et d'armes, également achetées aux brigands, était d'un beau choix : c'est le seul luxe qu'il se soit jamais permis. Un soir que, durant l'hiver de 1830–1831, si fertile en troubles politiques dans les Légations, Léopold recevait chez lui un certain nombre d'artistes et d'amateurs, une émeute, soulevée à Rome même par l'imprudence de quelques jeunes gens de l'académie de France, grondait sous les fenêtres de la maison. Un des hôtes vint à demander quelle attitude on tiendrait au cas où la porte serait forcée : Robert, pour toute réponse, passa dans la chambre voisine, et jeta ses riches armes aux pieds de ses amis. Il y avait de quoi équiper toute l'escouade (1).

(1) On peut voir, à ce sujet, deux articles de M. Eusèbe Gaullieur, dans la *Revue suisse*, publiée à Neufchâtel, mois de fé-

Tandis que le procès des brigands s'instruisait avec lenteur, le gouvernement romain, fatigué des dépenses de la détention, donna quelque liberté aux prisonniers des *Termini*. D'abord, leurs femmes et leurs enfans vagnèrent en mendians dans les rues; puis successivement quelques hommes furent élargis sur parole; et ces fils et filles des montagnes, où la nature fait tout plus grand et plus beau, frappèrent bientôt les regards par leurs haillons pittoresques et leur beauté sauvage. Tout ce qu'on avait raconté de leurs prouesses excitait au plus haut degré la curiosité du peuple, d'autant que, chez le descendant de Romulus, toujours si prompt au couteau, le brigandage et l'assassinat ne déshonorent point comme dans nos sociétés réglées. La fille du peuple trouve à son fiancé un air de héros, s'il a couru les aventures de la montagne, et Robert disait même que la plupart de ces bandits avaient conservé certaines qualités primitives, une sorte de dignité, et qu'au fond c'étaient d'assez bonnes gens.

Après le sac de Sonnino, le préjugé favorable aux héros de la montagne était dans toute sa force, et l'indulgence romaine sembla caresser les habi-

vrier et de mars 1847. Ces articles, écrits avec amitié, mais avec un ton de sincérité parfaite, contiennent plusieurs détails intéressans, principalement sur la jeunesse de Léopold Robert.

tans des *Termini*. Ces malheureux devinrent une
population de modèles, que, par égard pour le besoin des ateliers, dans cette ville des arts, le gouvernement romain n'eut plus le courage d'incar-
cérer ou de bannir. Mais l'abus fut bientôt à côté
de l'usage; et, bien différentes de ces dames romaines qui ne professaient la philosophie que couvertes d'un voile, la plupart des femmes modèles
ou soi-disant telles professèrent trop ouvertement
l'épicuréisme de la beauté sans voile. Le gouverneur de Rome en fit enfermer quelques-unes, et
il fallut aux autres, pour conserver leur liberté,
un certificat de modèle délivré par le directeur de
l'académie de France. De jeunes artistes prirent
les plus sages à leur service; les plus sages, bien
entendu, furent les plus belles. C'est ainsi que
Maria-Grazia, la plus remarquable de ces femmes
de Sonnino, fut bientôt comme chez elle, avec sa
sœur *Teresina*, chez Schnetz et chez Robert (1).

Tandis que le mari de la Grazia portait à la jambe
l'anneau de fer du bagne, et tenait une misérable
et chétive contenance au château Saint-Ange et

---

(1) Le nom de famille de ces deux célèbres modèles était
Boni. Maria-Grazia n'est qu'un prénom qui signifie *Marie de
grace*, comme nous disons *Notre-Dame de grace*, comme les
Espagnols disent *Dolores*, Marie-des-Douleurs, prénom de
femme de l'autre côté des Pyrénées.

plus tard à Porto d'Anzio, la belle montagnarde
sonninèse errait par la ville et faisait la fortune
des ateliers. C'était le vrai type de la femme de
brigand : superbe de stature et de forme, la tête
couronnée de la plus magnifique chevelure, forte,
fière, sans peur, l'œil et le geste du commande-
ment, quelque chose de la *Liberté* du dithyrambe
de Barbier. Teresina, qui était, comme sa sœur,
dans le suprême éclat de sa beauté, et qui devint
la favorite de Robert, avait plus de finesse et de
douceur dans les traits : on eût dit une femme de
la ville en costume de *ciocciara* (1).

Ce serait, il faut le rappeler, se faire une bien
fausse image de la femme romaine, que de s'imaginer rencontrer en elle ce joli, ce piquant un peu
apprêté que nous associons si souvent, de ce côté
des Alpes, à l'idée de la beauté. Le portrait de la
Fornarina si célèbre de Raphaël, — non pas la
magnifique peinture de la Tribune de Florence,
qui n'est pas la vraie Fornarina, et que de grands
connaisseurs croient même ne point être de Raphaël (2), mais le portrait authentique du palais

---

(1) La *cioccia* est cette sandale du paysan romain, laquelle
s'attache avec des cordes qui remontent autour de la jambe. De
là le peuple dit un *ciocciaro*, une *ciocciara*, termes consa-
crés aussi dans les ateliers de peinture.

(2) La couleur olivâtre de ce portrait semble être celle des
Giorgion, et s'éloigner de celle des Raphaël, dont la teinte est

Barberini, et dont le palais Borghèse possède une copie de Jules Romain, — offre des traits d'une beauté élevée, sévère, mais un peu dure et sauvage : une Maria-Grazia du XVIe siècle.

A ces modèles des *Termini*, qui alimentèrent pendant long-temps l'atelier de Robert, vinrent se joindre de nouveaux modèles que les expéditions inexorables des carabiniers romains lui fournirent en encombrant le château Saint-Ange et la forteresse de Civita-Vecchia. Quant à ceux d'entre les brigands libres qui entretenaient de secrets rapports avec leurs amis des *Termini*, la personne des artistes, celle de Robert surtout et de Schnetz, leur devint sacrée; et sans qu'il y eût à attendre dans la montagne la politesse de l'*hidalgo*, voleur de grands chemins en Espagne, qui demande la bourse chapeau bas, une hospitalité chevaleresque accueillait ces artistes là où d'autres eussent probablement trouvé la mort. Des parens des deux sœurs Maria-Grazia et Teresina escortèrent les deux amis pour les protéger au plus fort des combats qui suivirent le sac de Sonnino; et l'un de ces hommes, traversant un jour avec eux cette ville où des têtes de suppliciés décoraient les portes extérieures en façon de bucrânes antiques, leur

plutôt brique. En outre, on retrouve le même modèle au musée de Parme, et c'est un Giorgion incontestable comme incontesté.

montra dans le nombre, non sans quelque fierté, celle de son frère et celle de son cousin.

IV.

La célébrité de ces deux femmes singulières, qui exercèrent alors et depuis, comme modèles, une sorte d'influence sur le talent de Léopold, a dépassé les limites des ateliers, et c'est encore s'occuper de Robert que de donner sur elles quelques détails (1).

Maria-Grazia et *Teresina* étaient filles d'un *cacciatore* ou chasseur, et étaient nées, la Maria-Grazia en 1797, la Teresina en 1802. Toutes deux n'avaient que quinze ans quand elles furent mariées. Grazia épousa un garçon de dix-sept ans, Marco

(1) Dans la pensée que le lecteur ne verrait peut-être point avec déplaisir quelques informations développées sur le brigandage en Italie à cette époque, et sur le mode de répression qui fut adopté par les gouvernemens de Rome et de Naples, nous donnerons, mais dans un appendice, afin de ne pas trop interrompre notre récit, ce que nous avons recueilli d'authentique sur ce point trop souvent romanesque sous la plume des écrivains. Pour trouver l'intérêt en pareille matière, il n'était cependant pas nécessaire de faire du roman.

Caperchio, berger et brigand, ou peu s'en faut. Il
y avait alors, sur la lisière de la montagne, un
nommé Mattia Caputi, propriétaire laboureur, qui
ne portait pas cette *cioccia*, la sandale classique du
paysan romain. « Il laboure en souliers, donc c'est
un riche, » avaient dit les brigands. Le saisir, le
garrotter, l'enlever dans la montagne fut l'affaire
d'un instant, et Mattia ne dut la liberté qu'à une
rançon de cent piastres que sa femme paya en ven-
dant ses bijoux. Depuis cette aventure, poussé par
la *vendetta*, il cherchait ses bandits, quand, un
jour, il en trouva plusieurs dans une auberge. Il
en tua deux et en poursuivit un troisième, qui ne
fut atteint que dans ses habits et s'échappa. L'un
des tués était le mari de Maria-Grazia, qui ne l'a-
vait épousé que depuis sept mois; le fugitif était son
cousin, un certain Gregorio. Dès ce moment, la
vendetta fut mutuellement jurée entre Gregorio
et Mattia.

Cependant, Maria, la belle veuve, était l'objet
de toutes les ardentes convoitises des héros de la
montagne. Ce fut Francesco Nardelli, charbon-
nier, qui eut sa main. « Le premier un agneau, le
second un tigre, » disait Maria elle-même, parlant
de ses deux maris. Il y avait un an qu'elle était
remariée, quand l'honnête Nardelli fut chargé par
sa bande de tuer à Terracina un dénonciateur. Le
coup fait, il s'enfuit dans la montagne, où le zèle

du bourreau de Sonnino le força à demeurer. Sur ces entrefaites, l'expédition des carabiniers romains s'opéra, et Grazia, qui venait d'être mère, et qui tenait son maillot sur sa mamelle, fut enlevée avec Teresina, et jetée aux *Termini*. Elle avait alors près de vingt-trois ans, Teresina dix-huit.

Déjà, trois années avant le sac de Sonnino, celle-ci s'était mariée, et précisément à ce Mattia Caputi devenu veuf, Mattia le tueur de brigands, qui avait à régler avec le cousin de la jeune Romaine un certain compte de *vendetta*. Mattia vint tirer Teresina de l'établissement des Thermes, et fut chargé par le gouvernement d'aller, accompagné de sa femme, dans la montagne, traiter avec les bandits. Dans un défilé, il se rencontre, un jour, face à face avec Gregorio. Prompt comme l'éclair, celui-ci fondait sur lui, le stylet à la main, quand, d'un mot, Mattia l'arrête : « Plus de *vendetta!* s'écrie-t-il, nous sommes parens : Teresina est ma femme. » On s'embrasse, la paix est faite, et ils reviennent à Rome de compagnie. Chevalerie manquée que ce brigandage romain !

Pendant que cette réconciliation s'accomplissait, le mari de la Grazia était toujours *à la montagne* (1).

---

(1) Se faire brigand s'appelle à Rome se jeter à la montagne : *buttarsi alla montagna;* être brigand, *esser alla montagna.* Les Corses disent dans le même sens *prender la macchia,*

Il lit un jour un décret d'amnistie à la porte d'une église, et s'empresse de se rendre à Sonnino pour faire sa soumission; mais, quand il arrive, les délais étaient expirés depuis quelques heures, et on l'arrête, comme s'il eût été pris les armes à la main. Il rugissait de fureur. On l'enchaîne, et, pendant que sa femme continue à poser pour Robert aux *Termini*, on envoie le malheureux à Porto d'Anzio. « *Tanto meglio!* — me disait Grazia, quand, à Rome, en 1846, elle me contait ses aventures à l'académie de France (1), — *tanto meglio per questo cazzaccio che e venuto ad arrendersi! Fosse arrivato cento anni prima!* (Tant mieux pour cet im-

---

prendre le bois, le *mâquis*, sorte de taillis fourré dont les collines de la Corse sont couvertes et qui se compose d'arbousiers, de myrtes, de cytises, de lentisques, de mûriers sauvages, souvent si épais, qu'on ne peut y pénétrer qu'au moyen de la hache ou du feu. C'est le refuge assuré de tout homme qui a un démêlé avec la justice.

Les partis politiques ont le même langage en Bretagne : dans les troubles de cette province, sous la Régence, l'expression *entrer dans la forêt* signifiait embrasser la guerre civile.

(1) Dans sa description de la galerie du Palais–Royal, M. Vatout (article de *Maria-Grazia*, tableau peint par Schnetz) donne une histoire de cette femme, nous ignorons sur quels documens. Nous sommes forcé de dire qu'*il n'y a pas le moindre détail qui en soit exact*. Un homme d'esprit comme M. Vatout eût, à coup sûr, mieux inventé, s'il se fût livré à son imagination.

bécile qui était venu se rendre! Plût à Dieu que
cela fût arrivé cent ans plus tôt!) Quand on l'arrêta, ajoutait-elle, j'étais encore aux *Termini*. Là,
ma vertu éclatait à tous les yeux; mais le tigre
d'Anzio entend dire que les prisonnières des Thermes causent avec des hommes par les fenêtres.
Furieux de jalousie, il s'échappe, se glisse à Rome,
et rôde autour de ma prison pour me tuer. On
l'arrête, et il est remis à l'ombre à Porto d'Anzio,
où il en eut encore pour cinq ans. »

Il semble que, femme et Italienne, menacée du
couteau, Grazia va courir à la vengeance. Qu'on
se détrompe : le peuple de Rome ne rompt pas
pour si peu. Sa dureté, d'ailleurs, n'était que sur
les lèvres, son cœur était sans fiel; et dès qu'elle fut
sortie des *Termini*, elle alla voir de temps à autre
son mari à Porto d'Anzio, et fit sa paix. Elle supplie même alors qu'on le rapproche d'elle, et l'ardeur de ses démarches, pour obtenir une com-
mutation, répond à l'ardeur de son caractère
extrême. Elle redemande son Nardelli au *monsignore* de la police, elle le redemande aux cardinaux, au pape, à la Madone. « Elle eût écrit à Dieu,
disait-elle, si la poste allait jusqu'à lui. » Enfin,
grace à l'intervention de l'ambassadeur de France,
le duc de Laval-Montmorency, elle obtint que le
forçat d'Anzio fût transféré au château Saint-Ange.

Les peines commençaient à s'oublier. Le mari,

devenu sage, n'avait plus guère alors que dix-huit
mois de fers à subir. Il comptait même un peu
sur les fêtes pour faire diminuer son temps, car,
si à Rome on ruine en fêtes le pauvre peuple, encore en tire-t-on parfois quelque indulgence religieuse ou civile. Malheureusement tout cet échafau-
dage d'espérances croula sous un édit de Léon XII,
qui reléguait *à perpétuité* à la citadelle de Civita-
Vecchia tous ceux qui avaient trempé dans le brigandage. Point d'exception, même pour celui qui
touchait au terme de sa captivité. Dès-lors, Nardelli, au désespoir, prend son parti. Il s'associe à
un prisonnier déterminé comme lui, et, un jour
qu'ils sont en quelque taillis écarté à faire du bois,
chacun d'eux tue son soldat (chaque galérien a son
soldat qui le garde comme son ombre), et s'évade.
Passant alors, côte à côte, le Tibre à la nage, ils
font, dénués de tout, quarante à cinquante lieues à
travers champs et bois, et se jettent dans les montagnes de Terracine, où leur tête est mise à prix.

Le compagnon de Nardelli était un lieutenant
de Gasparone. Quelques hommes se groupent autour d'eux, et la troupe, pendant deux années, se
teint du sang des carabiniers romains et napolitains. Les bandits, acculés finalement sur une
montagne, disputent pied à pied ce dernier posté,
et tombent, l'un après l'autre, sous la fusillade.
Seuls, le lieutenant et Nardelli résistent encore;

mais le cercle se rétrécit incessamment. Enfin, au sommet, les carabiniers aperçoivent le lieutenant agenouillé, dont le fusil est appuyé sur une roche : le coup va partir; les carabiniers se précipitent : l'homme n'était plus qu'un cadavre, une balle l'avait atteint à la poitrine au moment où il se préparait à faire feu. Son sang fume encore, et c'est à peine si l'homérique bandit s'est affaissé dans la fière attitude qu'il avait prise. A cet instant, un tronc de pin croule du flanc de la montagne : c'est Nardelli qui l'a déraciné, et qui, accroché aux branchages, se fait crouler avec lui. Sanglant, plus qu'à demi mort, il est conduit à Mola di Gaëta, et les gendarmes napolitains viennent demander au gouvernement pontifical les cent piastres promises; mais on reconnaît qu'il est sujet des Deux-Siciles, et Rome refuse. Nardelli rentra donc aux prisons de son pays pour y attendre la potence ou une grace douteuse.

Cependant Maria, qui savait la mise à prix de la tête de son mari et ses exploits de la montagne, apprend qu'il est arrêté, mourant et condamné. Elle songe sans tarder à convoler à de nouvelles noces, et s'informe s'il n'y aurait pas moyen de hâter l'exécution du jugement. *Morta la bestia, morto il veneno*, disait-elle dans sa tendre sollicitude. Un jour donc, elle va à la place Barberine, la place des écrivains publics, et s'y fait faire une pétition pour

l'ambassadeur de France. Armée en guerre de tous
ses atours et de tous ses attraits, elle se présente
chez le duc de Laval-Montmorency. Les valets font
mine de lui refuser la porte; elle la force :

« C'est moi, la Grazia, dit-elle au duc; je viens
vous demander justice de ce gouvernement napolitain qui n'en finit pas et me fait languir. »

Un peu d'obscurité qu'il ne m'est point donné
d'éclaircir, enveloppe les détails de l'entrevue : le
duc en a gardé le secret.

Malgré cette démarche, les bonnes nouvelles
qu'attendait Grazia n'arrivant pas, la belle Romaine perdit enfin patience. Se mariait alors qui
voulait, à Rome, sans papiers et sans consente-
ment de famille. Une commère se trouva d'ailleurs qui déclara devant l'autorité qu'elle avait entendu dire par un marinier que Nardelli était
mort, et un nommé Kimerly, de race bohême,
chapelier de son état, devint l'heureux époux de
la prétendue veuve.

— Mais êtes-vous bien sûre, lui demandai-je,
que votre second mari soit bien mort? S'il revenait? — Oh! répondit-elle, j'espère qu'ils y auront
mis bon ordre!

— Est-il donc si facile, repris-je, de se marier
sans être veuve? — Bah! ce n'était pas alors comme
sous ce pape-ci; pour de l'argent, on eût épousé
son père! »

Et en me racontant ainsi les agitations de sa vie,
Maria-Grazia, déchue aujourd'hui comme tant
d'autres gloires, refleurissait d'une jeunesse nouvelle, et retrouvait un accent de fierté extraordinaire.

L'abbé Richard, dans sa *Description de l'Italie* (1), accuse les femmes romaines, même du
premier rang, « d'aller, dans leurs promenades
nocturnes de l'été, chez les bouchers, voir tuer les
bœufs, dont elles se plaisent ensuite à examiner
les entrailles palpitantes. » Ce reproche serait
souverainement injuste aujourd'hui, et l'a probablement toujours été. Les grandes dames de
nos jours ne sont plus ces fameuses matrones de
l'antiquité dont le pouce impitoyable décidait de
la vie et de la mort des gladiateurs. On a dit également que ces cruels spectacles attiraient les
femmes des montagnes, dont l'aisance de la vie
n'a point amolli le cœur et chez qui, au contraire,
l'habitude des luttes sanglantes a dû entretenir
des instincts sauvages et le besoin des impressions
fortes. On a parlé de mille folies auxquelles les
aurait poussées le besoin de sentir, d'être averties
en quelque sorte de leur existence : tout cela, pur
roman. Les habitantes de la montagne, celles
même, entre les femmes de brigands, qui jadis

(1) Tome V, page 242.

ont chargé le fusil des héros de la forêt, n'ont nullement ces instincts féroces, et ne s'affichent point ainsi à Rome. Pauvres gens pour qui tout est cher, elles ne quittent pas, à moins d'être modèles, les places Montanara et Campo de' Fiori, où sont leurs affaires et leurs habitudes. Elles ne fréquentent aucun des spectacles des dernières classes; et leurs mœurs, que relève, sous le haillon, une certaine dignité indépendante, n'ont rien des bassesses de la lie de Rome. Ignoble comme celle de toutes les grandes villes, celle-ci n'est point ce qu'on appelle le Peuple Romain; elle n'en a que le nom. A défaut de bêtes fauves dans les arènes, à défaut de lutteurs humains et de gladiateurs, il lui siérait bien de hanter les boucheries, elle que l'on voit courir avidement au mausolée d'Auguste, prostitué de temps à autre à de grotesques joûtes où de malheureux bossus luttent contre des veaux, comme si, pour ces contrées amoureuses de la forme, le bossu n'était point un homme (1)!

(1) Cette parodie des combats antiques et des héroïques combats espagnols de taureaux montre combien le populaire de Rome affectionne le grotesque, comme pour se délasser du beau dont il est entouré. Il faut être un bossu vérifié pour être admis dans l'arène. Les veaux sont de pauvres bêtes efflanquées auxquelles les cornes commencent à poindre. Excités par les bossus, par les cris des spectateurs, par des pointes acérées,

La Maria-Grazia et sa sœur Teresina, qui est morte en 1839, ont posé pour presque tous les tableaux de Robert et de Schnetz. La galerie du Palais-Royal possédait un portrait en pied de Maria-Grazia, par Schnetz, sous le titre de *la Femme du brigand*. La jeune femme qui présente à la diseuse de bonne aventure la main de l'enfant dans le tableau de *l'Enfance de Sixte-Quint*, par le même, est le portrait de la Teresina. Dans *l'Improvisateur napolitain*, de Robert, la femme assise aux pieds du chanteur et tenant un enfant est encore la Teresina. C'est encore elle qui est représentée dans la danseuse qui précède le char du *Retour de la fête de la Madone de l'Arc*.

Justine, sœur de Gasparone, le chef de tous les brigands, était aussi un magnifique modèle, et dont les aventures ne le cèdent en rien à celles des deux sœurs. Une autre jeune fille enfin, d'une beauté remarquable, enlevée par les brigands, et faisant partie de la population de Sonnino transférée aux *Termini*, servit de modèle à Robert pour une de ses meilleures études qu'il peignit, de grandeur

---

ils entrent en fureur et portent à la fin de vigoureux coups. J'ai vu un des malheureux bossus, qui en avait été blessé et mis hors de combat, essayer de sortir de l'arène. La populace l'empêcha de sortir, et criait au veau : « Tue! tue! » afin d'en avoir pour son argent.

naturelle, aux Thermes, pour lord Kinnaird. Cette jeune fille portait au cou une cicatrice que Léopold reproduisit dans son portrait, en mémoire de la résistance énergique opposée par elle à ses ravisseurs.

Nous nous sommes arrêté sur ces épisodes qui appelèrent alors l'attention des peintres français et de Rome entière sur le brigandage italien. C'est là, en effet, qu'il faut chercher l'origine de ces éternelles peintures de brigands dont tant d'artistes inférieurs à Robert et cachés dans son ombre ont inondé les salons du Louvre; mais les siennes étaient, en 1820, une nouveauté piquante, d'autant plus goûtée, que les poésies de lord Byron venaient de mettre les brigands à la mode.

« J'ai été bien favorisé, je l'avoue, écrivait Léopold Robert à son ami Brandt le 3 octobre 1822; j'ai voulu choisir un genre qu'on ne connût pas encore, et ce genre a plu. C'est toujours un avantage d'être le premier. Lorsque j'arrivai, je fus frappé de ces figures italiennes, de leurs mœurs et de leurs usages remarquables, de leurs vêtemens pittoresques et sauvages. Je pensai à rendre cela avec toute la vérité possible, mais surtout avec cette simplicité et cette noblesse que l'on remarque dans ce peuple, et qui est encore un trait conservé de ses aïeux. Ce que j'ai fait jusqu'à présent ne me satisfait pas encore; j'espère réussir mieux.

Cependant mes tableaux, quoi qu'ils représentent d'abord, sont très recherchés. Je dois me féliciter de mon voyage en Italie; je crois que j'y resterai long-temps. Un autre avantage, c'est que le climat, au lieu de m'être contraire, m'est extrêmement favorable.... Mon état me coûte beaucoup; je suis forcé d'avoir continuellement des modèles pour mes tableaux, car je suis résolu à ne pas faire un trait sans ce secours, qui ne peut jamais tromper... Je fais des excursions dans les montagnes les plus sauvages, et j'y trouve des motifs tout nouveaux pour ce genre. »

V.

Robert fit de ses peintures une exposition générale à Rome; mais, dépourvu de ce savoir-faire qui met à appeler les éloges et les succès tout le talent et l'art qu'il employait à les mériter, il fallut qu'un Vaudois, le consul de Suisse, M. Auguste Snell, son banquier et son ami, amenât dans son atelier la duchesse de Devonshire, qui le prôna, et qu'un artiste bienveillant fît voir son exposition à un riche curieux, le colonel de Lamarre, qui aida à lui donner le premier essor. Depuis lors, son nom passa de bouche en bouche; les générations successives de voyageurs se le léguèrent, et la réserve modeste du jeune peintre le servit auprès d'eux autant que son talent.

L'extérieur, chez Robert, n'avait, il faut le dire, rien de séduisant pour qui le connaissait peu. C'était un homme petit, grêle, d'un aspect lourd et sans distinction. A ses vêtemens de couleur foncée, étroits, exactement boutonnés; à son chapeau rabattu sur les yeux; à sa grosse tête enfoncée dans les épaules; à son air gauche et refrogné; à l'arc de ses sourcils se fronçant l'un vers l'autre; au timbre discret et timide de sa voix, on reconnaissait un caractère peu expansif, un esprit soucieux. Partout il prenait la dernière place et le dernier rôle. Comme tout homme à pensée unique, il respirait l'ennui. Il s'effrayait surtout de ce jeu de miroirs, de ce feu croisé, de ce tonneau des Danaïdes qu'il faut remplir tant bien que mal, et qu'on appelle en France conversation; mais, s'il ouvrait la bouche, sa parole, quoique embarrassée, peignait d'un mot bref et juste. Se sentait-il à son aise, le nuage qui obscurcissait son front se dissipait; et qui avait causé avec lui finissait par lui trouver je ne sais quoi de fin et de vrai, de sensible, d'aimant et de triste, digne à la fois de sympathie et de respect.

Il était temps que la fortune lui sourît, car les

trois années fixées par M. de Roullet venaient d'expirer; déjà même le pauvre artiste s'était vu contraint de demander, pour quelque temps encore, la prolongation de sa pension; mais, soutenu par la vogue, cette fois d'accord avec le bon goût, il fit de petits tableaux qui se vendirent rapidement, et de ce jour il se maintint par ses propres ressources. Il put même, deux ans après (1822), enlever à l'horlogerie et appeler à Rome son frère Aurèle, doux et intelligent jeune homme, dont il voulait faire un artiste, et qui demeura jusqu'à la fin le compagnon fidèle de sa prospérité, de ses triomphes et de ses peines. De ce jour aussi, continuant à affronter vigoureusement la vie, la retraite et la pauvreté, il n'eut de relâche qu'après s'être acquitté envers M. de Mézerac, qu'après avoir remboursé à sa famille les avances faites pour son instruction. Enfin, en 1828, seize ans après ses premiers débuts dans les arts, la vie matérielle ne revenait plus pour lui, chaque jour, avec ses cruelles exigences; et, libre de toute dette, il revoyait sa patrie, précédé de la réputation de l'un des premiers peintres de l'Europe. Mais n'anticipons pas.

Les ouvrages qui avaient d'abord appelé sur Léopold Robert l'attention du public en Italie n'étaient, à vrai dire, que des *études historiées*. D'ailleurs, la nature sombre des sujets de brigands avait

fini par le dégoûter. « Je ne puis peindre, disait-il,
sans m'identifier avec mon sujet, et, quand j'ai
achevé un de ces malheureux brigands, je me sens
tellement épuisé et si mélancolique, que, si je con-
tinuais long-temps, je finirais par perdre la tête ou
du moins par tomber malade sérieusement. » Il fit
donc divorce avec ces peintures de bandits au moment où le prix en était doublé (1), et, à l'instar de
l'habile peintre d'imitation Victor Schnetz, qui
paraît avoir exercé une réelle influence sur la direction de son talent, il voulut poursuivre des succès
plus élevés.

Sorti de cette grande école de David, qui, depuis,
a fait tant de martyrs, mais qui, par la main du
maître, a relevé l'art de la décadence où l'avaient
plongé les saturnales d'une école de boudoir, il
avait l'exemple de ceux qui luttaient à leur tour
contre les tristes excès de leur propre école. Son
bon sens lui faisait apprécier combien son organisation s'éloignait de celle des génies créateurs, et,
à la nature même de ses succès, il comprit qu'il
fallait s'en tenir à l'imitation simple et vraie de la

---

(1) Robert demeura toujours désintéressé. « Tu aimes mieux
l'argent, c'est naturel, tu es père de famille, écrivait-il à un de
ses amis; moi je désespère ma mère, ma sœur et mon frère
même par le défaut tout contraire. Je compte cependant changer avec les années. » Il ne changea pas, et c'est ce dédain de
l'argent qui a fait sa force.

grande nature qui l'entourait : partage, du reste, assez beau, si le peintre savait ne pas dépasser son but.

Un incident particulier de son début dans la grande peinture de chevalet était venu, d'ailleurs, l'éclairer d'une manière complète et irrévocable sur la portée de son propre génie, et lui apprendre à renoncer à l'idéal de l'inspiration souveraine. Un amateur lui ayant demandé un tableau représentant *Corinne improvisant au cap Misène,* il avait accepté, mais l'œuvre n'aboutit point. Déjà la composition était agencée, déjà les auditeurs étaient peints, et la figure inspirée de Corinne, ainsi que celle d'Oswald, manquaient encore.

« Je ne sais comment je fais, écrivait-il à son ami Navez, il me semble que je m'occupe assidûment, et je ne fais presque rien quand je compare avec les autres. Je suis en travail sur mon tableau de Corinne. Je suis fâché de ne pas t'en avoir montré la composition ; mais, quand tu es parti, il était si dégoûtant, que je n'ai pas osé. Encore à présent, j'en suis tellement dégoûté, que je suis souvent tenté de crever la toile. » (24 novembre 1821.)

« Mon misérable tableau, dit-il au même le mois suivant, commence à me peser furieusement. Il pourra bien s'y trouver quelques bons détails, mais j'ai bien peur de m'être fourvoyé. J'ai choisi un effet trop difficile à rendre, et d'ailleurs je m'aperçois qu'une Corinne est trop élevée pour moi qui n'ai jamais fait que des brigands et des paysannes. Ma consolation, si j'en puis trouver une, c'est de voir que je ne m'aveugle pas trop sur ce que je fais, et que j'ai beaucoup plus étudié que si j'avais fait vingt petits tableaux. Schnetz, qui voit de temps en temps celui-ci, cherche à me rendre le courage. Je t'avoue que, si je le faisais pour moi, je le laisserais pour en exécuter d'autres qu'on me demande instamment. »

L'année suivante, on retrouve les mêmes doléances dans une lettre du 5 mars au même peintre Navez : « J'ai à peu près fini mon tableau de Corinne. Sur les derniers temps que j'y travaillais, il me tombait tellement sur le dos, que je me suis décidé à le laisser là quelques semaines. J'y travaillais sans l'avancer. C'est un sujet trop difficile. Cette figure de Corinne est ingrate à faire, car on ne sait quel caractère lui donner ni quel costume. D'après ce qu'on me dit, je crois qu'il y a des choses dont la couleur est plus forte que dans mes autres tableaux; mais, si j'avais prévu tout le mal que cette maudite peinture me donnerait, à coup sûr je ne l'aurais pas entreprise. »

Il s'était en effet risqué, à la fin, à peindre sa Corinne d'après la Maria-Grazia; mais, pour personnifier l'inspiration, copier ne suffisait point, il fallait créer. Le souffle créateur faillit. Ramené in-

cessamment, malgré tous ses efforts, loin du domaine de l'imagination, sans cesse, à la place de
l'idéale figure de Corinne, il mettait, dans sa pensée, un des poètes populaires de la Mergellina, du
Môle ou de la foire de Carditello. Un instant même,
il avait espéré que le propriétaire du tableau ac-
cepterait la substitution; il l'en pressa plusieurs
fois, alléguant son peu d'aptitude à ajuster, pour
l'Oswald, l'Apollon botté de Gérard, des vêtemens
à la mode. Enfin, sur le refus de l'amateur, il pré-
féra achever à sa guise et pour son compte le tableau commencé, plutôt que de s'escrimer à rendre
ce qu'il ne sentait point. Il gratta donc avec le rasoir la figure de Corinne, y substitua un improvisateur; et le tableau annoncé sous ce premier titre
de *Corinne,* au livret du Salon de 1822, mais non
exposé, parut, deux ans plus tard, métamorphosé
sous le nom, aujourd'hui si connu, de *l'Improvisateur napolitain.*

Cette transformation de la toile n'a rien de sur-
prenant, surtout chez Robert. David, son maître,
qui ne revenait guère sur son travail, n'a laissé
que bien peu de *repentirs* dans ses tableaux, parce
qu'il effaçait, s'il avait à refaire, afin d'éviter les
repoussés et l'altération inévitable des couches
d'huile superposées; mais de tous les peintres,
Léopold fut le gratteur le plus intrépide : il faisait
un usage presque aussi fréquent du rasoir que du

pinceau, et y avait une merveilleuse adresse. Telle page était couverte ou en partie terminée : un beau jour, ses amis ne retrouvaient plus rien que la toile grise. Il appelait cela travailler à la manière de Despréaux : «Celui-là, disait-il, m'a appris à peindre autant que M. David. »

LIVRE SECOND.

SECONDE PÉRIODE.

ROME, NAPLES ET PARIS. — LES MOISSONNEURS.
— RÉSUMÉ SUR LE CARACTÈRE DU TALENT DE ROBERT.

(1822-1831.)

I.

Le tableau de la *Corinne* n'était point le seul pas tenté par Léopold Robert dans le domaine de l'imagination. Cette même année 1822, il avait esquissé deux grandes compositions de *Roméo au tombeau de Juliette;* mais l'insuccès de la *Corinne* le fit prudemment reculer, et les sujets de *Roméo* demeurèrent à l'état d'ébauche. De ce moment, il renonça à traiter aucune scène tirée du roman, de la poésie ou de l'histoire; et, restreignant sa peinture aux données humbles et familières, ses laborieux efforts n'ont plus qu'un but : l'élévation du style et la délicatesse du sentiment dans l'expression choisie du vrai.

Ce qu'il y eut d'admirable et de frappant chez Léopold depuis cette époque, c'est l'harmonie qui s'établit entre son talent et l'Italie. La campagne romaine inculte, silencieuse et comme désolée, la sévère beauté des lignes de l'horizon, l'unité divine des vastes déserts du ciel, l'éclat prestigieux de l'atmosphère, préparent une émotion inconnue à qui arrive dans la ville de Rome, « cette Niobé des nations. » Robert, avec un sentiment pieux de la nature, un amour d'artiste qui embrassait et le paysage, et le ciel, et la création entière, s'était identifié avec ces beautés graves qui allaient à son ame mélancolique et l'emportaient dans tous les lointains de l'imagination. Il sentait un frémissement ineffable, qu'il exprime souvent dans ses premières lettres, à la vue de cette ville écrasée sous le poids de vingt siècles, et cependant si vivante, bien que tant de touristes n'y voient qu'un cadavre. Des deux Romes juxtaposées, également mortes toutes deux, la grande Rome des xve et xvie siècles n'était pas la moins étonnante à ses yeux. Et quel cadre magnifique que cette splendide nature, ces Marais Pontins, cet infini solennel de la campagne romaine pour ces grands ossemens du passé! La magie aérienne qui enveloppe la ville de Naples, et son golfe, et ses environs, enthousiasmait Robert, tout en désespérant son pinceau; et plus d'une fois la population de ces beaux lieux lui fournit de magnifiques modèles : ainsi, après *l'Improvisateur*, le *Retour du pèlerinage à la Madone de l'Arc*; toutefois il revenait plus volontiers à la population romaine.

En effet, le Romain, imposant dans sa décadence, est encore le vieux Romain des temps historiques, et il offre une preuve éclatante, entre mille, de l'immutabilité des caractères originels des peuples (1).

---

(1) Qu'on relise la phrase suivante du discours de Cicéron sur la réponse des aruspices, § IX : « Nec numero Hispanos, nec robore Gallos, nec calliditate Pœnos, nec artibus Græcos, nec denique hoc ipso hujus gentis ac terræ domestico nativoque sensu, Italos ipsos ac Latinos, *sed pietate ac religione, atque hâc unâ sapientiâ, quod Deorum immortalium numine omnia regi gubernarique perspeximus, omnes gentes nationesque superavimus.* »

Ce langage de la Rome antique, à propos de

Ces dieux que l'homme a faits et qui n'ont pas fait l'homme (*),

ne serait-il pas, vérité de religion à part, celui de la Rome moderne, la ville sainte, le siége de la papauté?

Nous descendons de ces Gaulois dont Tacite disait qu'il était

---

(*) Cyrano de Bergerac.

La dignité, chez lui, est de toutes les classes. Étranger à toute affectation, jamais pressé de montrer ce qu'il vaut, sérieux, fier, méditatif, presque triste, il semble chercher le mot de l'énigme assez obscure de ses destinées. Haut et superbe, il voit encore en nous le Gaulois; dans l'homme du Nord, un barbare. Lui dont la ville est le grand hôpital des dynasties déchues, son premier sentiment envers l'étranger est l'attente du respect, presque le mépris. Le *nil admirari* d'Horace est encore, avec l'antique *panem et circenses*, sa devise éternelle. Tout lui est spectacle. Le Napolitain qui s'agite, qui court, qui danse, chante et crie sans cesse, et qui épuise tous les excès de la vie et du repos, est un

plus sûr d'agir sur eux par la persuasion que par la contrainte, *auctoritate suadendi magis quam jubendi*. Désavouerions-nous davantage ce mot de Caton l'ancien, qui vivait deux cents ans avant Jésus-Christ : *Gallia duas res industriosissimé persequitur, rem militarem et argute loqui?*

Un membre de l'Académie des Sciences morales et politiques, feu M. Edwards, a fait de nombreuses recherches sur le croisement des races humaines; malheureusement ce n'était qu'un homme de savoir patient et qui n'a point creusé la question. L'observation a démontré que les mélanges de sang ont peu d'influence sur les races vigoureuses, et qu'il faut peu de temps, peu de générations, pour que ces races reprennent tous leurs caractères primitifs. Les Français sont plus Gaulois aujourd'hui qu'il y a quatre cents ans; les Anglais plus Anglais, les Allemands plus Allemands.

spectacle pour l'étranger; c'est l'étranger, au contraire, plébéien ou roi, qui est le spectacle du Romain. Et cependant semblable, en dépit de cette impérieuse nature, à ce lion qui a déposé sa royauté et se laisse conduire à la baguette d'un enfant, il laisse faire autour de lui, et ne se venge de ses maîtres que par je ne sais quel dédain superbe et nonchalant. A peine un instant, éveillé à la voix de Pie IX, a-t-il semblé vouloir reprendre sa place aux avant-postes du genre humain, et déjà le sort a désarmé son courage; déjà le calme hautain d'une insouciance séculaire a remplacé sa gloire d'un moment.

A Rome, c'est moins dans la haute société que dans le peuple qu'il faut aller chercher cette beauté majestueuse, élégante et reposée, qui porte la tête avec toute la dignité des sénateurs et des matrones de la république romaine, et dont Robert s'était constitué le peintre. C'est là surtout que de magnifiques vieillards, qui semblent comme descendus des tableaux de Raphaël, prouvent la vérité de cette belle parole de Joubert: « Les vieillards sont la majesté du peuple. » Quand le *facchino* romain, aux cheveux de jais luisant, au teint chaud, au regard intelligent, à la taille vigoureuse et légère, jette avec un instinct d'artiste sa veste de velours sur son épaule, à défaut de manteau, l'expression de ses traits prend un caractère de fierté particulière, et l'on retrouve le type élevé de la statuaire antique :

> Solo isguardando
> A guisa di leon quando si posa (1).

Tel était le milieu où Robert aimait à vivre; tels étaient ses héros et ses dieux, tandis que d'autres faisaient poser des Jupiter et des Romulus à cinq francs la séance. Plus d'une fois, se mêlant à ses modèles, il a fait son profit de tel trait vif et court échappé à quelque bouche du peuple, et qui décelait souvent une impression plus forte et plus intelligente des beautés de la nature et de l'art qu'on n'en trouve dans plus d'un gros livre de nos jugeurs jurés.

L'année 1822, la première où Léopold ait exposé au salon du Louvre, vit paraître, avec quelques-unes de ses peintures dont les brigands des montagnes de Terracine lui avaient fourni les modèles, de petits sujets de moines et de religieuses, et les regards en France commencèrent à se fixer sur lui. Les connaisseurs furent frappés davantage encore de *l'Improvisateur napolitain,* substitué à la *Corinne* et exposé en 1824. Cette composition, d'une noble simplicité et le premier grand tableau de Robert,

_____

(1) Dante, *Purg.*, VI, v. 65-66.

prépara les succès éclatans qu'il devait obtenir plus tard. Le caractère des deux figures principales est écrit avec énergie et bien contrasté. On voit aussi que l'artiste, préoccupé de l'expression variée d'attention de chacun des personnages groupés autour du chanteur, s'est étudié à rendre l'extase moitié sensuelle, moitié intellectuelle, qui berce, au son de la cantilène, sous leur climat privilégié, ces voluptueux Napolitains.

La Sicile, autrefois la Grande-Grèce, le royaume de Naples, dont la capitale est l'antique colonie des Cuméens, ont conservé dans les traits et dans les mœurs de leurs races populaires de profondes traditions de leur généreuse origine. La vie en plein air qui rend l'homme à la nature en l'enlevant à la société, l'habitude de la cadence dans la démarche, de la danse dans les fêtes religieuses et profanes, de la pompe dans les processions, des costumes éclatans, des tresses de fleurs et des ornemens de fruits dans tous les usages publics et privés, tout rappelle l'antiquité païenne. C'est un violon en tête que les paysans se mettent en marche pour aller ouvrir le labourage; c'est au son du tambourin et des castagnettes qu'ils rentrent les moissons et les vendanges. La femme danse-t-elle, son aspect revêt à l'instant une sorte de grandeur et de fierté, et son enthousiasme vertigineux et électrique finit par emprunter quelque chose du délire de la pytho-

nisse. L'homme du peuple, comme pour attester
que le laurier d'Horace, de Virgile et du Tasse, n'a
point épuisé le sein fécond de la *campagna felice*,
a le don de l'improvisation poétique, cette liberté
de la presse populaire de la vieille société italienne
toujours divisée, quelquefois indépendante, jamais
libre. La poésie est partout : dans le chant, dans la
danse, dans les harmonies de la mer, dans tous les
mystères d'une admirable nature qui fait vibrer à
la fois les cordes de l'imagination, de l'ame et des
sens. Robert en était encore à la fraîcheur des premières impressions d'un voyage à Naples; comment n'eût-il pas été inspiré par cette population
sauvage, il est vrai, indolente, frivole, dépourvue
de dignité, mais non vulgaire, mais facile et bonne,
si naïve surtout dans ses enthousiasmes et si fortement pittoresque?

Tout ce qu'il exposa aux Salons de 1822 et 1824
appartenait au même ordre d'idées : toujours de
ces scènes familières qui s'offraient incessamment
sur ses pas; mais *l'Improvisateur* attestait par la cadence des lignes, par l'élévation et la pureté du
style, par le choix des détails, les efforts de l'artiste
pour agrandir sa manière, et s'élever, à force de
puissance de rendu, à force de vérité d'expression
et de coloris, au niveau du génie créateur (1). Quel-

_____

(1) Ce tableau fut payé à Robert 3,500 francs.

ques détails du tableau trahissaient, il est vrai,
l'incertitude qui avait pesé primitivement sur la
composition. Ainsi, les jeunes filles assises aux
pieds du rhapsode, et qui, prises individuellement,
sont toutes de fort belles études, ne se lient point
d'intention, d'une manière assez complète, à l'ensemble de l'action, et l'on pourrait dire qu'elles
figurent là moins pour l'acteur que pour le spectateur. Cette harmonie, cette unité de composition,
— l'une des plus capitales difficultés de l'art, —
fut, avec l'entente du clair-obscur, comme nous le
verrons dans la suite, l'un des écueils contre lesquels le talent de Robert eut le plus à lutter en
tous les temps. « Ces dernières parties sont du
peintre, » dit le Poussin, « et ne se peuvent ensei-
gner. C'est le rameau d'or de Virgile, que nul ne
peut trouver ni recueillir, s'il n'est conduit par le
Destin. »

La trace de ses courageux efforts n'était pas
moins notable dans de petits tableaux de la même
année 1824, représentant des *Pèlerins se reposant
dans la campagne de Rome*, deux *Religieuses effrayées du pillage de leur couvent par des Turcs*, un
Brigand en prières avec sa femme, et la *Mort d'un
brigand*, — compositions austères, exécutées avec
une grandeur de faire et surtout une profondeur
de sentiment dont Léopold seul avait donné l'exemple à l'exposition de 1824.

Lors de l'incendie de Saint-Paul-hors-les-Murs, il avait fait beaucoup d'études sur place. Il exécuta, en 1824, d'après ces motifs, un intérieur des ruines de cette basilique, le lendemain de l'incendie. Le sculpteur Thorwaldsen en fut si enchanté, qu'il lui en demanda une répétition (1).

En novembre 1825, Léopold termina pour l'ambassadeur de France, le duc de Laval, un tableau dont les figures ont plus de deux pieds, et qui fut fort goûté. Il parle ainsi de cette composition à son ami Navez : « C'est une femme de l'île de Procida, sur le bord de la mer, qui attend son mari. La fin de la journée annonce un orage. La mer, qui est très grosse, lui donne des craintes; elle tourne la tête pour chercher au loin la barque qu'elle désire; un jeune enfant dort près d'elle. Je crois que le sujet se devine assez : du moins, je n'ai jamais eu besoin de le dire. »

Un petit tableau représentant des *Chevriers des Apennins pansant une chèvre blessée* avait été composé par Léopold pour le peintre Gérard en 1824;

---

(1) « Le tableau est assez grand. Il n'y a pour ainsi dire pas de figures. Je me suis fort amusé à le faire, parce que c'était une occupation nouvelle pour moi de faire des lignes droites et des colonnes... Je ne m'en crois pas davantage pour cela un Bramante, ni même un Perrault ou un Mansart. » Robert à Navez, 1er et 7 août 1824.

deux ans plus tard, il lui envoya de Rome une seconde peinture : *Une Mère pleurant sur le corps de
sa jeune fille exposée.* C'est un usage touchant des
états du pape, usage plus pittoresque encore aux
pays de montagnes où les costumes se conservent
mieux dans leur pureté traditionnelle, d'exposer
les morts à visage découvert, dans la maison mor-
tuaire, jusqu'à ce que les confréries les emportent
à leur dernière demeure. Robert avait été plusieurs fois témoin de ces tristes scènes, et il a fait
une répétition de ce petit tableau pour un amateur
distingué des arts, M. le général baron Fagel, ministre des Pays-Bas à Paris. Gérard fit une critique
fort délicate de ce dernier tableau, qui offrait les
mêmes qualités et les mêmes défauts que les pré-
cédens (1).

(1) « ..... Le choix du sujet, dit Gérard (lettre à Robert
du 13 novembre 1826), m'avait causé quelque inquiétude qui
s'est bientôt dissipée à la vue du tableau. Votre composition
est simple, noble et touchante. J'ai revu avec plaisir ces costumes, qui, heureusement pour moi, n'ont point changé. Cette
scène m'a paru d'autant plus vraie, qu'elle m'a rappelé en partie celle dont j'ai été témoin dans ma jeunesse : une fille de
campagne, qui servait chez ma mère, mourut; ses parens vinrent pleurer sur son corps et lui rendre les derniers devoirs.
Vous savez, monsieur, tout le cas que je fais de votre beau
talent, et avec quel plaisir j'ai vu vos succès, si justement mé-
rités. Si je me permets quelques observations, comme vous
avez bien voulu m'y autoriser, je vous prie de les regarder

En 1827, Léopold exposa des *Pèlerins reçus à la porte d'un couvent*, des *Filles d'Ischia au rendez-vous*, *l'Ermite de Saint-Nicolas recevant des fruits des mains d'une jeune fille*, et une *Pèlerine pleurant sur son enfant mourant*. Dans une lettre adressée de Rome à M. Marcotte, le 15 janvier 1826, Léopold décrit ainsi ces deux derniers tableaux destinés à cet amateur : « Je profite avec empressement de la permission que vous me donnez pour satisfaire l'envie que vous me témoignez de connaître les sujets des tableaux que j'ai l'honneur d'exécuter pour vous, bien que j'éprouve assez de difficulté à exprimer avec la plume des scènes qui sont plutôt des motifs saisis sur la nature, et qui se sentent mieux qu'ils ne peuvent se décrire. Dans le

comme une preuve de la haute estime que j'ai pour votre mérite.

« D'après ce dernier ouvrage, je crains (franchement) que vous n'adoptiez une manière un peu rude, non par l'excès du fini, mais parce que les contours semblent peints à sec. Les plis de la manche de la mère ont quelque raideur, et la tête est peut-être trop virile. Je suis ennemi de la beauté systématique; mais dans toutes les classes et à tous les âges il y a, surtout chez le peuple que vous savez si bien peindre, un genre de beauté relative que vous pouvez mieux que bien d'autres découvrir et retracer. Enfin, permettez-moi de vous rappeler que c'est au dessin et au caractère que vous avez su donner à ce genre, qu'on avait traité un peu trop négligemment avant vous, que vous devez la réputation bien méritée dont vous jouissez. »

premier tableau, j'ai représenté une femme des montagnes voisines du lac Fucino, qui, dans le pèlerinage qu'elle fait à Rome avec son jeune enfant, est forcée de s'arrêter pour une maladie grave, ce qui arrive fréquemment aux malheureux habitans de la campagne. Son enfant a pris un accès de fièvre pernicieuse; elle est au moment de le perdre, et j'ai cherché à exprimer l'effet de la tendresse maternelle dans un moment aussi pénible. Le site où elle se trouve, sans être tout-à-fait portrait, est un motif qui m'a été inspiré dans les montagnes de Subiaco. L'autre sujet, qui est ébauché, m'a été fourni dans mon dernier voyage de Naples. C'est au sommet de la montagne la plus élevée qui se trouve dans l'île d'Ischia que j'ai vu un ermite recevant d'une jeune fille des fruits qu'elle lui avait apportés. Je vais l'exécuter tout de suite. »

Le petit tableau de la *Pèlerine* est un des plus fortement expressifs que Robert ait peints. Il n'est pas jusqu'à l'austérité du paysage qui n'ajoute à la tristesse pénétrante de la scène. Quant à l'*Ermite du Mont Epomeo*, il offre tout le charme que comportait le sujet, et servit de transition à la peinture d'*Une jeune Fille de Procida donnant à boire à un Pêcheur*, l'une des productions les plus heureuses de Léopold, et par laquelle il ouvrit l'année 1827. La jeune fille, un vase d'eau sur la tête,

pose un genou en terre pour mettre le vase à la
portée des lèvres altérées du pêcheur. La pantomime des deux figures est pleine de justesse, et, à
la grace digne et simple de la femme, on ne peut se
défendre du souvenir des compositions antiques.
C'est quelque coin de page d'un manuscrit grec.

II.

A peu près à la même époque, Robert avait
conçu le projet de personnifier en quatre tableaux
les saisons et quatre grands pays de l'Italie. Le
Retour de la fête de la Madone de l'Arc devait ouvrir la série, et représenter Naples et le printemps;
les *Moissons dans les Marais Pontins*, Rome et
l'été. L'automne aurait été symbolisé par les *Vendanges en Toscane*, et l'hiver par le *Carnaval de Venise*. Le *Retour de la fête de la Madone de l'Arc* parut
en 1827, et la *Halte des Moissonneurs* figura au Salon de 1831. Léopold renonça au sujet du *Carnaval*, et le *Départ des pêcheurs de l'Adriatique*, qu'il
y substitua, fut l'œuvre dernière du grand artiste.
La mort seule l'a empêché de peindre les *Ven-

danges, car il méditait ce sujet en travaillant à ses *Pêcheurs*, ainsi qu'on le voit dans une de ses lettres à M. Marcotte (Venise, 26 juillet 1832) : « Je vous ai parlé de la Toscane pour y placer le sujet de mon troisième tableau, qui est les *Vendanges*. J'aimerais à m'installer pour cela sur les lieux mêmes où je voudrais trouver mes inspirations. Il y a une petite ville extrêmement pittoresque (San-Geminiano), qui n'est pas éloignée de Volterra, et où la manière de recueillir le raisin est très originale. C'est encore un pays tout neuf, et qui conserve beaucoup du caractère étrusque mêlé à celui de la Renaissance, qui plaît toujours tant. Ne pensez-vous pas qu'avec ces moyens on puisse faire une scène intéressante? Ce serait le repos à la fin d'une belle journée d'automne, et ce moment me fournirait des épisodes variés et piquans. L'idée m'en paraît philosophique, car c'est dans l'automne de la vie qu'on peut espérer de jouir du repos. Voilà un plan aussi bien arrêté que possible; mais, pour laisser avec sûreté le champ libre à mon imagination, j'aimerais à mieux connaître le pays où j'ai l'intention de placer cette scène. »

Le duc d'Orléans, qui goûtait le talent de Robert, avait d'avance destiné à ce tableau des *Vendanges* une place dans sa galerie toute moderne, où brillaient maints diamans de notre école : la *Françoise de Rimini* et la *Consolation des affligés* d'Arry Scheffer, le *Joseph* et la *Bataille des Cimbres* de Decamps, une magnifique *Scène orientale* du pauvre Marilhat, si cruellement frappé dans toute la force de son talent, *les Vaches* et *les Chasses* de Jadin, *l'Évêque de Liége* et *le Doge* d'Eugène Delacroix, le *Michel-Ange* de Robert Fleury, et enfin, sans parler d'un de ces chefs-d'œuvre microscopiques où Meissonnier rivalise avec les meilleurs Flamands, l'*Assassinat du duc de Guise* de Paul Delaroche, et l'*Œdipe* d'Ingres, tableau à côté duquel devait plus tard se placer la *Stratonice* du même peintre.

Le pèlerinage à la Madone de l'Arc, qui a pour but d'appeler sur la terre les bénédictions de la Vierge, a lieu aux fêtes de la Pentecôte, à la chapelle d'un village distant de quelques lieues de la capitale. C'est une de ces solennités qui participent à la fois du paganisme et du christianisme, et où l'ardeur du plaisir se mêle aux pratiques dévotieuses. Ces jours-là, tout le populaire de Naples est en ébullition comme son Vésuve, dont il est si fier. Des hommes, des femmes, des enfans, revêtus de leurs plus beaux habits, habits presque orientaux par la forme et par l'éclat des couleurs, montent sur un char attelé de ces magnifiques bœufs gris à grandes cornes de la Romagne, dignes de descendre des bœufs du Clitumne. Les mains sont chargées de thyrses entrelacés de feuillages, de fruits et de fleurs, où pendent des amulettes, des chapelets, des images de la Vierge et des saints. Les fronts sont couronnés de pampres, de feuilles de figuier, de branches de citronnier chargées de leurs fruits. Des bouquets de genêt et de lavande verdissent les roues du char, et le joug des tranquilles animaux qui le traînent porte un trophée de branchages et de blé en herbe. Tout est jeunesse, joie, fête et tumulte. La marche est ouverte par deux enfans dont le plus âgé frappe en cadence une crécelle de marteaux (1). Les chants, le bruit des tambourins et des castagnettes, répondent à cet étrange appel. De belles jeunes filles qui dan-

(1) Cet étrange instrument de percussion, formé de trois marteaux ou maillets mobiles, s'ouvrant en éventail, et maintenus par une lame de métal, est une particularité toute napolitaine, digne de la première enfance de l'art, et destinée à produire le *bruit rhythmé* qui, dans ces âges primitifs, constituait en grande partie toute la musique. Pour le peuple de Naples, plus le bruit est fort, plus il est beau : cette crécelle informe est donc son fait, et la musique qui en résulte rappelle merveilleusement celle des cymbales et des crotales que l'antiquité met aux mains des satyres et des bacchantes. Qui ne sait que le vulgaire mirliton de nos fêtes est un legs du moyen-âge, peut-être même de l'antiquité? On l'appelait, au xive siècle, la *flûte brehaigne* (flûte eunuque). Voir l'*Harmonie universelle* du père Mersenne et la *Dissertation sur les instrumens de musique employés au moyen-âge*, par M. A. Bottée de Toulmon, notre plus savant homme en ces matières.

sent forment le cortége du char, et la foule, une foule immense, l'entoure ou le suit à pied, à cheval, à âne, en cabriolets à berceaux d'osier (*calessi*) ornés aussi de bouquets et de verdure. Une fille du pays tiendrait à déshonneur de ne point figurer à la fête, et nous ne sommes pas loin de l'époque où plusieurs faisaient prendre par contrat à leur futur mari l'engagement de les y conduire (1).

Ce fut ce détail de mœurs qui fournit à Robert le sujet du premier des quatre tableaux destinés à symboliser les saisons : il s'agissait encore de prendre sur le fait la nature populaire, mais il fallut beaucoup d'efforts à l'artiste pour la saisir. Une lettre de Léopold à M. Navez (Rome, 1er octobre 1827) en contient l'aveu. « Mon tableau n'est pas fini encore, et même je prévois qu'il ne pourra par-

---

(1) A Venise, il y a aujourd'hui encore des femmes qui stipulent par article formel que leur mari leur donnera chaque année une loge pour l'ouverture du théâtre de la Fenice. Les contrats de l'Italie ont été de tout temps les confidens de traits de mœurs qui méritent d'être conservés. J'ai sous les yeux un contrat en original qui garantissait à l'épousée le droit de se choisir un *sigisbé*. Ce genre d'acte était fort commun; l'occupation française en a fait cesser le scandale. L'année dernière, une héritière génoise, épousant un noble milanais, fit stipuler en son contrat de mariage que son mari n'aurait pas le droit de la conduire chez l'*Autrichien vice-roi du royaume lombardo-vénitien.*

tir que dans un mois. C'est ma plus grande page,
puisqu'il a près de sept pieds, et, comme le sujet
est compliqué, il m'a pris plus de temps que je
n'avais pensé d'abord; mais tout a une fin dans ce
monde, et j'espère qu'il en sera de même de mon
éternel tableau. Il est vrai que je n'y ai pas travaillé de suite, et que j'ai fait, depuis que je l'ai
commencé, un assez grand nombre de petits tableaux qui avaient leur destination. Si j'avais su
le mal qu'il me donnerait, bien certainement je
ne l'aurais pas commencé. Toutes les figures ont
des mouvemens violens; par conséquent, la nature
ne peut pas servir comme elle le fait pour un
sujet calme. Ensuite, les ajustemens que j'exécute
ordinairement sur le modèle ont presque été faits
d'idée (je n'ai pas de mannequin); et moi, qui
suis toujours timide et qui ne sais pas d'avance ce
que je dois faire, ou plutôt qui ne puis exécuter sur-
le-champ et du premier coup ce que je sens, ce
tableau, je puis dire, m'a rendu malheureux, et
bien souvent j'ai eu envie de le crever. Si je ne
l'ai pas fait, j'ai donné la meilleure preuve qu'on
puisse donner de courage et de persévérance. Je
me consolerais de toutes les peines qu'il m'a cau-
sées, si j'en étais satisfait. » Le tableau fini, il dit
au même : « ..... Je t'en prie, quand tu m'écriras,
parle-moi de mes tableaux; critique-moi verte-
ment, si tu trouves que ce soit nécessaire. On me

8

dit généralement que je suis tombé dans le sec et que je fais de l'allemand. »

Toujours plein de scrupules, le peintre n'avait rien donné au hasard; il avait tout combiné pour faire ressortir la grace abandonnée à la fois et majestueuse de cette race grecque de l'Italie méridionale; mais aussi, à force de s'étudier à écarter de la scène tout ce qui pouvait en altérer le caractère gracieux et grandiose, il l'a frappée d'une sorte de monotonie. A la rigueur, c'est bien là l'épisode principal de la fête; ce sont bien ces montagnes fortunées que baigne la mer et que couronnent au loin des terrasses, des *villa*, des couvens et le Vésuve, ce roi de tout paysage napolitain; mais les personnages posent plutôt qu'ils n'agissent, mais l'épisode est trop restreint pour le titre du tableau. En un mot, ce n'est point la foule, ce n'est point cette joie immense à laquelle semble prendre part la nature entière, et qui emporte une population tumultueuse, toujours dominée par la sensation du moment, et incapable de dépenser la vie sans l'agiter. L'ordonnance générale a aussi le défaut d'être conçue trop en bas-relief. Toutefois, avec un peu plus de sévérité dans le dessin, un peu plus de force de modelé dans les têtes et dans les mains, cette composition s'élèverait à la dignité de l'antique. On en retrouve même çà et là quelques souvenirs; par exemple, la première danseuse rappelle par l'ajustement de tête la belle statue grecque de la Comédie qu'on voit au Vatican. Mais ce n'est là qu'un détail sans importance. Le style des figures appartient bien en propre à Robert. Grand et sévère par le fond, il est grand et sévère par la forme. Les critiques grondeurs de l'époque ne virent que les défauts : ils crièrent aux réminiscences, et prétendirent qu'il n'y avait là qu'un froid bas-relief : Robert devait, en 1831, leur donner un démenti par le succès universel d'une œuvre écrite dans le même style, mais plus puissante encore et d'une grandeur vraiment épique : l'*Arrivée des moissonneurs dans les Marais Pontins*. Afin de se préparer à l'exécution de ce tableau, il fit un certain séjour dans ces marais si redoutés pour les émanations fiévreuses qu'ils exhalent.

« La peur que l'on a généralement de voir en détail les Marais Pontins est exagérée, écrit-il le 10 août 1829 à M. Marcotte. D'abord, le mauvais air ne commence en réalité qu'à la fin de juillet; ensuite, il n'est pas ce qu'il a été, ou bien tous ceux qui en ont parlé autrefois ont dit beaucoup de choses ridicules. Ce qu'il y a de positif, c'est qu'une amélioration de l'air se remarque parfaitement dans les villes et les villages voisins. Lorsque Pie VI eut la très bonne idée d'assainir une partie de cette terre fertile, les grands travaux qu'on fut obligé d'exécuter firent sortir des miasmes qui frappèrent

de mort la population des environs. Les villes de
Cisterna, Norma, Sermonetta et Sezze furent presque entièrement dépeuplées; mais, après la succession d'années qui s'est écoulée, elles ont repris
plus d'importance qu'elles n'en avaient jamais eu,
et actuellement leurs habitans portent sur la figure
l'empreinte d'une santé parfaite, tandis qu'autrefois ce n'étaient que teints jaunes et livides. L'année dernière, mon frère et moi, avions déjà poussé
une reconnaissance dans ces endroits peu connus
des étrangers; mais à deux nous étions trop peu
pour prendre les dispositions propres à nous mettre
tout-à-fait à l'abri, sinon du danger, du moins de
la crainte. Cette dernière excursion a été beaucoup
plus agréable. Un des amis de mon frère s'était
associé à nous en quittant Rome, et Schnetz est
venu nous retrouver à Cisterna, où nous avons fait
un séjour. Ensuite, nous sommes partis tous quatre
à pied pour nous engager dans les montagnes,
nous arrêtant dans les villes que je vous ai nommées, et de plus à Piperno, Sonnino et Terracina,
où nous nous sommes installés.

« On ne peut se faire une idée de la beauté des
hommes et surtout des femmes de ces endroits.
Schnetz ne revenait pas de sa surprise. Leur physionomie exprime ce qu'ils sentent avec une vivacité qui charme, et ils ont des traits nobles, grands
et fins, avec un aspect de santé qui plaît. Quand

je pense à nos braves et dignes Suisses, je suis fâché pour eux et pour moi de la comparaison. Je
dis pour moi, car, si je ne trouvais pas cette différence, il y a long-temps que je serais dans nos
montagnes. Je n'aime pas du tout les Italiens des
villes; mais je vous assure que, dans les montagnes, ils ont quelque chose de tout-à-fait attrayant.
Ils ont la naïveté de gens qui ne savent rien; mais
cette naïveté est accompagnée d'un esprit naturel
très prononcé et d'une imagination surprenante, ce
qui rend leur commerce assez amusant. Avec cela,
on découvre en eux (surtout parmi les femmes, qui
généralement sont très scrupuleusement attachées
à leurs maris) un mélange de grandeur d'ame et
de qualités rares, et puis de superstitions outrées al-
liées à des caprices qui peuvent les rendre méchans
sans savoir pourquoi. Ce mélange, qui peut plaire
d'abord, ne satisferait pas à la longue. Quoi qu'il en
soit, je me persuade qu'un bon gouvernement en
ferait de bons sujets. »

Léopold avait, par amour de l'art, bravé les
exhalaisons des Marais Pontins; il en revint un peu
malade. Rétabli au mois d'octobre, il écrivait à son
ami Navez : « J'ai été fort long-temps peu bien,
sans être cependant forcé de garder le lit. C'est par
des soins convenables que j'ai échappé à une maladie réelle, et, en cette occasion, j'ai prouvé ce
qu'on m'a dit souvent, à savoir, que j'ai manqué

*

ma vocation, et que j'aurais dû me faire médecin. Schnetz, qui n'a ni mon tact en cela, ni ma pratique, est pris, et, depuis plusieurs jours, il a la fièvre. Nous avons peut-être commis une imprudence au commencement de l'été, en faisant un séjour dans les Marais Pontins, où nous nous sommes trop échauffés. Cela ne m'a pas empêché de travailler, quoique je l'aie fait mollement. J'ai pourtant commencé un tableau pour pendant à ma peinture du Luxembourg, mais d'un style plus sévère : c'est une scène de *Moissonneurs* dans les marais. Plusieurs personnes ont vu ma toile, et trouvent qu'elle sera de beaucoup préférable à celle qui représente la *Fête*. Je n'en serais pas surpris, parce qu'il me semble que je sens mieux le sujet que je traite actuellement. Je peux bien me tromper, car je n'ai rien encore de fini. »

Il y eut cela de remarquable, que cette composition que Léopold avait été trois ans à méditer et qui est aujourd'hui si célèbre, fut exécutée par lui avec plus d'entrain et de plaisir qu'aucune de ses grandes toiles. On l'a vu menaçant, par dégoût, de crever celle de *l'Improvisateur* et de la *Fête de Naples*. Il eut cent fois le même dessein pour celle des *Pêcheurs;* le tableau des *Moissonneurs* lui donna seul les joies de l'invention et de la verve. Ce fut ce tableau qui partagea les honneurs du Salon de 1831 avec l'*Offrande à la Madone*, chef-d'œuvre de

Schnetz, et l'une des plus belles productions de l'école moderne.

On est au moment où le soleil, à son déclin, rase la terre et projette des ombres plus douces. Un char, traîné par des buffles, s'arrête à l'endroit que le maître a fixé pour dresser les tentes du campement. Le maître parle; on obéit à sa voix. L'un des conducteurs est descendu; il s'appuie sur le joug, commande le repos à son attelage, et jette sur la scène un regard intelligent et fier. Un autre, assis encore sur sa monture paisible, et la main armée de l'aiguillon comme d'un sceptre, porte au front la gravité native des descendans des maîtres du monde; il regarde deux femmes de la troupe qui dansent en s'accompagnant du *piffero*, la cornemuse du pays. Autour du char se groupent des hommes armés d'instrumens de moissonneurs, et des femmes au tablier gonflé d'épis. Sur le char même, à côté du père de famille, un jeune homme se dispose à déployer les toiles, et une belle jeune femme, tenant sur son sein un enfant à la mamelle, s'élève dominant la scène comme une apparition majestueuse qui préside aux moissons. Des villageois des deux sexes peuplent le second plan du paysage, et à l'horizon se dessinent les sommets de l'antique presqu'île de Circé, *Monte Circello*.

Rien de superflu, dans cette admirable peinture des *Moissonneurs*, entre la pensée et l'expression.

Partout bonheur et variété de poses, éloquence de
pantomime fine à la fois et simple, majesté impo-
sante, étude savante, caractère profond et varié des
têtes, vigueur de coloris, balancement heureux des
lignes. Sur les figures, et de toutes parts, on sent
le soleil dont l'atmosphère est embrasée. Le fond
fin de ton, bien dégradé, bien à son plan, n'eût pas
été désavoué par Claude le Lorrain. Et toute cette
variété pleine de puissance et de vie se résume en
une saisissante unité. Dans la *Fête de la Madone de
l'Arc*, c'était la jeunesse printanière, c'étaient le
bruit et la danse, l'amour et les fleurs; ici, c'est le
calme d'un âge plus mûr; c'est la maternité féconde, élevée à son rôle auguste dont la mère de
Dieu est le modèle et le symbole.

Avant d'être envoyé à Paris, ce tableau avait été
exposé au Capitole et fort applaudi des Romains,
dont il flattait l'amour-propre national; mais le
concert d'éloges et d'acclamations qu'il excita à son
apparition au salon du Louvre est inexprimable.
La foule, qui se laisse porter au flot de la mode,
n'avait accueilli qu'avec distraction les premières
œuvres de Robert, et ne s'était que lentement ini-
tiée à ce style sévère. Le petit nombre de vrais
connaisseurs qui aiment réellement la peinture
s'indignait de cette froideur et criait au mauvais
goût du siècle. Grace à la déplorable habitude qui
porte notre pays à tout parquer par classes et à nu-

méroter ses admirations, le gros public avait crié plus fort : « Ce ne sont que des scènes familières, des figures de demi-nature, des tableaux *de genre,* » et l'on n'y prêtait qu'une attention secondaire, comme si autre chose que le talent pouvait créer noblesse et roture parmi les artistes. Non, ce n'est point dans la dimension de la toile ni dans la nature du sujet que réside la dignité de l'art, elle est toute dans le style imprimé à l'œuvre. Le goût si sûr des anciens trouvait autant de majesté divine, autant de *diligence et de beauté surnaturelle* (1) dans une statuette de Jupiter par Polyclète que dans le colossal Jupiter tonnant de Phidias. Une statuette d'Hercule, chef-d'œuvre de Lysippe, partageait avec les œuvres d'Aristote l'honneur de reposer sous le chevet d'Alexandre. L'art des pierres fines de Pyrgotelès, le graveur favori du héros macédonien, l'art des pierres de Dioscorides et d'Aspasius (2) n'est-il pas le même art que celui de la frise

---

(1) Expression du Poussin.

(2) Pyrgotelès, le seul graveur qui eût le droit de reproduire les traits d'Alexandre-le-Grand ; Dioscorides d'Ægée, en Asie mineure, le plus célèbre graveur du siècle d'Auguste ; Aspasius, qui fleurit dans le second siècle après Jésus-Christ. La Bibliothèque nationale de France, les musées de Naples et de Vienne, les cabinets de M. Roger à Paris, de M. Currie à Rome, possèdent de belles pierres de ces grands artistes. M. Currie, qui fait les honneurs de sa collection avec une grace et un savoir

du Parthénon? La moindre toile de Raphaël, du
Poussin, de Le Sueur, de Rembrandt, les petits
tableaux de Terburg et de Metzu ne sont-ils pas autrement grands que les vastes machines des Carraches et du Tintoret, que ces toiles immenses où
Le Brun, abusant d'une certaine audace de composition, d'une majesté naturelle de style, a su-
perbement délayé Quinte-Curce dans les flots de
sa mauvaise couleur? En ses petits émaux enfin,
Petitot n'est-il pas grand par les mêmes qualités
qui font les maîtres?

Certes, ce que nous représentait Léopold était
vieux comme le soleil. Les types pittoresques des
populations agrestes de l'Italie avaient souvent
fourni des modèles à nos peintres; mais généralement ce genre avait été traité avec négligence ou
maladroitement idéalisé. Schnetz seul, le dernier
des Romains, retiré comme Robert dans cette
sainte Italie, l'avait reproduite avec la simplicité
puissante de sa belle nature. D'autres peintres, et
des plus habiles, se sont essayés depuis dans ce
même genre; mais leurs pâles productions n'ont
servi qu'à prouver combien Léopold est un grand

parfaits, a le chef-d'œuvre connu de Dioscorides, pierre *vraiment antique*, provenant du célèbre cabinet Poniatowski, où
tant d'ouvrages modernes avaient usurpé les honneurs de l'antiquité.

artiste. Un des défauts de certains peintres de notre temps est de prendre leurs études pour des tableaux. Il n'a été donné qu'à Michel-Ange et à Raphaël de faire autant de tableaux de leurs études. Pour écrire et pour peindre avec génie, il faut penser avec génie; pour ne produire qu'avec talent, il suffit d'une certaine dose d'idées, de sens et de goût.

Du milieu de cette foule sort glorieusement l'illustre Ingres, qui, par son exemple, avait enseigné à Robert la volonté et la tenue dans le talent, le dédain de la mode comme celui de l'à-peu-près et du genre *bel-esprit* qui cherche à envahir notre goût national. Robert professait pour ce grand artiste une admiration vraiment sentie; on aimera à en trouver l'expression éparse dans un choix de confidences empruntées à sa correspondance avec M. Marcotte.

III.

« Je vais commencer à parler peinture pour répondre à vos remarques sur la manière dont on la traite aujourd'hui. Je prends pour exemple Ingres, qui est à mes yeux le modèle des artistes,

celui qui envisage l'art pour l'art, et qui dédaigne
de devenir fabricant; mais, tout en mesurant sa
hauteur, je suis fâché pour les arts et pour lui
qu'il produise si peu. Son talent a tant de recherche,
de caractère et de goût, une fermeté de dessin si
remarquable, une exécution si consciencieuse,
qu'il lui faut naturellement beaucoup de temps
pour se satisfaire. Il travaille seul à ses ouvrages;
c'est encore un point à considérer et qui lui ôte
toute analogie avec les peintres anciens, dont la
plus grande partie avait de nombreux élèves occupés à les aider. L'amour des arts à notre époque
n'offre non plus aucun rapport avec celui qui était
si général en Italie au xve siècle. La nouveauté et
l'apparition de chefs-d'œuvre qui ne ressemblaient
à rien produisaient un enthousiasme général. Les
grands artistes en avaient plus de sûreté pour rendre leurs inspirations. Ils craignaient beaucoup
moins la critique; ils n'avaient point à redouter,
pour l'effet de leurs tableaux, de les voir, dans
des galeries ou des expositions, au milieu d'une
multitude de cadres où les bonnes choses peuvent
être écrasées par les médiocres; et leurs œuvres,
placées dans des églises, ne devaient inspirer que
des sentimens plus favorables. Pour cette grande
raison, nos devanciers travaillaient avec plus de
liberté. Ils ne craignaient pas, j'ose le dire, de se
permettre des anachronismes, quand leur caprice

les y portait. Présentement, rien n'est perdu pour
les cent yeux de la critique : ceux qui s'en inquiètent
sont arrêtés, comprimés. Je voudrais pour Ingres
qu'il vécût en Italie. Je suis sûr qu'il serait plus
heureux et produirait plus.

« .... Mais je reviens à moi et à l'indulgence avec
laquelle vous me jugez. De quoi aurais-je à me
plaindre? J'ai toujours vu mes ouvrages assez recherchés, et la manière dont on les a accueillis a
toujours été plus flatteuse pour moi que celle à laquelle je m'attendais. Ç'a été pour moi un encouragement auquel je dois tous mes succès; car, sans
cela, ma timidité naturelle et la défiance que j'ai
toujours eue de mes moyens l'auraient emporté :
je n'aurais pu rien faire.

« Ce qui pour moi est encore un stimulant pour
mieux faire, c'est que je crois avoir quelque chose
de plus saillant à faire sortir : ce qui me le fait
penser est le sentiment dont je ne puis me défendre
en voyant mes ouvrages terminés; ils me causent
une impression désagréable. Je pense toujours à
la nature, et, dans ce que j'ai fait, je ne vois que
des poupées. Vous allez m'accuser de grandes pré-
tentions. J'avoue qu'une comparaison semblable
pourrait donner lieu de penser ainsi au premier
abord. Néanmoins, en expliquant ma pensée, j'espère que vous la comprendrez : c'est le sentiment
de la nature que je crois avoir plus que je ne l'ai

9

exprimé jusqu'ici, et que je cherche à mettre sur
ma toile. Mais, quand ce sentiment est profond,
réfléchi, il ne peut se rendre comme celui qui ne
donne que l'écorce. Voilà en quoi il y a une grande
différence dans les talens, et j'ajouterai encore que
l'on se fait une exécution suivant son sentiment :
les uns, qui ont une promptitude d'observation, se
font une manière prompte de la rendre; au contraire, ceux qui, comme Ingres, vont chercher
dans le cœur les expressions qui animent les figures,
mettent plus de lenteur. Ils cherchent à rendre ce
qu'ils sentent, mais ce qu'ils ne voient pas. Vous
concevez que ce travail est plus long, et que ce
peintre a moins d'assurance que celui qui voit ce
qu'il fait. Mais encore si une expression forte peut
être trouvée par bien des gens parmi les peintres
qui créent vite, d'autres, plus difficiles peut-être,
ne trouveront pas la fermeté de dessin qui fait
qu'une figure prend un aspect caractérisé, ni cette
pureté de goût qui lui donne de la noblesse. Telle
est la réunion de qualités qui demande du temps
à ceux qui désirent de ne pas séparer ces qualités
éminentes. Voilà un bien long préambule pour
vous expliquer une des raisons qui font que mon
tableau est bien loin encore d'être fini. Cependant,
il y en a d'autres qui m'engagent à suivre mes
idées sur la peinture; c'est mon peu de goût pour
courir après la fortune par une route qui ne me

plaît pas. Je vous assure que, dans mon intérêt, je crois devoir faire la peinture comme je la fais.... Les inspirations ne viennent pas de commande. On peut faire avancer des ouvrages de fabrique, mais ceux des arts que l'on veut pousser s'en trouvent mal....

« .... Tout ce que vous me dites d'Ingres me fait craindre davantage encore d'habiter une ville telle que Paris (*comme peintre, je veux dire*). Un homme sans passions est incapable de faire un artiste distingué, puisqu'il est reconnu qu'il faut toujours, à tout homme qui veut produire, une sensibilité qui aime à se faire jour. Mais l'ambition de satisfaire la vanité arrive aussi, lorsqu'on se trouve sur un grand théâtre, et toutes les passions qui, dans la retraite, demeurent cachées, se découvrent : les unes peut-être pour rendre heureux; les autres, le plus souvent, pour mettre des entraves à la tranquillité et au repos.... Je me rappelle toujours plusieurs conversations de M. Gérard, qui paraissait me parler confidentiellement et à cœur ouvert. Pourquoi ne pourrais-je pas le penser? car quel intérêt cet homme aurait-il eu à me tromper par ses discours? Eh bien! il m'a répété souvent, et même chaque fois que je le voyais, combien je devais m'envisager heureux de travailler loin des intrigues. Il ne pouvait me dire assez combien il sentait qu'il avait ruiné sa carrière de peintre, en mettant un si grand empêchement au développement de son talent. Chez lui, comme chez beaucoup d'autres, l'ambition a détruit ou amorti la sensibilité; il le sent, mais son âge et l'habitude d'une vie que l'on ne peut changer le lient irrévocablement....

« Ce n'est pas à dire pour cela que les grandes villes soient toujours la ruine du talent; il y a des exceptions.... Mais, pour moi, il serait bien difficile de m'ôter cette conviction que, dans les arts surtout, un cœur gâté et devenu insensible est ce qu'il y a de plus pernicieux au monde pour le talent. Or, c'est un mal qui s'opère bien plus facilement dans ces grands gouffres de population où les sentimens vrais sont presque toujours tournés en ridicule, et où le caractère le mieux trempé pour le bien reçoit tant d'atteintes de nature à le changer avec le temps. Un homme s'y soutiendra, j'en suis sûr, c'est Ingres; mais comment y parvient-il? Par une force de volonté plus remarquable encore que son talent. Il l'a prouvé par toute sa vie, et cette constance admirable qui a lutté si long-temps, pour arriver au caractère vraiment classique qui le distingue, contre les attaques indécentes de la médiocrité, est le gage le plus convaincant de sa supériorité. Je l'admire, je vous assure, plus que personne, car il a conservé ce qui le rendra l'homme du siècle : un cœur enthousiaste de toute chose noble,

grande et vraie (car peut-on avoir des sentimens nobles et élevés, s'ils ne sont pas vrais?). Avec cela, il
possède un autre avantage que je remarque sans le
blâmer, c'est le besoin que l'on reconnaisse généralement sa supériorité. Je ne blâme pas ce sentiment, parce qu'il part, j'en suis sûr, non de la
pensée d'un succès personnel qui pourrait chatouil-
ler un cœur vulgaire, mais d'un fonds louable, le
désir de faire triompher ce qui est bien et beau.
Combien son talent me touche et m'émeut autrement que les talens à effet, où l'on ne reconnaît
pas avant tout une ame sensible et bonne!

« .... Cet homme, se conservant au premier
rang par des succès, maintiendrait toujours les
arts dans les bornes d'une élévation propre à les
faire toujours estimer. Il est malheureux pourtant
qu'il ait quelque chose qui ne soit compris que des
adeptes. Le public ne s'en contente pas, et l'on ne
peut exiger des marques d'admiration de ceux qui
ne comprennent pas les beautés. Les ignorans,
ailleurs qu'en France, ont toujours du respect pour
les réputations faites par les connaisseurs; mais, en
France, chacun veut porter un jugement. Il me
semble toutefois que, si l'on se maintient dans la
volonté de suivre ce que la nature peut inspirer,
on est plus sûr d'être généralement goûté. Même
dans les sujets historiques, il faut toujours que ce
soit la nature qui soit le premier point de départ.

*

Si l'on songe trop à ce qui s'est fait de bien, et si l'on veut surtout l'imiter, on exagère nécessairement le caractère que l'on a à rendre; il ne part pas de source....

« Mais, me dira-t-on sans doute, la nature est différente à tous les yeux pour qui cherche à la rendre : — les uns la voient triviale et laide quand les autres sont frappés du caractère original et noble qu'ils y observent. Cependant, *tous sont frappés du beau* quand il arrive à être représenté. Ne voyez ici aucune vanité personnelle pour le peu d'approbation que j'ai pu obtenir; je sais trop ce qui me manque encore, et je vous assure que c'est en toute simplicité que je vous parle; — mais, plus je raisonne et réfléchis, plus je reste dans mes idées, à savoir, qu'un homme qui s'occupe des arts doit regarder la nature en premier lieu. S'il a le bonheur d'être né avec le goût nécessaire pour rendre ses inspirations, il fera *nécessairement* de bonnes choses, et je me résume en disant que si ce sentiment était général, on verrait moins de peintres et plus de bons travaux. N'est-il pas en effet évident que ceux-là qui, n'étant pas de force à s'attaquer directement à la nature, ne savent que copier des tableaux tout faits, renonceraient à une carrière où leur insuffisance native ne leur assure qu'un rang secondaire; tandis que les hommes de vrai génie, prenant plus de confiance en eux-

mêmes, donneraient plus franchement essor à leur
talent. Voyez Ingres : combien ne ferait-il pas, s'il
se laissait simplement conduire par son propre sentiment! J'espère cependant qu'on reviendra sur le
premier jugement de son tableau (le *Saint Sym-*
phorien). Le goût du public est, au premier abord,
pour ce qui frappe les yeux, surtout dans ces immenses réunions de toiles où de bonnes choses ne
peuvent être observées sur-le-champ....

« Je vous dirai que je suis bien aise de me rencontrer avec lui dans mes idées sur Raphaël et la
nature....

« J'ai été obligé de cesser de vous écrire, par la
visite d'un professeur de l'académie (de Venise).
Naturellement nous avons beaucoup causé sur la
peinture, mais nous ne nous entendions pas parfaitement, car il me parlait toujours *grands maîtres,*
et moi toujours de la *nature*. Cela m'amène naturellement à répondre sur quelques points de vos
lettres précédentes. Oui, j'accorde que Raphaël a
fait un nombre prodigieux d'ouvrages admirables;
mais Raphaël est Raphaël. Il a été, de tous les artistes, le plus heureusement doué, si l'on en excepte
Michel-Ange, qui, à mon idée, est supérieur encore.

« Raphaël improvisait ses tableaux; de plus, il
a eu le bonheur de venir dans un siècle où les arts
étaient en grand honneur. Cependant je crois fer-

mement qu'il n'a pas mis la main à beaucoup de tableaux que l'on regarde comme étant de lui : toutes ses Madones, qui sont si semblables, il n'est pas croyable que sa belle et si riche imagination lui ait permis de les exécuter ainsi. Si je ne me trompe dans cette dernière conjecture, Michel-Ange alors me paraît lui être supérieur et bien plus homme de génie, puisqu'il ne s'est pas astreint aux caprices de ceux qui lui commandaient des tableaux, et qui faisaient faire aux peintres des anachronismes ridicules. Raphaël s'en tire admirablement bien; mais je préférerais qu'il eût exécuté quelques autres compositions, comme celles des *Stanze,* plutôt que de représenter des prêtres et des religieux avec Notre-Seigneur et la Vierge.

« J'ai été enchanté de me rapporter autant avec vous sur le Poussin. Ses ouvrages font toujours mon admiration par la pensée profonde et toujours élevée qui le conduit. Tout ce qu'il a fait prouve tant de fonds, un sentiment si réfléchi, que l'on ne peut voir ses tableaux sans s'y arrêter long-temps. On aime à se pénétrer des résultats d'une imagination si sûre. En somme, de tout ce qui a produit dans les arts, c'est lui et Michel-Ange qui me remuent le plus : le premier, par le fond de philosophie si bien écrit; le second, par une imagination si grande, si gigantesque, si originale.

« Vous comparez Ingres à Raphaël? Il me semble

qu'on pourrait plutôt le comparer à Léonard de Vinci, qui n'a jamais voulu se faire aider, et qui, par cette raison, a produit si peu d'ouvrages, quoiqu'il soit mort très vieux. »

Dans ses lettres à ses anciens camarades, Robert jetait à cœur ouvert quelques mots sur ses voyages, sur les événemens du temps, sur les artistes qui l'entouraient, sur Granet, sur Schnetz, sur Horace Vernet, sur les écoles étrangères représentées à Rome, etc.

12 et 25 mai 1821 à Naples. — « Nous partons probablement demain pour Pæstum. Il y a deux jours que nous sommes de retour d'une tournée d'Ischia et de Procida. Nous avons divisé en deux notre grande tournée, parce que nous n'aurions pu aller d'Ischia à Capri, à cause du vent contraire. J'avais fait d'ailleurs beaucoup d'acquisitions de costumes dans ces parages, et je n'aurais pu traîner mes paquets dans les montagnes de Rieti et de la Cava. Nous avons mis quatre jours pour aller à Pouzzoles, en passant par la Grotte du Chien, le lac Agnano, etc. Nous allâmes tout droit à Procida, où nous couchâmes. Le lendemain, à Ischia. Nous avons vu toute l'île, qui renferme de très beaux motifs de paysages. Le jour suivant, nous nous sommes retrouvés tous à la pointe du cap Misène, où nous nous étions donné rendez-

vous. Nous avons visité en courant tout le cap, la
côte de Bayes, et le reste. A part les souvenirs de
tous ces lieux historiques avec lesquels l'enfance
est bercée, et qu'il ne faudrait visiter que le livre
à la main, nous avons unanimement trouvé qu'on
fait sonner trop haut le peu qu'on montre. Les vues
sont magnifiques; mais qu'est-ce que tous ces
temples? Ces ruines des palais de Sylla, de César,
de Cicéron, du tombeau de Virgile, sont si peu de
chose, que ce n'est pas la peine d'y aller. J'en
excepte la Piscine *ammirabile :* c'est une chose étonnante. Les étuves de Néron sont également dignes
de remarque. Nous sommes descendus jusqu'au
fond, et nous en sommes sortis l'imagination frap
pée.

« En partant, nous avons vu du golfe le soleil se
lever sur le Vésuve fumant; c'était un spectacle
prodigieux. A notre retour de Pæstum, nous gra-
virons le Vésuve, et nous verrons le soleil se coucher derrière le monstre. C'est une rude tâche et
pour laquelle il faut mouiller plusieurs chemises.
Avant tout, nous visiterons Herculanum et Pompéia. Malheureusement, nous ne serons pas ici
pour le miracle de saint Janvier, qui se fait deux
fois par an. C'est dommage, j'aurais cherché à me
procurer une bonne place pour voir le tour. Le
vrai miracle assurément, c'est que le secret du procédé pour faire bouillir le sang ait été gardé de-

puis tant de siècles. Voilà cependant les puérilités coupables qu'on emploie pour rendre ce peuple superstitieux et docile, plutôt que de l'éclairer. Les balivernes qu'on débite sur les reliques sont sans nombre. Ainsi à Rome, on m'a montré un maître-autel qui renferme les ossemens des frères Macha-bées; ailleurs, la trace d'un pied du Christ; à Cologne, on est fier de posséder les os des rois mages et des onze mille vierges, et le fait est qu'il y a de quoi être fier ! Les gouvernemens italiens entretiennent cette disposition de l'imagination humaine au merveilleux, et toute l'Italie est semée de miracles qui valent celui de saint Janvier. A quoi bon faire jouer ainsi la Divine Intelligence aux marionnettes? Le grand spectacle de la nature est un miracle parlant qui vaut mieux que tous les autres : c'est un livre où les plus simples et les plus grands peuvent lire. Le peuple et même beaucoup de seigneurs croient au *mauvais œil*. On m'a montré, un jour, avec effroi et mystère, un Napolitain qui jette à volonté des sorts, et toutes ces regimblettes que l'on suspend aux bracelets de femmes et aux montres sont des amulettes contre ce mauvais œil.

« Naples est une grande et belle ville sans doute, mais je suis surpris du mauvais goût de la plupart de ses églises et de ses monumens. C'est la plus peuplée des villes de l'Europe, après Londres et Paris. Les maisons y sont d'une élévation étonnante, et la population pose son nid jusque sur les rochers qui couronnent la ville. Elle peut se vanter d'être la première au monde pour la saleté. Elle est pavée de palais, car on ne parle ici que par palais; mais, comme les grandes fortunes ont généralement disparu, ces palais sont déchiquetés à l'intérieur en petits logemens. Un palais appartient à plusieurs propriétaires : tel étage est à celui-ci, tel autre à un autre. Il y a même des appartemens sur un même étage qui appartiennent à des propriétaires différens. Quels greniers à procès! On ne sait vraiment où l'on est quand on arrive, tant la masse qui grouille dans la saleté des rues est déguenillée. Fiacres, chariots attelés de bœufs, ânes, vaches à lait, troupeaux de chèvres avec leurs sonnettes, bêtes et gens, crieurs de poissons, moines noirs et blancs, chaussés et déchaussés, tout cela roule, court, claque, crie, sonne; et, par-dessus le marché, les gens de métier sont installés à leurs portes dans la rue, et ne se dérangeraient pas pour un empire. — Retrouvez-vous comme vous le pouvez au milieu de la bagarre! Les *Studii* ont *la Callipyge* et nombre d'autres marbres superbes; mais, pour les bronzes antiques, il n'y a rien de comparable dans l'univers. On nous a conduits dans une église de grande famille, où l'on nous avait promis la vue de deux merveilles. D'abord *la Modestie,* marbre de grandeur naturelle.

C'est tout simplement une femme tout nue, sortant d'un bain, couverte d'un voile transparent. Outre que c'est sans style, c'est fort indécent. Envoyez donc un jeune garçon entendre la messe en face de cette Pudeur-là, que l'on a eu le soin de placer au maître-autel! L'autre morceau est un Christ mort; il est dans son linceul. Le travail en est habile, patient, mais maniéré. Quant à des peintres et sculpteurs modernes, où sont-ils? On dirait, en vérité, qu'il n'y a plus d'artistes que les marchands de fruits et de fleurs. Rien n'est joli comme les boutiques de melons d'eau, rien n'est curieux comme ces lazarons courant avec des paniers de raisins et de figues sur la tête. Tout cela est ajusté avec un goût charmant, et le frais édifice est orné de fleurs et de feuillages, comme si c'était de la main d'un artiste. Il n'y a qu'à copier. Rome n'a pas l'énergie toujours harmonieuse de Naples. Ce qu'il y a ici de ravissant, c'est la douceur et l'ondulation des lignes du paysage. Partout l'horizon est enchanteur. »

Décembre 1821. — « J'ai trouvé le tableau de M. Granet superbe, étonnant d'illusion. Néanmoins, je t'avoue entre nous que je désirerais une scène plus intéressante; mais il faut avouer que c'est la nature même; il y a un cachet particulier de maître. »

Mars et avril 1822. — « Le jugement que tu

10

portes sur l'école française m'a bien fait sentir qu'on doit en voir le vicieux après un voyage d'Italie. Tu nous dis aussi du tableau fameux de Van der Helst, *le Festin des chefs de la milice bourgeoise à Amsterdam, à l'occasion de la paix de Westphalie,* quelques mots qui m'ont donné une juste idée de son mérite. Je ne me serais pas figuré qu'il y eût là de l'italien. Il est dernièrement arrivé ici un artiste d'Amsterdam qui dit s'être fait une belle réputation dans son pays : il se nomme Kruxman. Il parle assez bien de peinture, mais il est moins heureux quand il en fait. Il a commencé plusieurs tableaux où il n'y a pas un grand fonds, et où la lourdeur domine un peu. Il a ce défaut si destructif de tout grand sentiment de l'art, d'être exclusif. Il veut toujours élever la peinture et les artistes anciens et modernes de son pays au-dessus de ceux des autres nations, et, d'après lui, c'est à Amsterdam qu'on fait la meilleure peinture en tout genre.

« Ce que tu me dis des tableaux de la galerie d'Anvers m'a beaucoup étonné, et ce qui me paraît singulier, c'est que la réputation des artistes que tu mets au rang des plus grands maîtres soit si peu étendue. Ce n'est pas à dire que je ne t'en croie sur parole. Cependant, je désirerais voir *la Madonna di Foligno,* la *Sainte Cécile,* ou tant d'autres chefs-d'œuvre de l'école italienne, à côté des œuvres que tu cites, non pour établir une primauté, mais pour juger du caractère différent de peinture; car nécessairement il doit y en avoir. Si je ne connaissais ta vénération pour les grands maîtres *ultramontains,* j'ajouterais qu'il pourrait se faire que, depuis ton retour, le patriotisme t'eût fait changer? »

« 25 septembre 1823. — Que te dirai-je de Rome? Nous sommes sans pape, et, malgré cela, tout se passe à merveille. Les oisifs vont voir au palais de Monte-Cavallo fumer la *canale.* Il faut te dire que l'on a fait sortir un tuyau de poêle par une des croisées de la salle du scrutin. Les cardinaux, après avoir vérifié les votes, brûlent les noms, quand ils ne sont pas en assez grande quantité pour faire une élection. La fumée qui provient de toutes ces cartes sort par cette cheminée, et annonce au public qu'il n'y a pas encore de nomination... Tu sais que tous les lieux par où l'on peut pénétrer dans l'enceinte du conclave ou en sortir sont murés. On mure les grandes fenêtres, de sorte que le jour n'arrive que par une seule ouverture, qui même est obombrée d'un châssis de toile huilée. Chaque matin, les vivres sont introduits du dehors par des tours semblables à ceux des monastères de femmes. Les vivres une fois entrés, le *monsignore* de service appose son cachet sur la serrure, et, chaque jour, cette opération minutieusement om-

brageuse se renouvelle. Une seule porte reste libre
dans laquelle se pratique une petite fenêtre pour
donner audience aux ambassadeurs; mais, de peur
qu'un œil indiscret ne puisse pénétrer dans l'intérieur, la fenêtre est recouverte d'une étoile, tant
qu'elle demeure ouverte. Pour être élu, il faut
avoir obtenu les deux tiers des voix plus une. Si
les suffrages ne réunissent pas ce qu'ils appellent
le nombre canonique, on recommence l'élection,
après avoir brûlé les bulletins, comme je te le
disais.

« Les cérémonies que nous avons eues à l'occasion de la mort du saint père ont paru à tous les
étrangers peu dignes d'attirer la foule. Il n'en est
pas moins vrai qu'elles ont eu un aspect original
et plein d'inattendu. La manière dont on trans-
porte le cadavre de Monte-Cavallo à Saint-Pierre
est très curieuse : elle s'est faite de nuit. Le pape
était dans une espèce de litière longue, portée par
deux mules. La mule blanche pontificale précé-
dait; venaient ensuite des détachemens de toutes
les troupes du saint-siége, et la marche était fermée
par des canons avec leur attirail.

« On a fait contre le conclave une satire très
longue, qui a beaucoup égayé la ville (1) : c'est la

___

(1) Les conclaves sont pour les Romains un temps d'indépendance et de désordre où Pasquin lance le plus d'épigram-

Mossa de' Cardinali. On les suppose tous assemblés à la place du Peuple (1). Le signal est donné, ils partent *à bride abattue*, à qui arrivera le premier pour saisir la tiare. Aucun n'arrive : il survient à chacun d'eux, dans le chemin, des accidens différens qui les mettent hors d'état de pousser plus loin. Par exemple, le cardinal doyen, della Somaglia, tombe et en entraîne plusieurs dans sa chute. Cavalchini, qu'on dit très sévère, s'arrête à une corde (tu sais? à l'église de Jésus-et-Marie): il veut mesurer sa pesanteur et s'assurer si la corde pendrait bien son homme. Naro, qui fait, dit-on, un grand commerce de poules, s'arrête à Saint-Charles, et envoie chez le fameux *Pollarolo* pour faire une affaire. Pallotta est arrêté à la place Colonne

mes, où la ville roule des flots de caricatures et de satires. — C'est le pape Léon XII, dont l'élection sortit du scrutin, auquel Léopold fait allusion.

(1) On sait que cette place du Peuple, *del Popolo*, n'est pas ainsi nommée du peuple romain, mais d'un bois de peupliers (*peuples* en vieux langage) qui en était voisin. L'identité du mot n'est qu'un hasard de langue; car, chez les Romains, la différence de quantité du mot *populus*, quand il signifie *peuple* ou qu'il veut dire *peuplier*, indique que les deux significations n'ont pas une même racine. C'est par un pur jeu de mot, si fréquent dans les devises, qu'on a fait chez nous du peuplier l'emblème du peuple, de même que du coq l'emblème du Gaulois.

*

par une masse d'hommes de robe qui ont une dispute (c'est lui qui est le chef à Monte-Citorio); il se donne tant de mouvement, qu'il en fait une chute et se blesse grièvement. Odescalchi arrive sur ces entrefaites et réfléchit qu'avant de penser à la tiare, il doit sauver l'ame du patient. Vidoni s'arrête haletant devant le palais Torlonia : le fumet d'un repas splendide lui fait lever le nez; il aperçoit le duc à la fenêtre, lui demande à dîner, et laisse tout pour refaire ses entrailles sacrées. Nombre d'autres s'arrêtent devant un bandagiste, et, ne pouvant plus avancer de fatigue, entrent en soufflant pour mettre des rechanges. De leur côté, les légats de Ravenne, Bologne et Ferrare, réfléchissant qu'il n'est pas trop prudent de courir de la sorte, se décident à retourner dans leurs petites souverainetés. Plusieurs arrivent ensemble jusqu'à l'entrée de la place de Venise, et, ne voyant aucun concurrent derrière eux, s'en vont tranquillement, sur l'invitation de Zurla, le général des Camaldules, à son couvent de la rue San-Romualdo, pour prendre un *rifresco*. Pendant que toutes ces scènes se passent, le cardinal Consalvi, les poings sur les hanches, reste dans sa place, en disant d'un air paterne : Voyons qui sera le premier ! »

Août 1824. — « Schnetz a envoyé son tableau de *Sainte Geneviève*. Je suis bien impatient de voir comment on l'accueillera, s'il arrive pour l'expo-

sition. Tu serais étonné de la verve qu'il y a. C'est
d'une nature si forte, d'une énergie si étonnante,
qu'il me semble qu'on ne peut rien mettre en ligne.
Je le regarde comme bien supérieur à son *Condé*.
Il y a plus de liberté, plus de caractère historique,
et le pathétique du sujet fait plus d'effet. Il est facile de penser que les imitateurs de l'antique lui
feront des reproches. Il est si rare qu'ils comprennent
nent ce sentiment vigoureux !

« Quand ce tableau était exposé dans l'atelier de
Schnetz, il y avait trois autres tableaux considérables d'autres artistes, et exposés également chez
eux : l'un d'Overbeck, l'*Entrée de Jésus-Christ à
Jérusalem*; c'est allemand, mais plein de naïveté :
nous l'avons été voir ensemble, Schnetz et moi, e
il nous a fait grand plaisir; — un autre, d'un Russe
nommé Bruni, — *Horace qui vient de tuer sa sœur :*
c'est de la touche sans étude; enfin, un sujet curieux, peint par un Anglais, *une Famille anglaise
recevant la bénédiction de Pie VII :* on a bien ri de
cette peinture; c'est tout ce qu'il y a de plus bizarre,
avec un effet très original, mais sans nulle vérité. »

1825. — « Je reviens à Schnetz. Son lot, malgré
ce qu'il y aurait à dire, est beau et très beau; il y
a un sentiment d'exécution si vrai, et la pensée de
ses tableaux offre toujours un quelque chose qui se
trouve si peu facilement ! J'avoue qu'il pourrait un
peu plus penser aux grandes lignes dans ses com-

positions, et ensuite à l'harmonie, au séduisant d'un effet bien entendu. Il peut acquérir pour cela beaucoup. D'ailleurs, ses grands tableaux étaient des scènes qui exigeaient trop de figures. Je voudrais voir Schnetz traiter des sujets forts, où l'action ne fût qu'une, et qui, par conséquent, n'outrepassât point le nombre de quatre ou cinq figures; l'effet viendrait plus naturellement, et il pourrait mettre tout ce qu'il sait. Quoi qu'il en soit, je me suis beaucoup réjoui de ses succès, et je suis persuadé qu'ils lui feront faire de nouveaux pas..... Nous partons pour Naples, Schnetz, Beauvoir et moi, dans un mois. Ce sera un voyage pittoresque, car nous le ferons à pied et par les montagnes. Le Moine s'y décidera aussi, je pense (1).

« Nous avons été bien attristés ce soir (28 juillet), en apprenant la mort de M. David, de cet homme extraordinaire. Son fils aîné était parti pour aller le rejoindre : il ne retrouvera plus son père. Je le plains sincèrement. Dans ta première lettre, je te

(1) Le Moine, sculpteur français médiocre, établi à Rome, qui a répandu dans diverses églises de cette ville, notamment à Saint-Louis-des-Français et à San-Lorenzo-in-Lucina, de faibles monumens de son ciseau. Il a exécuté à Rome, d'après un célèbre modèle de femme nommée *Colomba*, une Médée qui a passé en Russie. On a de lui, au jardin du Palais-National à Paris, le groupe en marbre d'un jeune pâtre tenant une chèvre, ouvrage exécuté avec une mollesse que rachète peu la compoition. C'est son chef-d'œuvre.

prie, donne-nous tous les détails que tu sais sur la mort de notre cher maître, pour le talent duquel nous avions tous une si grande vénération. »

1829. — « Schnetz, qui est ici depuis plusieurs mois, vient de terminer entièrement un très beau tableau (figures de grandeur naturelle), qui augmente encore sa réputation. Je suis persuadé qu'il aura un plein succès au Salon, car il est original, outre le mérite de la peinture. Ce tableau est pour l'église de Saint-Étienne, et, en le lui demandant, on l'a instruit qu'au-dessus il y aurait cette phrase : « Consolation des affligés. » Il a eu l'idée de représenter l'intérieur d'une église avec un autel à la Madone. Au pied, se trouve une famille de paysans romains, qui l'implore pour une jeune enfant assise par terre et très malade. Ce groupe est admirable et le principal du tableau. Il y a aussi une vieille qui est parfaite, et plusieurs autres figures qui toutes sont occupées à implorer l'assistance divine. C'est enlevé, c'est d'une force d'expression qui émeut et d'une exécution meilleure que tout ce qu'il a encore peint. Il fallait réussir comme il a fait pour ne pas risquer d'être critiqué pour une innovation, car c'en sera une de voir cette composition placée à côté d'histoires de saints ou de traits de la vie de Jésus-Christ (1).

(1) L'*Offrande à la Madone, ou Consolation des affligés,*

« H... dit qu'il veut changer sa manière en peinture. Néanmoins on trouve que le tableau qu'il vient de finir est de la même peinture que ceux de Paris. Il représente le portrait du pape Pie VIII *porté* (1). La première chose qu'il ait faite ici est un tableau raté qu'il ne finira point. C'est une *Judith coupant la tête à Holopherne*, ou plutôt *s'y préparant*. Elle a déjà le coutelas en main, et *se re-*

après avoir servi à l'ornement de l'église de Saint-Etienne-du-Mont, où elle figurait sous le plus beau jour à la chapelle de la Vierge, a été transférée à la paroisse de Saint-Roch, où elle est indignement exposée. Il faut avoir étudié sur les lieux les races populaires de l'Italie pour sentir tout ce qu'il y a de puissance de vérité dans ce bel ouvrage.

(1) Il est d'usage, à Rome, lors de l'exaltation du pape à Saint-Pierre, et lors de son installation comme évêque de Rome à Saint-Jean-de-Latran, que le saint-père, assis sur une sorte de trône qu'on appelle chaise *gestatoria*, et qui repose sur une plate-forme recouverte de riches étoffes, soit promené dans l'église, porté par les palefreniers pontificaux. Des suisses en costume du xvıᵉ siècle dessinés par Raphaël forment cortége, et de chaque côté un massier tient un immense éventail. Cette cérémonie a encore lieu le jour de Pâques, quand le pape donne, comme à son exaltation, la bénédiction *Urbi et Orbi*, du haut de la tribune de Saint-Pierre. Le jour de la Fête-Dieu, il est encore porté, mais, cette fois, assis sur un petit tabouret masqué de brocards d'or; il est censé à genoux, appuyé devant un prie-Dieu, etc. C'est une de ces cérémonies que représente le tableau d'Horace Vernet, tableau un peu théâtral qui est maintenant dans la galerie historique de Versailles.

trousse la manche, — motif, par parenthèse, trivial
et bas, et qui ne donne l'idée que d'une femme
bourreau. Il se faisait ensuite un jeu de sa facilité.
On allait le voir un jour; en votre présence, il
disait : — Tiens, ce bras est mauvais, cette jambe
est de travers; — crac! il barbouillait pour les
changer et faire admirer sa facilité extraordinaire;
mais ces *ficelles* ne jettent pas de la poudre aux
yeux ici..... Il a fait plusieurs études de têtes qui
sont véritablement bien. Ce n'est pas fort comme
le seraient celles d'un homme plus solide ; mais,
en somme, elles sont bien, sans qu'il y ait à crier
miracle. »

« Une société des amis des arts vient de se former à Rome (mars 1830), et sa première exposition
a lieu, dans ce moment, au Capitole.... Il y a plusieurs années que différens artistes allemands et
italiens avaient conçu ce projet. M. Guérin, auquel
on en avait parlé d'abord, n'avait pas pensé que ce
fût avantageux pour les arts. Il croyait, au contraire, que cela serait de nature à engager beaucoup de jeunes gens à les embrasser sans vocation,
dans l'espoir de vendre facilement leurs travaux
après quelques années. M. Guérin trouvait d'ailleurs la France désintéressée dans cette institution,
qui n'avait pour objet réel que d'aider une foule
d'artistes du Nord tombés à Rome sans ressources
et y végétant dans le besoin, tandis que les Fran-

çais ne sont point dans ce cas, et qu'ils ne viennent
à Rome que pour acquérir du talent et non pour
chercher à y vivre. Si Horace Vernet n'a pas envisagé la question au même point de vue, c'est qu'il
n'a considéré qu'une chose : l'honneur de la nation, et, en cela comme toujours, il a prouvé assez
de tact, car bien certainement, si aucun Français
n'eût exposé, on ne dirait pas, comme chacun le
fait généralement, que cette école est de beaucoup
supérieure aux autres.

« Horace y a sa *Judith,* qui, à mon sentiment
comme à celui de beaucoup d'artistes et d'amateurs, n'est pas exempte de défauts graves et ne
donne pas une idée juste du sujet; mais, comme
ce tableau est exécuté avec l'adresse qu'on lui connaît, et que de plus on ne lui fait pas le reproche,
comme à son *Pape,* d'être de la peinture de décoration, en somme il plaît assez.....

« Les deux derniers tableaux de Schnetz se distinguent d'une manière brillante. Orsel a une
grande peinture qui lui fait honneur. Roger en a
une aussi dans son genre qui plaît beaucoup. J'ai à
l'exposition un tableau fini depuis peu et destiné;
une quinzaine de personnes m'ont déjà fait des
offres, et parmi elles se trouvent plusieurs Italiens et même des Romains, chose étonnante, car,
depuis que je fais des tableaux, aucun Romain,
pour ainsi dire, n'a visité mon atelier. Ils ne vont

pas plus chez les autres, sinon chez leurs peintres;
mais, comme ils ont du jugement et que les peintures de leurs compatriotes leur donnent peu d'envie de décorer leurs appartemens, ils ne font aucune acquisition. L'exposition est bien curieuse
sous ce rapport : on y voit à côté les unes des autres les différentes écoles. L'allemande a des vices
très grands, mais elle a des qualités majeures, si
l'on veut être juste, et l'école anglaise, sous le
rapport de la couleur et d'une certaine naïveté
d'expression, est à voir; mais pas l'ombre de goût
un peu élevé.

« L'exécution française ne plaît pas tout-à-fait
aux Anglais et aux Allemands. Les premiers re-
cherchent un choix de couleur et une manière de
peindre totalement opposés à nos méthodes. Les
autres n'aiment pas la touche et la peinture qui
n'est pas faite avec des glacis, des frottis de brosse
à crever l'œil d'une mouche, comme disait M. David.
Pour eux, l'exécution française est trop matérielle.

« L'école italienne est d'une faiblesse, d'une misère désolante; il n'y a rien, mais rien qu'on puisse
remarquer avec plaisir : on dirait de la peinture
d'ennuyés. »

« ... J'avais entendu rapporter par quelques amateurs et artistes (écrivait plus tard Robert à M. Marcotte) que les meilleurs tableaux des expositions italiennes étaient des compositions historiques : je n'y

ai vu qu'une affectation de noblesse sans vérité et
un mérite très commun, sans parler de la faiblesse
de l'exécution; mais tout ce qui se dit amateur en
Italie ne sort pas, en fait d'art, de cette catégorie de
sujets, et n'accorde son approbation qu'aux artistes
qui traitent ce qu'ils appellent « le genre noble. »
Quand cette noblesse n'est pas accompagnée de
vérité, ce n'est plus qu'une singerie qui ne peut
plaire aux véritables connaisseurs. A une exposition, j'ai vu la foule se porter à un tableau très
simple, qui, je le crois, n'eût pas eu grand succès
à Paris, étant dépourvu de qualités essentielles,
mais où j'ai trouvé un grand sentiment de vérité
et beaucoup de finesse d'expression. Cette observation m'a prouvé combien la foule est plus éloignée de partialité et d'erreur que certaines personnes qui font profession de s'y connaître, parce
qu'elle se laisse toujours conduire par le sentiment,
et que le sentiment veut avant tout la vérité.

« Il faut avouer que tout a bien changé à l'é-
gard des arts. Toutes les années les artistes de
chaque nation augmentent à Rome, et les amateurs, qui viennent en infiniment plus petit nombre à présent, apportent des idées de patriotisme
qui les empêchent en grande partie de visiter même
les ateliers des artistes en réputation qui ne sont
pas leurs compatriotes. C'est fini, on fait beaucoup
trop de tableaux, et les artistes qui commencent

sont bien à plaindre. A mon arrivée à Rome, il n'y avait aucun Anglais qui y exerçât les arts; actuellement il y en a un grand nombre, dont quelques-uns ont un talent réel, de celui-là surtout qui plaît aux riches insulaires. Les Allemands ont aussi un goût particulier, et leurs artistes les contentent merveilleusement. Il n'y a pas jusqu'aux habitans des pôles qui n'aient leurs jeunes peintres, que naturellement ils protégent. Dire qu'il y a des Sibériens et des Cosaques qui sont dans les arts, c'est dire assez que tout le monde se mêle de faire des ouvrages pour ses nationaux, chose toute naturelle, et qu'on ne peut blâmer; mais, par suite, cette masse considérable de tableaux produira une satiété universelle, comme elle existe déjà chez les Romains, parmi les seigneurs les plus riches, parmi ceux même qui placent leurs collections de tableaux anciens dans leurs plus beaux appartemens, et se retirent dans les mansardes pour laisser aux étrangers le libre accès de leurs galeries. Plus le concours de curieux est grand, plus ils sont honorés. Malgré cela, ils ne donneraient pas un *iota* pour encourager leurs artistes. Aussi, depuis dix ans, aucun de tous les princes romains n'a-t-il acheté un tableau. »

En général, tout ce que disait Robert des diverses écoles de peinture représentées à Rome est encore vrai de nos jours, et nous avons recueilli avec d'au-

tant plus de soin ces jugemens qu'aujourd'hui
même il n'aurait, à peu d'exceptions près, rien
à retirer de cette opinion sévère exprimée il y a
dix-huit ans.

Les Mémoires inédits d'Abraham Raimbach contiennent une lettre de David Wilkie, laquelle touche par plusieurs côtés au sujet dont vient de
s'occuper Robert dans ce chapitre. Il est curieux
d'observer comme, avec des points de départ si
différens, des préjugés d'école souvent si opposés,
ces deux artistes éminens se rencontrent, en définitive, dans leurs pensées sur les grandes qualités
pittoresques et plastiques. Wilkie, travaillé alors
d'une maladie nerveuse, avait été forcé d'aller demander la santé au ciel d'Italie, et c'est alors que
les émotions involontaires de sa main le forcèrent
à prendre une manière plus large et moins précieuse que celle de se premiers ouvrages. C'était
en 1826, et Robert le vit plusieurs fois à Rome.
Que le lecteur nous permette de lui donner ici
une partie de la lettre du peintre anglais.

A Abraham Raimbach,

Rome, 10 janvier 1826.

« ...... N'ayant d'autre objet que l'art, ainsi que
vous l'eussiez fait vous-même, la *Cène* de Léonard
de Vinci à Milan attira toute mon attention. Le

temps a moins épargné cet ouvrage qu'on ne le saurait imaginer : il n'en reste plus que l'ombre, et encore si effacée, qu'on en est à se demander de quelle façon cela est peint; est-ce à la fresque? est-ce à l'huile ou autrement?

« De Milan nous passâmes par Pavie à Gênes, ville superbe en dehors, lourde en dedans, et où peu, très peu de peintures indemnisent le voyageur de ses recherches. De là, en suivant la côte de la Méditerranée, le long des Apennins, nous visitâmes Pise, célèbre par sa Tour-Penchée et son Campo-Santo. Sur les murs de ce dernier se déroule une série de peintures primitives, qui, aux naïves gaucheries de l'enfance de l'art, réunit ce caractère élevé et fin qui forme souvent le cachet de ses origines. De Pise nous allâmes à Livourne, de Livourne à Florence.

« Là, Phillips et Hilton nous rejoignirent bientôt, venant de Venise, et notre ardeur réunie eut plus d'un mois à s'exercer des galeries aux palais, des églises aux couvens, à la recherche des peintures du moyen-âge, de la renaissance et le reste. L'un de mes projets dans cette ville était de voir et d'entretenir le vénérable Raphaël Morghen. Malheureusement il était absent. Sa boutique, car son atelier n'est guère que cela, est la ressource de maints voyageurs qui se complaisent à acheter de première main des épreuves qui, vu l'état des planches, ne peuvent être que passables. Indépendamment de cette source abondante de richesse, il paraît que c'est un homme qui a une fortune considérable. De Florence, notre étape devait être la ville éternelle. Il nous en coûta six jours de voiturin. Nous préférâmes le chemin peu fréquenté de Sienne, vanté pour son style toscan pur, comme Lochaber pour le pur gaélique, probablement à cause des rares visites qu'y font les étrangers. Désert, désolation, stérilité volcanique, collines nues, vallées fétides, climat froid et glacé, l'antipode enfin de ce que Claude a peint, de ce que les poètes ont chanté, tels furent nos spectacles tout le long de notre triste route. Enfin, après avoir traversé l'immense et pestilentielle *campagna*, nous entrâmes à Rome, et là, malgré toutes nos fatigues, nous n'eûmes qu'une pensée, celle de nous jeter sur-le-champ à travers le labyrinthe des rues; et, passant le Tibre bourbeux, nous nous trouvâmes, avant la chute du jour, au milieu de l'immense vaisseau de Saint-Pierre, dont l'aspect répondit à nos attentes les plus exagérées. Je sentis en mon cœur je ne sais quelle joie ineffable quand, échappé à peine au poids des fatigues, des chagrins et de la maladie, je pus me dire : Un grand événement s'est donc accompli pour moi! je suis à Rome, et l'une des visions les plus brillantes de ma jeunesse s'est enfin réalisée!

« Depuis mon arrivée, les travaux de Michel-Ange et de Raphaël ont été le principal objet de mes études, et, sans nulle comparaison, ce sont ceux où l'intelligence trouve le mieux son compte. Ces ouvrages diminuent tous les autres. Grands surtout par l'élévation du style, ils sont encore un exemple, et un exemple de la plus merveilleuse noblesse, de la manière dont on peut traiter les accessoires avec avantage. Pas de style si élevé qui n'ait à apprendre encore dans ces œuvres; pas de genre si humble ni si bas qui, dans sa sphère, n'ait à y gagner. Ils ont ces qualités sans lesquelles la Vénus et l'Apollon perdraient leur valeur, ces qualités qui, des formes triviales d'Ostade et de Rembrandt, font quelque chose d'instructif et de sublime, à savoir l'expression et le sentiment. Et cependant, pour quelques-uns des jeunes artistes qui vivent ici, ces grands modèles ne sont que d'inféconds monumens, bons tout au plus à admirer, non à imiter, et cent fois moins faits pour être copiés que le premier morceau venu de couleur à la vénitienne, tel plat soit-il et vide de pensée. Une des choses curieuses à remarquer, c'est l'effet que produisent ces ouvrages sur le public ignorant. La fresque, quand elle devient vieille, prend une teinte triste et sèche, et ne se peut réparer et rafraîchir comme l'huile. Dès-lors elle n'est d'aucun effet sur les yeux vulgaires. Elle fait cette impression sur beaucoup de gens qui se récrieraient d'admiration à la vue de quelque planche bien fraîche d'après Raphaël et Michel-Ange. La fraîcheur et la vivacité sont peut-être essentielles pour qu'un ouvrage produise tout son effet sur le public. Que si l'on rend par la pensée à ces fresques leur fraîcheur primitive, comme celle de fresques nouvelles que j'ai vues, ce seront sur-le-champ les plus magnifiques ouvrages imaginables, et à coup sûr les plus populaires, ainsi qu'au temps jadis.

« Pour l'art moderne, Rome est l'école de toutes les nations, bien que les styles les plus opposés s'y donnent rendez-vous pour satisfaire chacune d'elles. En peinture, les Italiens et les Français font à l'envi du David. Les élèves anglais, à l'exception de Lane, dont œil humain n'a encore aperçu la peinture, s'occupent surtout de sujets où il entre des costumes romains. Mais les Allemands, procédant par un sentiment dévôt, plutôt comme une secte que comme une école, ont attiré l'attention par leurs essais rétrospectifs : ils copient les maîtres et précurseurs de Raphaël, non Raphaël lui-même, dans l'espoir sans doute, en prenant la même route, d'arriver à la même excellence. Ils ont aussi fait revivre l'art de la fresque, et, comme ils s'en tirent mieux qu'ils ne le font de la peinture à l'huile, il est évident que c'est chose au moins aussi aisée; — et, en définitive, quoique leur sys-

tème n'admette guère l'originalité, ils ont cependant tant d'expression, ils déploient un si studieux
artifice, que je souhaiterais, en vérité, qu'un peu
de leur sentiment fût infusé en nous. Ces artistes
s'appellent Schnorr, Veit, Schadow et Overbeck.
Schnorr a le pas; il a épousé une catholique, et il
a changé de religion, afin de sentir avec plus de
dévotion les sujets sacrés que traite son pinceau.

« Mais ici c'est la sculpture qui a le plus d'essor
et obtient le plus d'encouragement. Le nombre
des artistes se centuple chaque jour pour moi, à
mesure que je connais davantage la ville. De tous
côtés, à tous les coins, on n'entend que le ciseau
et le maillet. Au milieu d'un pareil concours, de
grands talens se sont manifestés et se montrent
encore. Il n'en est pas moins vrai, il le faut avouer,
qu'à voir sortir de toutes mains statues et groupes,
d'un style grec à peu près irréprochable, on se
prend à trouver qu'imiter l'antique n'est pas chose
si difficile, et l'on sent en soi diminuer son respect
pour l'antique lui-même. Mais l'entente de la figure
et de la forme correcte ne suffit pas à faire l'art
élevé. Si Canova n'eût pas eu beaucoup plus, il
neût pas jeté l'éclat dont il a brillé. Il avait en outre
la grace et l'intelligence; et quoique son goût, qui
fit tant de fanatiques en son temps, soit aujour-
d'hui hors de mode, et que Thorwaldsen, avec
plus de sévérité, plus de style, mais moins d'ex-

pression, se soit élevé à sa place, le trône est encore vacant. Les draperies l'emportent sur la chair, la chair sur la physionomie; et la sculpture deviendra, comme la peinture, une pure décoration, si l'expression de l'homme intellectuel n'est pas davantage l'objet de ses efforts studieux. »

Après cette digresson, retournons à Léopold.

IV.

A l'apparition des *Moissonneurs*, l'œuvre non la plus parfaite du pinceau de Robert, mais celle où se résument avec le plus d'énergie son système de composition et les habitudes sérieuses de sa pensée, le cri d'admiration fut général. Ainsi, sans coterie, sans cabale, par la seule autorité de son talent, Léopold avait su conquérir une gloire à laquelle applaudissaient la plupart même de ses rivaux. Aux yeux des peintres alors en possession de la vogue, il pouvait bien avoir le tort du succès; mais il avait aussi cet avantage inappréciable, que sa retraite à Rome l'avait rendu, comme le pensait Gérard, complétement étranger à toutes les querelles qui bouleversaient, en France, le domaine de la pensée et des arts, et que dès-lors il n'excitait les défiances de personne.

Les écoles de peinture, qui, depuis plusieurs siè-cles, s'entremêlent et se détrônent tour à tour, étaient, à cette époque, dans un moment de crise. On reniait les dieux classiques, et l'ancien comme le nouveau servait de base à des théories plus ou moins ingénieuses, que le temps a fait triompher par leur côté vrai, et qu'il a brisées aux endroits contestables. Chacun, bien entendu, voyait la vé-rité suprême de son côté, et la soutenait comme on soutient une faction. Tous les débris des an-ciennes palettes des temps gothiques et même du temps de Louis XV étaient revenus pêle-mêle sur la mer qui les avait engloutis. On avait repris avec fureur, en peinture et en sculpture, mille idées disparates abandonnées ou décriées naguère, et destinées à l'être encore le lendemain même de leur triomphe. C'était un tumulte d'essais confus qui n'avaient d'analogie que par l'impuissance. Cette anarchie qui, dans les beaux-arts, a suivi la révolution de 1830, a été pour la peinture une fu-neste et meurtrière époque.

Il est vrai que, défigurant la pensée noble et sé-vère du grand David, qui restera toujours l'une des étoiles directrices de l'art, la vieille école s'arro-geait sans façon le nom d'école du beau, en vertu d'une loi académique inventée par l'érudition à la vue des premières fouilles d'Herculanum et de Pompeï. Elle appliquait à tous les arts sa recette universelle, l'imitation de l'antique, un faux idéal parodié d'après les anciens, et l'on voyait constamment un perfide et maladroit souvenir des bas-reliefs et de la bosse s'interposer entre ses yeux et la nature. C'est ce qui fit dire, avec plus de justesse que d'urbanité, au peintre anglais Constable, le père de notre école moderne de paysage : « Ils font leurs tableaux avec des tableaux et des plâtres, et ne connaissent pas plus la nature que les chevaux de fiacre ne connaissent les pâturages. » Pourtant, ne le dissimulons pas, si l'ancienne école paraissait avoir rompu avec toutes les traditions de la vraie peinture, son tort non moins grand devant les novateurs pressés de jouir, c'est qu'elle n'enseignait qu'une voie lente pour arriver au savoir; c'est que, par un principe sage, dont malheureusement elle appliquait mal les conséquences, elle pensait que le génie même n'est pas dispensé d'apprendre pour connaître, et que c'est dans une forte discipline de l'ame que les plus fiers talens, les esprits les plus originaux, ont trouvé leur premier ressort. Robert en est l'exemple : si la nature, institutrice de sa première enfance, l'avait initié au sentiment du simple et du grand, si les champs et la montagne avaient fait de lui le peintre du peuple, c'étaient les enseignemens de David qui l'avaient rendu l'artiste consciencieux, sévère, en quelque sorte inexorable pour lui-même.

Ainsi, d'un côté agonisait l'école ancienne décriée; de l'autre s'agitait l'école nouvelle, qui n'avait souci que de l'inspiration, et qui cependant avait son pédantisme et s'était faite antiquaire. En résumé, que gagnait-on au change? La casaque et les fontanges au lieu de la tunique, le soulier à la poulaine ou la mule au lieu du cothurne, les Grecs modernes au lieu des anciens. Une exactitude de costumier suppléait au défaut de la composition. L'école avait bruyamment inscrit sur sa bannière : « Retour à la vérité, » mais sans daigner se souvenir que la vérité n'est que la réalité choisie, la réalité possible. Alors, incorrecte à plaisir, laide et triviale par goût, plus avide de commotions que d'émotions, la foule bouillonnante et capricieuse se précipita dans la réalité nue et sans choix. L'école de David avait préconisé le dessin, rien que le dessin; les nouveaux venus ne virent de salut que dans le faire impétueux, la fantaisie, l'effet et la verve, et honnirent le dessin, comme si l'art sans étude, l'art sans dessin, n'était pas, pour emprunter un mot de Bacon, « la statue de Polyphème à laquelle on aurait arraché son œil. » Bientôt les hommes les plus vigoureux qui avaient imprimé le mouvement à la réforme furent dépassés et impuissans à contenir la tourbe échevelée des imitateurs. Des ébauches, de simples pochades furent prônées à l'égal des œuvres les plus sérieuses, et le sentiment de l'art s'abâtardit par la promiscuité de l'usage. Il y eut autant de juges que de peintres, autant de peintres que d'élèves effrénés de renommée, et, à voir les hommes de génie dont les ateliers regorgeaient, on eût dit que chacun d'eux allait s'écrier comme Vespasien mourant : « Je sens, mes amis, que je deviens dieu ! »

Encore si ce tapage réformateur avait produit cette espèce de fusion généreuse dont l'Allemagne littéraire avait donné l'exemple au temps de Goethe, de Schiller, de Wieland et de Klopstock! Non, les généreuses concessions sont rares dans tous les temps; chacun voulait faire école. Après l'école du laid, on eut l'école du joli : le laid et le joli, deux variétés de la manière et de la peinture de pratique. La seule conquête de cette époque fut une école de paysage, dont nous étions dépourvus depuis Desportes et Oudry, car on ne saurait appeler de ce nom ce triumvirat caduc et solennel des Bidault, Bertin (1) et Bourgeois (les trois B, comme

---

(1) Il est bien entendu qu'il s'agit là du vieux Jean-Victor Bertin, le Nestor du feuillis classique, mort en 1842. Son homonyme, M. Édouard Bertin, ami de Robert, et qui lui avait acheté un charmant tableau, n'appartient à la même famille ni

on les appelait alors, par allusion aux quatre G : Gros, Guérin, Girodet et Gérard), qui régnait en ce temps-là. Thiénon et Nicole, deux dessinateurs de même force, étaient les ombres de satellites de ces ombres de planètes. Watelet et Régnier, si ternes qu'ils fussent, étaient, par le contraste, transformés en novateurs fougueux aux yeux des disciples ba-dauds des trois B. Quoi de plus ? De courageux ar-tistes en appelèrent de la monotonie des paysages soi-disant historiques et *poussinesques* de l'Empire à la sainte nature primitive, et notre jeune école fut fondée. Elle jetait, au temps de Robert, un vif éclat, et se maintient aujourd'hui avec honneur en regard de l'Angleterre, dont l'école paysagiste est si merveilleusement habile en peinture, comme elle l'a été en poésie (1).

Si canimus sylvas, sylvæ sint consule dignæ.

comme homme, ni, à coup sûr, comme peintre. On a de celui-ci, dans l'église de Saint-Thomas d'Aquin, une *Tentation du Christ*, un *Christ au mont des Oliviers;* dans le musée du Luxembourg, une vue de la *Forêt de Nettuno* et une de la *Forêt de Fontainebleau*. M. Véron possède une des plus belles œuvres de ce peintre. — M. Édouard Bertin, qui malheureuse-ment produit trop peu, est un talent sérieux et puissant, qui met un cachet élevé à tout ce qu'il touche.

(1) S'inspirant de Constable ou de Bonington, surtout de la nature, MM. Flers, Jadin, Cabat, Laberge, Paul Huet, furent les premiers qui arborèrent l'art sur des rives nouvelles. Ils

Quelle pouvait être la place de l'humble et timide Robert dans une pareille mêlée? De son belvédère lointain, il n'apercevait même point la lutte,
et, confiné dans sa foi silencieuse, il continuait de
conclure à sa façon et de faire son chemin tout
seul.

On était donc en pleine fièvre romantique quand
s'ouvrit le Salon de 1831, où parurent *les Moissonneurs*, et, avec ce tableau, une *Mère napolitaine
pleurant sur les débris de son habitation ruinée par
un tremblement de terre*, l'*Enterrement d'un aîné
de famille de paysans romains*, et les *Pifferari devant une Madone*, trois peintures qui sont au nom-

sont allés ardemment au-devant du vrai, mais quelques-uns se
sont arrêtés en chemin. Viennent en même temps Corot et
Aligny : Corot, qui eut la prétention d'attacher des fleurs à la
robe émaillée du printemps; Aligny, plus heureux avec la plume
qu'avec le pinceau, — deux peintres qui eussent peut-être trouvé
le grand, s'ils l'eussent moins cherché. Sur leurs pas se pressèrent de plus jeunes : Jules Dupré, Rousseau, Français, Charles
Leroux, Troyon; et tous ces émules, anciens ou nouveaux, forment une pléiade de talens frais et rians. Est-il un *flamand*
plus joli que ce *Parc de Saint-Cloud*, par Français, semé
de figures de Meissonnier? Quel sujet de vive improvisation
c'eût été pour Diderot! Que tous ces artistes dérobent quelques
rayons au soleil; qu'ils n'encourent point le reproche, qu'on
peut adresser à quelques-uns d'entre eux, de se montrer inégaux, et leurs ouvrages seront recherchés un jour comme
les diamans des maîtres.

bre des meilleurs ouvrages de Robert. Rien de plus simple que le sujet des *Pifferari*. Ce sont de ces joueurs de cornemuse et de chalumeau, mendians couverts de peaux de mouton, qui descendent des Abruzzes et des Calabres avec leurs familles, à l'époque de l'Avent, pour donner à Rome des sérénades aux Madones dont tous les coins de rue sont décorés. Hors ce temps, on leur ferme la ville, à moins qu'ils ne soient engagés comme modèles. Dès quatre heures du matin, ces gens-là inondent les rues de Rome, et jouissent de l'odieux privilège de l'éveiller en sursaut au bruit du fausset criard et mélancolique de leurs instrumens. Chaque quartier les paie par neuvaine. L'Italien de Rome est fort dévot à la Vierge, et lui demande tout, même des choses qui la feraient rougir. La femme *innamorata*, l'homme qui ne dort pas, le dévot qui veut se mettre en paix avec sa conscience, son voisin ou son curé, s'abonnent pour une ou deux neuvaines. Robert a tiré un excellent parti de son sujet. Deux de ces pauvres paysans s'arrêtent devant une Madone; l'un enfle sa cornemuse tandis que l'autre vient de souffler dans un chalumeau. Les derniers sons qu'il en a tirés expirent dans les airs; alors il chante, et, l'œil pieusement tourné vers l'image de la Vierge, il semble attendre qu'un sourire d'indulgence et de faveur s'imprime sur les lèvres de la Mère de Dieu. A leurs pieds sont deux petites filles dont le recueillement fait ressortir l'ardeur musicale, l'air de foi vive et profonde des musiciens campagnards : églogue charmante qui respire un parfum de naïveté, de vérité locale, et laisse dans l'ame une douce et pénétrante émotion. Quand David Wilkie, dont nous parlions plus haut, passa l'hiver de 1825-1826 à Rome, il peignit, de sa seconde manière, deux petits tableaux dans le genre de Léopold : *la Princesse Doria-Pamfili lavant les pieds à de pauvres pèlerines*, et un sujet de *Pifferari* tout-à-fait identique à celui de Robert. Il est curieux de comparer ces deux derniers ouvrages. La conception de Wilkie est heureuse, l'ordonnance est d'un peintre; mais son exécution manque d'accent, de profondeur et de puissance. L'œuvre de Léopold a plus d'émotion, plus d'expression, plus de foi, et témoigne d'un sentiment plus fort de l'Italie pittoresque et religieuse.

Plus puissant et plus sympathique encore était l'effet moral produit par la *Femme Napolitaine*. Absorbée, anéantie dans une pensée de destruction et de mort, la pauvre mère est immobile, et si un enfant à la mamelle, qui repose près d'elle sur les débris, ne se jouait avec l'insouciance de son âge, rien là ne serait vivant que la douleur. C'est toujours le même ton local compris et rendu en maître, toujours la même poésie de dessin, le même pou-

voir de modelé, la même harmonie générale; mais
on voit que, mis à l'aise par l'unité d'idée où il se
complaît, le peintre a pu se livrer à toutes les
beautés pittoresques de détail et d'ensemble qu'il
lui était donné d'atteindre. Ce tableau me paraît
être son chef-d'œuvre; il est irréprochable, et, dans
la tête de la mère surtout, l'artiste a su atteindre
à ce *grand goût*, à ce pathétique d'expression qui
semble n'être le secret que des maîtres de l'art.
Les mêmes observations générales peuvent s'appliquer à l'*Enterrement d'un aîné de famille de paysans
romains*, sujet dont la profonde tristesse révélait
l'état de l'ame de l'artiste, mais dont l'austère ordonnance et la fermeté d'exécution attestaient une
force de pinceau peu commune.

A côté de ces tableaux figurait, à la même exposition, celui des *Petits Pêcheurs de grenouilles dans
les Marais Pontins*. Le plus âgé tient en main sa
ligne intacte encore, tandis que le plus jeune,
penché vers la terre, gémit sur sa ligne brisée.
Quelques esprits délicats virent dans le ton mélancolique et l'à-propos de cette composition une allégorie douloureuse où Léopold avait retracé le souvenir de la vie brisée de son frère Alfred.

Ce fut dans l'année 1829 que, cédant aux conseils du peintre Gérard, qui le pressait de peindre
de grandeur naturelle, Léopold, dont toutes les
figures, les *Moissonneurs* compris, n'étaient que

de demi-nature, et le plus souvent même plus petites, peignit de grandeur naturelle une *Tête de
femme* et un *Jeune Grec aiguisant un poignard* (1),
deux toiles qu'il exposa également au Salon de 1831.
Ces essais étaient heureux; la tête de femme surtout respirait un charme inexprimable. Ce n'était
qu'un portrait, qu'une étude, et par cela même
l'artiste, dégagé de la préoccupation, toujours pénible pour lui, de l'ordonnance d'une composition,
avait pu se livrer en toute liberté à l'entrain de son
pinceau. Il eut toujours, pour le dire en passant,
une délicatesse extrême et une prédilection mar-
quée pour les études de femme. On le voit par une
de ses lettres à M. Marcotte.

« ..... Je trouve une bien grande différence entre
exécuter des figures d'hommes ou des figures de
femmes. La raison en est simple : ce qui frappe et
touche dans la peinture est un caractère d'énergie,

----

(1) « On a trouvé que la couleur et l'exécution sont assez vigoureuses, et j'ai cherché un dessin ferme et positif. D'ailleurs,
mon modèle, ayant une très belle tête, m'a servi plus qu'un
autre qui m'eût laissé avec le désir de faire quelque changement
de mon chef. J'ai eu beaucoup de plaisir à faire ce tableau de
grandeur naturelle, et je vous avoue que j'aimerais quelquefois
à changer comme cela mes occupations. » (Lettre de Robert à
M. Marcotte, 1829.) Cette figure de Grec fut exposée en 1830 à
Berne par le propriétaire, M. Fritz Pourtalès, et valut à l'auteur une médaille d'or.

de force dans les hommes; de sensibilité, de douceur dans les femmes. La nature est moins avare
de ces dernières qualités que des premières, à mes
yeux du moins. Trouver dans un homme avili ce
qui est propre à frapper, attirer et plaire, est un
travail qui, je vous assure, donne bien plus de peine
que de chercher quelque chose de touchant et de
sensible dans une femme. C'est ce qui fait que généralement même les plus habiles peintres y ont
mieux réussi. Il n'y a que les ouvrages de Michel-
Ange qui se distinguent d'une manière particulière;
mais son génie était si supérieur, qu'il a presque
inventé la représentation d'une force, d'un caractère et d'une énergie qu'il n'a pu trouver dans la
nature qu'avec de grandes difficultés et une observation continuelle. Voilà pourquoi, à mon sens, il
doit être placé tout-à-fait au premier rang. »

Fidèle à ce penchant d'artiste, à sa nature sensible, qui ne s'attachait pas seulement, comme le
font un si grand nombre d'artistes modernes, à la
beauté extérieure et matérielle de la femme, mais
à sa beauté morale, Robert a immortalisé sur la toile
nombre de ces types nobles et expressifs que l'Italie a le privilége de conserver dans leur pureté.
Déjà il s'était plu à peindre, pour M. d'Argenteuil,
deux belles études de femme, demi-nature, et il
donne sur l'une d'elles une particularité assez curieuse dans une lettre datée de Rome, 4 juin 1826.

« J'ai accompagné les deux petits tableaux que je vous envoie d'une étude de tête d'une jeune femme de Sora, qui est fort jolie, mais qui offre un caractère de beauté bien différent de celui qu'on se représente d'ordinaire comme celui de l'Italie, et par conséquent tout-à-fait opposé à celui qui m'a frappé dans la jeune fille qui a posé pour le tableau de l'*Ermite.* J'ai pensé que ce contraste vous intéresserait, puisqu'il se trouve dans la nature, et qu'il y a, dans les montagnes, des villages dont la population presque entière se distingue par ce type si particulier..... Nous voyons tous les jours le caractère italien sans mélange disparaître de Rome; mais si les cheveux, d'un brun extrêmement clair, des habitans que je viens de vous signaler les rapprochent beaucoup des septentrionaux, je trouve qu'ils n'ont pas moins un caractère italien, lequel se remarque dans leurs expressions vives et variées, et surtout encore dans la finesse et la régularité des traits... »

Un passage de sa correspondance avec Victor Schnetz garde le souvenir de la découverte du modèle de *la Jeune Femme,* qui eut tant de succès au Salon de 1831; et comme si ce bonheur d'artiste eût jeté un charme particulier sur une existence si souvent déchirée, on jouit du calme où reposait son ame quand il traçait ces mots :

« Frascati, 15 septembre 1830.

«... Je suis dans un calme de passion qui me charme : je philosophe tout seul, bien doucement, en contemplant notre belle plaine de Rome, l'horizon et le ciel, et je respire avec un véritable ravissement l'excellent air que nous avons ici. J'ai commencé une tête de grandeur naturelle, d'après la plus jolie créature que j'aie vue. Je suis sûr qu'elle vous plairait, mais beaucoup. Elle a seize ans, plus grande que Maria-Grazia, admirablement faite; une tête d'une pureté remarquable, mais surtout d'une expression délicieuse; enfin, c'est une figure qui ferait partout le plus grand effet, même à côté des plus belles voisines!... »

Il est remarquable qu'avec un sentiment si vif des beautés les plus délicates de la création, Léopold ait à peine tenté de peindre le nu. Une curieuse lettre qu'il adressa, le 12 septembre 1827, à M. d'Argenteuil, montre jusqu'où, sur cette question, pouvaient aller ses scrupules de protestant spiritualiste : « Des deux sujets que j'ai traités pour messieurs vos frères, quelques personnes ont trouvé dans celui qui est destiné à M. Marcotte aîné un peu de liberté. Ce n'a été nullement mon intention. Cependant, pour ne pas faire toujours des figures vêtues de la tête aux pieds, j'ai peint deux jeunes filles qui se déshabillent pour se baigner. Je les ai supposées dans un endroit entièrement retiré, où elles ne doivent craindre aucun regard curieux. Si monsieur votre frère se trouvait avoir cette opinion en voyant le tableau, je m'engage volontiers d'avance à lui en faire un autre. Le second tableau est un sujet plus sérieux. J'ai supposé un vieil ermite mort tranquillement au pied de son ermitage, et qui est trouvé par un *pecoraro*. J'ai représenté ce dernier lui soulevant le capuchon et cherchant à voir si c'est le repos éternel. Je suis extrêmement impatient d'apprendre le jugement que vous porterez de ces tableaux. »

Les scrupules de Léopold étaient exagérés. Le tableau des *Baigneuses de San-Donato* était d'une décence parfaite. Si d'autres artistes, plus soucieux de produire des sensations que de s'adresser à l'intelligence, ont donné l'occasion de dire que le cynisme, impitoyablement chassé de la langue, a trouvé un asile dans la peinture; s'ils ont oublié trop souvent qu'il est une faute de goût quand il ne serait pas une injure aux bienséances, il faut, d'une autre part, dans la nue imitation de la nature humaine, savoir distinguer entre la *nudité* et le *nu*. Tandis que la nudité est la honte des écoles de décadence, le nu aura toujours sa décence, le nu sera toujours une des plus belles ressources de l'art sérieux. Grace au climat, aux opinions, aux mœurs de la Grèce, l'art antique a pu tout à son aise interroger sans voile la beauté vivante et la reproduire. Pour nous, dont les idées sur ce point délicat sont plus sévères, le problème sera moins aisé à résoudre; mais, sans se préoccuper d'une morale étroite et prude qui, dans son zèle aveugle, briserait toutes les statues de nos musées, le véritable artiste saura satisfaire à toutes les conditions de l'art et respecter en même temps les saints préjugés de la modestie. Raphaël et Michel-Ange, Titien et Rubens, Poussin et le religieux Le Sueur, en ont, comme tant d'autres gardiens des grandes doctrines, multiplié les preuves.

V.

Depuis 1816, Léopold Robert n'avait pas revu la France. Il fit, durant l'exposition des *Moissonneurs* au salon du Louvre, en 1831, un voyage à Paris avec son frère Aurèle, et tomba au milieu de l'orage soulevé contre l'école qui avait été son berceau, et pour laquelle il conservait un vieux respect. Les deux écoles se pressèrent à l'envi autour de lui. Fiers de son origine, les classiques le revendiquèrent; et de fait ils partaient du même

principe, ils tendaient vers le même but, le beau;
mais combien ils différaient sur les moyens et dans
les résultats! Sans aller, comme les classiques, par
des chemins détournés, Robert attaque franchement la question. Au lieu de faire le pastiche des
statuaires anciens; au lieu, pour ainsi parler, de
sculpter en peinture, il regarde la nature même,
la copie d'original à son tour, et parvient ainsi à
s'approprier au plus haut point cette noblesse et
ce haut style que les Girodet et les Guérin n'a-
vaient fait que rêver. D'un autre côté, le tact naturel de Léopold l'avait mis de bonne heure en
garde contre toute exagération. S'il ne prenait
point les livrées de son ancienne école dégénérée,
il n'avait pas moins de répugnance pour la fureur
d'outrer la nature, et se méfiait des avances de
réformateurs qui ne voyaient en lui que le triomphe de l'imitation sur la création. Aussi, dès qu'il
reprit les pinceaux, retourna-t-il tout droit à sa
peinture, telle qu'il l'avait conçue jusqu'alors, et
aucune des deux écoles ne vint à bout de le confis-
quer à son profit.

Étourdi de tout le bruit de la rue, des ateliers
et du Salon, Robert, facile comme il l'était à effa-
roucher, ne comprit rien au mouvement des idées
d'alors, et, dès qu'il eut touché le sol de Paris, il
fut pris d'un vif désir de se dérober. Déjà, avant
de venir, il exprimait des craintes à M. Marcotte

(Florence, 15 mai 1831) : « Je ne puis me cacher que la vue de tant d'intrigues et de clameurs me fera mal, à moi qui aime tant la tranquillité. Ces immenses réunions de tableaux me tuent, parce que je pense toujours que les miens y sont faibles, ou plutôt je remarque dans les autres des qualités que je n'ai pas. » Le cri d'admiration qui l'accueillit à son arrivée ne suffit point à rassurer ses esprits émus. Il se trouvait quelques critiques parfois justes, souvent rigoristes, qui revisaient à son endroit le jugement du public. Il le sut, mais leur voix semblait aller se perdre dans la glorieuse victoire des *Moissonneurs,* des *Pifferari* et de *la Mère napolitaine.* On ne saurait dire cependant qu'il eût été insensible à ces attaques. Délicat, en effet, comme tous les artistes, au contact de la critique, de même qu'à celui de l'éloge, il s'effrayait de l'un à l'égal de l'autre. On n'aura que trop souvent, dans la suite de ce récit, l'occasion de se convaincre que ce double souvenir ne fut pas étranger à la défiance qu'il montra plus tard de son talent et de sa fortune.

Léopold Robert avait été nommé, en 1825, membre de l'académie de Berlin, et, dans cette ville, il était fort considéré des artistes et des amateurs. Le comte Raczynski, le comte de Hahn, Mme de Souwaroff et le célèbre sculpteur Rauch lui avaient commandé des tableaux. C'était surtout des commandes faites par les artistes qu'il était le plus flatté. Tandis qu'il recueillait tant de marques d'estime de la plupart des connaisseurs de Berlin, tandis qu'il recevait un accueil si flatteur de ceux de Paris, et que même un hetman de Cosaques, le prince Laboukime, lui achetait un tableau, le dénigrement ne lui manquait pas ailleurs. Un esprit jaloux, le Romain Vincent Camuccini, cherchait à rabaisser son talent. L'Italie, qui, à notre époque, se soutient très haut quant à la sculpture, est, dans la peinture, tombée au dernier point de faiblesse et d'impuissance, en dépit de la leçon vivante de tous les chefs-d'œuvre de ses anciennes écoles. Camuccini et le chevalier Agricola, tristes successeurs des Carle Maratte, des Pompée Battoni, des André Appiani, ces peintres de la décadence, en étaient une preuve flagrante. On avait vu à Paris le vieux Le Thière pleurer d'admiration devant les *Moissonneurs*. On avait vu Gérard, qui avait tendu la main à Léopold dans ses premiers débuts, lui commander aussi des tableaux, de 1824 à 1826, pour le soutenir en des momens difficiles. Chose plus rare encore pour l'un des doyens de l'art, dont l'histoire tient toujours un peu de la mythologie de Saturne, on avait vu Gérard encourager le nouveau venu de ses conseils, le prôner comme son enfant, jouir de son succès comme d'un succès propre. Incapable de tels sentimens, le Romain Camuccini à l'amertume de critiques légitimes ajoutait des critiques injustes. Dépourvu de naturel et de vérité, cet homme était un artisan d'adresse et d'industrie, un arrangeur habile plutôt qu'un véritable artiste. Trop faible pour dérober leurs secrets aux maîtres et demeurer original tout en se portant leur imitateur, il est resté faux et conventionnel dans sa composition, dans ses lignes, dans sa couleur, et n'a que trop justifié ce jugement prononcé sur lui par notre Pierre Guérin : « Il s'est nourri des anciens et de Raphaël, mais il n'a pu les digérer. » C'était cependant là l'homme qui tenait le sceptre des arts dans la patrie de Michel-Ange et de Raphaël ! Egalement injuste envers M. Ingres, il lui était arrivé le même malheur qu'à Diomède, qui, en poursuivant un ennemi devant Troie, se trouva avoir blessé une divinité. Toujours, comme l'académicien de Venise, il avait à la bouche : «Les maîtres,» et Robert : « La nature.» Ces deux principes, qui assurément ne devraient point s'exclure, s'excluaient l'un l'autre quand ils devenaient les mots d'ordre de deux systèmes ennemis.

Et qu'on ne croie pas pour cela que Léopold n'eût point fait des grands modèles une étude profonde, et ne se fût pas imbu du génie antique en interrogeant les restes divins de la statuaire grecque. Les anciens, il le savait autant que personne, sont ceux qui ont le mieux compris et appliqué cette vérité éternelle : «que la fin de l'art est l'ex-

*

pression de la beauté morale à l'aide de la beauté physique, » et c'est dans ce sens qu'il me répétait un jour ce mot de Winckelmann : « que la contemplation de l'Apollon du Belvédère le rendait meilleur. » Mais Rome est le tombeau ou le piédestal des intelligences : si les faibles succombent à l'épreuve, les forts y grandissent après avoir d'abord douté d'eux-mêmes; témoin Robert. L'étude de l'antique lui avait appris à lire dans la nature les beautés sans nombre qu'elle recèle; et les efforts heureux qu'il a faits pour élever le caractère de ses œuvres à la dignité simple des grands modèles disent assez s'il les avait compris. Seulement, en sa ferme organisation, l'invasion grecque et romaine n'avait point détruit la virginité du naturel, et, ce qu'il redoutait avant tout, c'était l'appauvrissement du génie natif par le pastiche. Copier et se mouler sur autrui n'est point d'un artiste, c'est contrefaire misérablement comme ces mimes et baladins des funérailles de l'antiquité.

Sur des pensers nouveaux faisons des vers antiques (1);

---

(1)   Changeons en notre miel leurs plus antiques fleurs;
Pour peindre notre idée, empruntons leurs couleurs;
Allumons nos flambeaux à leurs feux poétiques;
Sur des pensers nouveaux faisons des vers antiques.

(*L'Invention.*)

ce vers exquis d'expression, d'André Chénier, était
la devise de Robert, amant passionné du vrai. Il
vient, en effet, pour les esprits droits et sûrs, un
temps où l'on trouve la nature si belle, si franche,
si *liée*, même dans ses défauts, qu'on penche à la
rendre telle qu'on la voit, et c'est l'extrême difficulté qu'on rencontre à être assez vrai pour plaire,
en la suivant de près, qui seule en puisse détourner.

« Nos maîtres David, Girodet, etc., dit Robert,
n'ont pas formé d'élèves, parce que l'étude des
arts est devenue bien différente. On pense tant à
l'intérêt maintenant ! Les maîtres ont des élèves
pour se faire de l'argent, et non pour se faire aider
à des tableaux. C'est l'argent qui compte; mais je
ne puis concevoir qu'on ait un atelier d'élèves faisant chaque semaine, depuis le 1er janvier jusqu'au 31 décembre, une figure nue, tournée, re-
tournée et contournée. Il y a là une fausseté
d'enseignement que les anciens n'ont pas eue. On
lie l'imagination en voulant apprendre par ce
moyen la science du dessin. Je sais, quant à moi,
que, lorsque j'étais à Paris à étudier, je pouvais
dessiner d'idée une figure sous toutes ses faces et
la disséquer jusqu'aux os, en nommant tous les
muscles, leur office, leur origine et leurs inser-
tions. A présent, cela me serait de toute impossibilité, je vous assure; et, pourtant, je me sens
capable de mieux composer une figure, de la mieux

faire marcher, et de l'exécuter avec plus de justesse et de science sans me tourmenter à faire plus que la nature n'indique. »

Telles étaient les paroles de Robert. Or, un homme pourvu d'une aussi vivace prédilection pour la nature ne pouvait être goûté par l'artificiel Camuccini. La France vengea Robert. Son tableau fut acheté par la liste civile, à la suite de l'exposition de 1831, et l'artiste reçut publiquement la croix de la Légion-d'Honneur des mains du roi.

A l'imitation de la Restauration, sous laquelle les récompenses nationales étaient distribuées aux artistes par le souverain lui-même, Louis-Philippe avait clos en personne la première exposition de son règne et remis sans intermédiaire les récompenses aux plus dignes. Cette solennité eut un grand éclat. Tout ce que la France possédait de plus éminent parmi les artistes et les connaisseurs se groupait, dans le grand salon du Musée, autour du roi. Les seuls artistes qui reçurent cette décoration de la Légion-d'Honneur, qui, pour les gens de cœur, n'a jamais été un hochet, furent Léopold Robert et son ancien camarade d'atelier, Henriquel-Dupont, ce véritable artiste, peintre avec le burin, qui répand sur toutes ses œuvres une fleur si vive de sentiment et de goût, et qui aux charmes du talent joint les charmes du caractère. Des applaudissemens unanimes couvrirent les noms de

Robert et de Dupont, aimés de tous; mais rien n'égale la sensibilité modeste avec laquelle Léopold reçut la distinction dont il était l'objet, rien n'égale le bonheur de ses amis, quand ils le virent si heureux. Sa première visite, à son arrivée à Paris, avait été pour son premier maître de dessin, le vieux Charles Girardet, établi alors dans une ruelle du quartier Saint-André-des-Arcs. La reconnaissance l'y porta de nouveau. « Je viens, lui dit-il, faire hommage de mes couronnes à celui qui m'a mis le crayon à la main. » Et le vieillard et l'élève pleuraient en s'embrassant.

L'administration chargée des encouragemens dans les arts, qui semblait s'être fait une loi de ne jamais deviner un grand artiste, avait bien quelques torts à réparer envers Léopold. En effet, il exposait depuis 1822, et six années s'étaient écoulées sans que le gouvernement lui eût acheté ou commandé aucun ouvrage! Il avait fallu qu'en 1828, dans son vif désir de voir figurer une de ses œuvres au musée du Luxembourg, le pauvre Léopold fît le sacrifice d'une partie considérable du prix de son tableau de *la Madonna dell' Arco* pour l'y faire admettre. Encore le tableau n'y entra-t-il point sans difficulté, et il fallut que le premier peintre du roi, le baron Gérard, usât de son crédit pour faire acheter 4,000 francs une page qui en vaudrait 30,000. Quant aux *Moissonneurs,* ils furent payés 8,000 francs, prix qu'avait demandé Robert (1).

C'est encore au Luxembourg que Léopold eût désiré que son tableau fût exposé, et, dans cette pensée, il avait refusé à Rome des offres bien autrement avantageuses. Tout heureux qu'il était de voir son œuvre achetée par la liste civile, il se consola difficilement qu'elle dût figurer dans la pénombre de la galerie du Palais-Royal, qui était close au public. C'est depuis la mort de Léopold que le roi avait tiré les *Moissonneurs* de sa galerie particulière pour les donner au Louvre. Figurer au Luxembourg parmi les peintres vivans de l'école française était pour Robert une affaire de sentiment. La France, où il avait fait ses premières études en peinture, où il avait contracté ses premières amitiés, toujours si puissantes entre les hommes, même les plus divers; la France, où il voyait ses émules et ses juges, était pour lui la patrie. Français de cœur, il voulait être traité en Français.

(1) Les *Moissonneurs* ont eu, à cette époque, la bonne fortune d'être gravés en taille douce avec une finesse, un goût et un bonheur de rendu et d'harmonie vraiment extraordinaires, par l'un des premiers artistes modernes, M. Paul Mercurj. La valeur de cette petite estampe, exécutée in–4° sur cuivre, pour le journal *l'Artiste*, est montée aujourd'hui à un prix excessif, et les épreuves, dites *d'Artiste*, ne se sont pas vendues moins de 3 à 400 francs, dans le temps où les objets d'art se vendaient.

« Les premières années que j'étais ici, dit-il à son ami Navez, dans une lettre écrite de Rome en 1828, je voulais ménager le passé et le présent; mais j'ai reconnu que, dans le fait, c'est une duperie, et qu'on ne s'attache personne. Tu sais que mon pays est sous la domination du roi de Prusse : aussitôt que j'ai obtenu ici quelque succès, on m'a réclamé comme compatriote. Cependant il ne m'a pas été difficile de voir qu'on ne le faisait que pour m'éloigner de la France que j'aime, et que je ne pouvais rien espérer de bien honorable ni de bien solide d'un gouvernement qui ne nous regarde que comme de demi-sujets. Au contraire, j'ai trouvé en France beaucoup de personnes qui se sont intéressées et s'intéressent encore à moi. Presque tous mes tableaux y vont, et j'ai pris mon parti; mais ce n'est pas sans savoir que je me suis fait beaucoup d'ennemis. Enfin, il en arrivera ce qu'il plaira à Dieu. Te rappelles-tu de combien de sarcasmes, toi et d'autres, me poursuiviez là-dessus? Actuellement on ne me dit plus rien de semblable. Je viens d'avoir encore une preuve que le gouvernement français veut bien m'envisager comme un de ses nationaux, puisqu'il vient de faire l'acquisition de mon grand tableau du *Retour de la fête de la Madone de l'Arc* pour le placer dans la galerie du Luxembourg. C'est un honneur qui me flatte beaucoup, et qui me fait espérer de voir con-

tinuer l'attention qu'on veut bien accorder en
France à mes productions. »

Quelques jours avant, il écrivait à M. Gérard :
Vous daignez me dire que le prix qu'on a mis à
mon tableau est trop au-dessous du mérite que
votre indulgence veut y voir; mais ne suis-je pas
grandement récompensé par l'honneur d'avoir un
de mes ouvrages dans les galeries d'une nation à
laquelle je voudrais appartenir ? Cet avantage serait inappréciable à mes yeux, si je pouvais l'envisager comme une adoption. »

Robert avait à peine quitté Paris, que s'ouvrit le
champ de bataille dernier et définitif où se rencon-
trèrent les deux écoles rivales. Ce fut la mémora-
ble vente de l'amateur Coutan, qui eut lieu en 1831,
et dont le résultat fut pour Léopold l'objet d'une
vive curiosité, quand il fut de retour à Florence,
avant de passer à Venise. Coutan avait donné indistinctement droit de bourgeoisie dans ses *albums*
aux dessins de tous les habiles : c'était comme un
pandæmonium où figuraient pêle-mêle les Girodet
avec les Géricault, les Delaroche avec les Delacroix;
les Thiénon, les Thomas, les Watelet avec les Bonington, les Charlet, les Decamps, les Ingres. Pour
protester contre l'invasion des idées qui avaient reçu
leur baptême de Géricault et de Delacroix, les derniers des classiques s'arrachaient les dessins des

leurs, et le conflit des amours-propres fit la fortune
de la vente. Ce furent les dernières lueurs d u solei
couchant de l'école classique; depuis, les dessins
des Girodet, des Guérin et des Gérard, sont tombés
à des prix injurieux. Ceux de Géricault, d'Ingres,
de Robert, de Bonington, de Decamps, de Charlet,
se maintiennent à des taux élevés; mais la vogue
en est partagée par des lavis légers, qui, il y a vingt
cinq ans, étaient à vil prix, — les croquis de Wat-
teau, de Fragonard, de Boucher, de Lancret, —
improvisateurs charmans de jolis masques qui
rient éternellement, de délicieuses marionnettes
qui ressemblent assez à des hommes. A voir le retour de la vogue de toutes les bluettes du *règne
Pompadour* et de ce carnaval de sept ans qu'on appelle la Régence, on se demande, en vérité, si nous
sommes faits pour l'art sérieux. Le gros public
n'admire Ingres que sur parole et par respect humain : Ingres, qui a feuilleté, pour ainsi parler,
comme page à page, tous les enseignemens de la
peinture à l'époque féconde de la renaissance, et
qui, sans se faire archéologue, s'est résolûment fait
savant pour mieux comprendre et interpréter la
nature. Nicolas Poussin, ce peintre des penseurs,
comme on l'appelait, ne serait pas mieux accueilli
de nos jours qu'il ne le fut au temps passé; Eusta-
che Le Sueur paraîtrait fade. En définitive, on serait tenté d'appliquer à l'art sérieux ce que Voltaire

disait des œuvres littéraires : « Le public, en fait de livres, est composé de quarante ou cinquante personnes, si le livre est sérieux. »

Le goût est aussi rare que le talent, les bons juges sont aussi rares que les bons peintres.

VI.

Robert, en quittant Paris, laissait, on le voit, la peinture française dans une phase périlleuse : lui-même entrait dans une époque critique de sa vie, et nous touchons à la partie en quelque sorte psychologique de cette étude; mais, avant d'assister aux cruelles angoisses qui, de douleur en douleur, ont conduit à la mort le peintre des *Moissonneurs*, profitons de l'époque où il était encore en pleine possession de lui-même, pour nous résumer sur le caractère et la valeur de son talent.

« L'or est confondu avec la boue pendant la vie des artistes ; la mort les sépare, » a dit Voltaire. De cette épreuve, qui rappelle ce redoutable inventaire que subissait la mémoire des rois d'Égypte au moment où se fermait leur tombe, Léopold Robert, depuis plus de treize ans que la postérité est

venue pour lui, est, sur plusieurs points, sorti vain-
queur. Tandis que les sectateurs exagérés de David, maladroits Argonautes embarqués à la recherche de la beauté, se sont engloutis dans l'oubli,
Robert surnage avec une réputation plus pure,
maintenant qu'elle est dégagée de cette atmosphère
mondaine, souvent suspecte, où son succès l'avait
jeté. Sa place est désormais fixée parmi les peintres
les plus habiles de notre école; et, en effet, à côté
des œuvres des maîtres, ses principales productions exposées au musée du Louvre soutiennent,
sans désavantage, la comparaison.

Robert, cependant, n'était point un artiste complet. Il avait ses défauts : qui n'a pas les siens? On
n'a souvent même de grandes qualités que sous la
condition de grands défauts. — Il est deux familles
bien distinctes entre les artistes : d'abord les génies
d'instinct, et par conséquent inégaux dans leur essor. Tel jour la lave coulera sur la toile en traits
de feu; quelques jours encore, et le volcan som-
meillera ou sera éteint. Puissans de verve et de
sentiment poétique et pittoresque, avides de l'infini, embrassant d'un coup d'œil l'ensemble et les
détails, obéissant aux grandes lois intérieures qui
les dominent, dédaigneux de procéder de celui-ci
ou de celui-là, ils frappent une nouvelle monnaie
et rajeunissent l'effigie sans altérer le coin. Ils sont
fondateurs, originaux sans alliage, marchant droit

dans leur individualité et dans leur force, nés d'eux-mêmes, en un mot fils de leurs œuvres. Ces génies-là sont controversés, car ils ne sont pas accessibles à tous, et chacun les interprète suivant sa façon de sentir. — Voilà les uns.

A côté de ces esprits générateurs fleurissent les intelligences égales et progressives. Pureté, sobriété, ordonnance, tel est leur programme. Toujours sûrs d'eux-mêmes, ils obéissent plus au raisonnement qu'aux tumultes de l'imagination, qu'aux courans de la séve. Leur veine, calme et sans caprice ni fantaisie, donne son jet en son temps et sans qu'une goutte s'en perde sur la route. Leur talent a ses procédés nobles, savans, définis : l'analyse en met à nu la racine. A eux le grand soleil pour mûrir, à eux l'héroïque patience, la correction scrupuleuse, une vie consumée dans l'ajustement du beau, une idée et un sillon où ils se maintiennent; et progressivement ils grandissent, donnent leurs branches, et leurs fruits, et leur ombre. On voit en eux, pour ainsi parler, se superposer les couches de la végétation. — Voilà les autres : ceux-ci finissent toujours par être compris de tout le monde, et, dès-lors, se concilient à peu près tous les suffrages.

Robert tient de ces deux familles : — de la première, par la vérité et l'originalité de nature, par le dédain de la mode, par l'expression et le pro-

fond caractère; — de la seconde, par la timide sobriété de la pensée comme par le procédé d'exécution.

Il a, il est vrai, cet immense mérite que, sans
ancêtres dans les arts, il est lui, toujours lui; mais
la composition ne lui apparaît point une, entière
et tout armée. Que la toile soit petite ou grande,
la partie esthétique et de conception n'a pour lui
que labeur et malaise : personne ne met plus de
sa fièvre, de sa sueur dans son œuvre : il ne saurait produire sans s'ouvrir les quatre veines. Lorsqu'il commence, il ne sait où il va, et voilà pourquoi son goût le porte, comme il le dit lui-même,
vers les sujets où il n'y a qu'une idée. Après qu'il
en a rencontré un qu'il veut traiter, il essaie, sous
des formes innombrables, les lignes et les masses
dont il veut faire usage; il arrange, il défait, il arrange encore. Ce n'est pas tout : subjugué comme
il l'est par l'amour de la vérité, qui pour lui est la
religion du devoir, il va,

Comme un poète qui prend des vers à la pipée,

il va cherchant autour de lui des modèles pour
en adapter les traits, l'expression, les gestes, à son
canevas laborieux. Une belle tête, une expression,
une pose, un geste, naturels, francs et hardis, s'of-
frent-ils à son regard, au lieu d'en confier la garde
à la poésie de sa mémoire et de se les assimiler, il

les *glace* sur le papier. A force de révision et de
délibération, à force de difficulté à saisir l'ensemble, il se perd dans le dédale des détails, et, comme
le dit le poète allemand, les arbres l'empêchent
de voir la forêt. Sa main-d'œuvre devient un art
véritable; mais, en dépit de cet art même, on aperçoit la place des pièces de rapport et des soudures.
Rivarol disait de l'abbé Delille : « Il fait un sort à
chaque vers et néglige la fortune du poème! » Ce
mot peut, jusqu'à un certain point, s'appliquer à
Robert, dépourvu de toute spontanéité de jet, et
qui travaille en mosaïque. Quand ce bon Delille
avait achevé quelque morceau, il avait coutume
de dire : « Maintenant où mettrons-nous cela? »
Ne serait-ce point le langage que Robert se tenait
à lui-même, procédant de l'expression à la pensée,
au lieu d'aller de la pensée à l'expression?

> Sera-t-il dieu, table ou cuvette?

Au contraire, qu'on examine les dessins des
maîtres, qu'on suive dans les traits d'une plume
ou d'un crayon rapide la première pensée de telle
de leurs œuvres, tout, sauf à revenir, tout, du premier coup, a été écrit avec ce parti pris, avec cette
intuition d'ensemble qui fait jaillir la Minerve tout
armée; et, dans les linéamens informes, l'œil
trouve la place de chaque chose : le principal et
l'accessoire, la lumière et l'ombre.

Loin de là, Robert concevait et exécutait figure à figure, et ce qu'il déployait ensuite de peine et d'artifice pour relier et fondre le tout ensemble, pour grandir en même temps son style et l'élever au-dessus de la prose, est inoui. « Je fais mes tableaux d'une manière si singulière, dit-il lui-même dans une lettre à Gérard, qu'il ne m'est possible d'en donner la description que quand ils sont près d'être terminés. Je ne peux faire une ébauche arrêtée, car je ne peux conserver les mêmes motifs. La nature que je vois, que j'observe sans cesse, me fournit des idées nouvelles, des mouvemens de figure différens; je fais des changemens à n'en plus finir, et cependant je ne sais comment j'arrive au terme après un embrouillement où quelquefois je ne me reconnais pas moi-même (1). »

« Je ne perds pas une heure de temps sans regret, écrit-il à M. Marcotte le 1er novembre 1832, quand je peux travailler depuis le commencement du jour jusqu'à la nuit, et ce n'est pas par devoir, c'est par passion. Je suis si heureux quand je puis

_____

(1) Cette lettre est écrite le 31 mai 1832, de Venise. La même idée et à peu près la même expression étaient sous la plume de Léopold dans une lettre adressée quelques jours avant, le 8 du même mois, à Mme Huguenin-Robert, sa sœur : « J'ai deux figures terminées. Celle que je viens de finir est une des plus importantes du tableau (les Pêcheurs). Je crois avoir réussi; c'est un pêcheur qui revient de son travail; j'ai un modèle su-

travailler ainsi! Et c'est toujours après ces bonnes
journées, pendant les dernières heures, que je
suis le mieux dispos. J'ai calculé approximative-
ment ce que la *Fête de la Madone de l'Arc* et les
Moissonneurs m'ont coûté de temps, et je suis certain que, si j'y eusse travaillé de suite, j'aurais employé plus d'un an à chacun de ces tableaux. Ceci
paraît extraordinaire à ceux qui ne voient que quelques figures de petite dimension; mais s'ils savaient
que sur ces toiles, si simples en apparence, il a été
nécessaire de faire quatre ou cinq fois plus d'ouvrage que celui qu'on y voit! C'est malheureux,
mais je vous assure qu'il n'en peut être autrement
à mon égard. J'en prends mon parti en brave. Vous
me connaissez, et vous savez combien je suis incapable de faire un discours improvisé pour rendre
ce que je sens. Il en est de même pour mon talent
en peinture. Quant aux petits tableaux, je les fais
assez facilement, parce qu'ils ne demandent qu'une
idée. Mais, aussitôt qu'il doit y avoir l'accord
qu'exige une composition plus compliquée, je n'ai

perbe. Je vous parlerai de toutes les figures que je ferai, car je
ne puis vous faire la description de mon ébauche. J'ai une
manière d'opérer à moi. Il faut nécessairement que je me serve
de la nature et que je fasse chaque figure l'une après l'autre.
Mes ébauches ne me servent à rien, car, quand des idées nouvelles, que je crois bonnes, surviennent, il faut que je fasse des
changemens : c'est plus fort que moi. »

plus assez de logique pour me conduire pas à pas
au but et sans m'écarter de la route qu'il trace. Je
me dirige par instinct, en aveugle : je tâte, je tâte,
jusqu'à ce que je sois content, ou pour mieux dire
jusqu'où la patience me conduit. »

« Je sais, ajoute-t-il (lettre du 30 suivant), qu'on
trouve le genre que je traite trop facile; mais, pour
être bien fait, il a des difficultés qu'on ne connaît
pas. Pour trouver le beau d'une chose, ne faut-il
pas la voir, la tourner et retourner sous toutes ses
faces? Que s'il ne s'agissait que de faire vrai, il n'y
aurait qu'à copier servilement son modèle; mais,
dès qu'on veut ajouter à cette qualité l'élévation et
la noblesse, la difficulté devient plus grande : on
rencontre l'écueil de la *manière,* qui est juste l'opposé de ce qu'on doit chercher. Quand on vient
comme moi dans un pays pour en rendre le caractéristique, il faut, avant de pouvoir le rendre, faire
un travail long et pénible. S'il est question, par
exemple, d'agencer une grande composition, pensez-vous que le premier modèle venu soit convenable pour servir à rendre une figure ou un sujet?
Avec de grandes draperies on peut ajuster toutes les
poses; mais avec de malheureux haillons, qui n'ont
que l'aspect de la misère et qui n'inspirent que la
pitié pour ceux qui les portent, n'y a-t-il donc
qu'à copier ce qu'on a sous les yeux pour donner
un sentiment de noblesse et de goût? Oh! non, je

vous assure; j'en ai fait trop souvent l'expérience.
Ce n'est que par l'étude la plus grande, la patience
la plus méritoire, ce n'est que par la force d'un
sentiment intime qu'on peut arriver à une création. Que si l'on ne veut que gagner de l'argent,
oh! alors c'est autre chose : on prend son parti, et
l'on fait de la fabrique; mais, pour moi, ce serait
impossible. J'ai voulu toute ma vie faire de la
peinture comme je la sens. Je peindrai un tableau
pendant que d'autres en feront dix : qu'est-ce que
cela me fait? Je ne leur envie pas ce qu'ils gagnent
de plus que moi; au contraire, je m'envisage bien
plus heureux, puisque je me trouve avoir une bien
plus grande indépendance avec mes goûts simples. »

Ainsi, on le voit, l'à-peu-près n'allait point à cette
nature correcte et sévère; et, comme il y avait en
cet homme un sens droit, le génie et la passion de
la vérité, une volonté de fer, une indomptable patience, il arrivait qu'à la fin la poésie se dégageait
et se faisait jour. Sa langue avait d'abord bégayé
sa pensée avant de trouver le mot propre; tout à
coup, après de longs efforts, elle se déliait jusqu'à
l'éloquence. Qu'importe, en définitive, que l'enfantement d'une œuvre ait été long et pénible, si
le résultat est bon? Dans les arts, il n'y a que
l'excellent qui compte. L'histoire ne nous rappelle-
t-elle pas le Rhodien Protogènes passant plusieurs

années à peindre son chasseur Jalise? Et, chez les modernes, Léonard de Vinci n'a-t-il point consacré des mois, d'autres disent des années, de labeur assidu au portrait de la *Lisa Giocondo*, l'une des peintures les plus comptées de ce grand artiste? Raphaël, dont une si prodigieuse abondance d'idées conduisait la main, refit jusqu'à sept fois sa *Galatée* de la Farnésine. Quand le Poussin composa son *Testament d'Eudamidas*, la plus digne à la fois et la plus simple de ses compositions (1), il fit une foule innombrable d'études et d'essais avant d'arriver à cette simplicité qui dit tant avec si peu de choses, et qui est le comble de l'art : ira-t-on chicaner le Poussin sur la voie qu'il a prise pour ar-

(1) Cette magnifique peinture a été engloutie dans un naufrage, comme on la transportait de Londres en Russie. Le même bâtiment portait un splendide manuscrit *in-folio* des poèmes du Dante qui avait été la propriété et le livre favori de Michel-Ange, et où ce grand homme avait dessiné sur les marges les sujets des poèmes. Là aussi se trouvait et a péri le seul buste antique de Platon qui portât son nom et en donnât les traits authentiques. En ces derniers temps, un curieux, M. Desmares, fouillant les magasins d'un marchand de tableaux, fit, sous un pouce de poussière, la précieuse découverte d'une composition première de l'*Eudamidas*, datée et signée du Poussin. Malheureusement cette composition, fort différente de celle qui a été gravée par Pesne et dont une autre planche va paraître, commencée par Bervic et terminée par son élève Toschi, est beaucoup moins heureuse, et ne peut qu'augmenter nos regrets.

river au sublime? Le pressait-on un peu trop pour quelque peinture, il répondait familièrement : « On ne peint point à tire-d'aile, et, comme dit le proverbe italien, avec le temps et la paille se mûriront les nèfles. » Et il prenait son temps.

Un point dont la critique doit tenir compte, c'est que le modelé manquait parfois aux têtes que peignait Robert, et que fort souvent, dans les *Moissonneurs* même, les mains restaient à l'état de lourde ébauche et n'étaient point articulées. Malheureusement, on eût dit qu'en peignant il se crût toujours le burin à la main : de là sécheresse et âpreté de contours, comme si ces contours fussent peints à sec et à l'encre; une silhouette trop découpée, un arrangement trop formel et trop symétrique, défaut surtout des tableaux qu'il peignit avant les *Moissonneurs.* Il avait une couleur vive et montée de ton; mais cette couleur, généralement peu harmonieuse, allait jusqu'à la crudité. Elle était noire et sans transparence dans les ombres; et une exécution monotone produisait égalité de valeur dans les vêtemens, lourdeur et raideur dans les linges et les draperies. Il demeura long-temps ainsi, plus graveur encore que peintre, sculptant trop souvent des détails dans le chêne, comme ces chefs-d'œuvre taillés à la pointe du couteau par les Phidias de Berne et de Nuremberg. Cette rigidité, cette sécheresse, cette maigreur, dont il con-

venait lui-même dans sa réponse aux critiques de
Gérard (1) et dans ses lettres à M. Marcotte, ne sem-
blent-elles pas d'ailleurs être les défauts natifs de
toutes les races allemandes? Hans Holbein, Albert
Durer, Lucas Cranack, fins, il est vrai, et faciles,
sont secs, découpés, et n'ont jamais atteint à ce
succoso, à cette plénitude harmonieuse qui, après
le Pérugin, fit la gloire des maîtres de l'Italie, et
fut si souvent l'écueil de Robert.

Moins peintre que Gros, chez qui l'effervescence
et la richesse d'une exécution qui déborde sont
trop fortes, non pour son imagination, mais pour
sa pensée; — plus ferme et plus magistral que Gérard, dont l'organisation si éminemment fine et
délicate, dont l'intelligence si ouverte à tout ce qu'il
y a d'élevé, ne rencontrent qu'une séve froide, une

---

(1) « ...... Je vous remercie, monsieur, et je reçois avec la
plus vive reconnaissance les observations que vous avez pris la
peine de me faire sur le petit tableau que je vous ai fait remettre. Je les aime de tous, mais elles me sont d'autant plus
précieuses de vous, monsieur, qu'elles me viennent de l'artiste
le plus distingué de ce siècle. Toutefois, si votre critique a été
si peu sévère, je l'attribue à votre indulgence et à votre bonté.
Je reconnais que, dans mes derniers ouvrages, j'ai eu une
propension à tomber dans la sécheresse et la maigreur. Aussi,
chercherai-je dorénavant à me préserver de cet écueil en me
rappelant toujours vos conseils et vos observations. » (Robert à
Gérard, Rome, 21 décembre 1826.)

langue pâle pour vivifier la toile; — plus sérieux
enfin que l'école de nos jours, vouée généralement
aux frivolités du métier, école de fleurs artificielles
et d'élégans à-peu-près, — Léopold offre, en tant
que peintre, cet heureux phénomène d'un équilibre complet entre la tête et la main, entre l'invention et l'exécution; mais cette invention timide
tient un compas toujours trop ouvert, mais cette
exécution manque de largeur. Souvent de la grace
et de l'élégance dans un geste, moins souvent dans
tout l'ensemble d'une figure, et cependant bonheur
dans les poses et dans les expressions; un sentiment exquis du dessin, des lignes majestueuses,
un style antique, mais aussi trop d'égalité dans la
marche de la raison; jamais l'entrain d'une grande
nature en verve, jamais rien de cette fantaisie mul-
tiforme, de ce je ne sais quoi qui va de soi seul et
se joue, et qui, dans les grands maîtres italiens,
étonne par sa puissance de fécondité, par ses mille
ressources inspirées, unies à un principe constant
d'ensemble et d'harmonie : voilà Robert. En un
mot, c'est un peintre plus réaliste qu'idéaliste.
Qu'on mette, par exemple, en parallèle la *Famille
malheureuse*, refaite par Prudhon, avec la peinture
de Léopold représentant l'*Enterrement d'un aîné
de famille de paysans romains* : l'effet produit par
ce dernier tableau est grave et solennel, mais combien la poésie de l'autre est plus pathétique et plus

touchante! Des deux peintures, l'une vous étonne, l'autre vous saisit, vous émeut comme un cri du cœur. Ne demandez point à Robert une composition dont l'imagination fasse seule les frais, une allégorie, un dessin de caprice; il ne saurait atteindre à la puissante poésie de *la Justice et la Vengeance divine poursuivant le Crime;* son crayon ne saurait faire revivre *Phrosine et Mélidor,* ni *l'Avarice foulant aux pieds les sentimens de la Nature,* ni même *les Vendanges,* et tant d'autres charmantes compositions dont la main facile de Prudhon a fait autant de chefs-d'œuvre, comme en se jouant. Celui-ci, en quelque sorte, tient toujours le milieu entre la terre et le ciel :

Et même, quand il marche, on sent qu'il a des ailes;

mais encore une fois, le crayon de Léopold ne se joue jamais : il garde toujours son sérieux et sa lenteur d'allure. A chacun son génie : le sien n'a point d'ailes.

Robert, il est vrai, n'avait pas dit son dernier mot dans le tableau des *Moissonneurs.* C'était son point de maturité complète à cette époque : il s'y montrait avec des défauts de moins et des qualités de plus; mais, en parlant de son dernier ouvrage, les *Pêcheurs de l'Adriatique,* nous aurons à remarquer que chaque œuvre nouvelle attestait chez lui un progrès nouveau, que sa palette prenait suc-

cessivement plus de richesse, son exécution plus
de largeur, plus de cette liberté qui vivifie la toile,
de même qu'un sang pur anime une belle carna-
tion.

Quoi qu'il en soit, les *Moissonneurs* furent, à
leur apparition, l'occasion de discussions plus ou
moins vives. On souriait en entendant voler de
bouche en bouche les noms du Giorgion, du Poussin
et de Raphaël; mais, certes, le discret artiste, si
modeste même qu'il ne comprenait pas son succès,
n'avait la prétention d'être ni Raphaël, ni le Giorgion, ni le Poussin; et le prudent esprit qui, re-
doutant la haute mer et les tempêtes des régions
de l'idéal, avait eu le bon sens de ne point quitter
terre, sentait à merveille qu'il n'avait le vol ni de
l'un ni des autres. En résumé, tout en laissant à
chacun sa place, on ne peut disconvenir que, dans
sa sphère, nul n'a été trempé à plus forte étude
que Léopold. Il a parlé un langage magnifique et
simple que tout le monde comprend aujourd'hui,
mais qui n'appartient qu'à lui seul. Sa volonté ré-
fléchie, infatigable, pour rassembler et coordonner
dans un sentiment élevé tout ce qui peut concourir
à la beauté d'une œuvre, lui donne de l'analogie
avec le Poussin; et si pour l'idéal, si pour l'étendue,
la richesse et l'originalité du cadre et de la pensée,
il n'a qu'une lointaine filiation avec Raphaël, peut-
être pourrait-on ajouter qu'il a possédé au plus

haut point les qualités de ses propres défauts, qu'il
a senti avec l'ame du divin maître la vérité noble,
et qu'il a compris la nature rustique, comme il
semble que Raphaël l'eût comprise lui-même, s'il
eût fait des paysans. Son style, c'est sa qualité es-
sentielle et suprême; c'est la gloire qui consacre
ses ouvrages. Les Thébains avaient rendu une loi
qui, sous des peines pécuniaires assez fortes, pres-
crivait aux statuaires et aux peintres de donner à
leurs figures la plus grande beauté possible : Léopold n'était pas de ces artistes de serre chaude, qui
sont nobles par décret, de propos délibéré, ou par
convention d'école; il l'était par instinct, usant li-
brement de toutes les formes de la riche nature
qu'il avait sous les yeux; plaçant la noblesse, non
dans telle recette emphatique d'académie, mais
dans la convenance et la propriété de chaque chose;
trouvant le grand dans les scènes de la vie commune, les beautés souveraines de la ligne antique
dans la Rome moderne, — parce qu'à l'exemple
des anciens, il avait puisé l'art à ses origines, aux
sources vives de la nature. En un mot, par la vérité de la forme, par la profondeur de sentiment
et d'expression, il a, dans ses œuvres, comme frappé
en médaille la beauté franche et primitive qui sort
du sein du peuple pour perpétuer cette noble race
humaine, image de Dieu. Interrogé sur la voie
qu'il avait suivie pour ennoblir les haillons, pour

découvrir la beauté sublime dans les plus triviales créatures : « Je me suis souvenu, répondit-il, de mon catéchisme; Dieu a fait l'homme à son image, et, pour l'artiste qui en est convaincu, la vie n'offre rien de grand ni rien de petit. »

Nous connaissons l'artiste, il nous reste à étudier l'homme. Chemin faisant, nous suivrons Léopold dans les progrès de son dernier tableau, dont l'histoire est trop irrévocablement liée au récit de ses souffrances morales pour qu'il soit possible de l'en séparer.

LIVRE TROISIÈME.

TROISIÈME PÉRIODE.

NEUFCHÂTEL, FLORENCE ET VENISE. — LES PÊCHEURS.
— DERNIÈRES LETTRES ET MORT DE ROBERT. —
EXPOSITION DU TABLEAU DES PÊCHEURS A PARIS.

(1831-1835.)

What is the life of man? Is it not to shift from
side to side; — from sorrow to sorrow? — to
button up one cause of vexation, — and unbutton
another?

STERNE.

I.

Tout ce qu'il y eut d'éclat dans le succès des
Moissonneurs ne réussit pas à détruire la maladie

mélancolique dont les sourdes atteintes minaient
le malheureux artiste depuis bien des années, et
dont il devait être un jour la victime. Cependant,
à son entrée dans la carrière, son talent et sa douceur lui avaient concilié de vives amitiés, bien
faites pour l'arracher à ses tristesses maladives.
Nous avons parlé de M. Schnetz et de M. Navez; il
est temps de parler d'une autre amitié qui a pris
Robert à ses débuts et l'a couvert de son égide pendant toute la durée de sa vie d'artiste.

On était en 1825, le tableau de l'*Improvisateur
napolitain* venait d'être envoyé à l'exposition, quand
Léopold, qui se trouvait à Rome, reçut de Paris,
d'une personne qui lui était inconnue, une lettre
contenant des félicitations sur ses premiers ouvrages et l'expression du désir de posséder quelques peintures de sa main. Cette lettre était du
beau-frère du savant M. Walckenaer, M. Marcotte
d'Argenteuil, alors administrateur, depuis directeur général des eaux et forêts, amateur des arts,
homme de grand goût, de grand sens et de grand
cœur. C'est le même qui avait eu aussi, avec les
comtes Pastoret et Turpin de Crissé, le tact de deviner M. Ingres, et qui le soutint de son amitié à
une époque où ce modèle des artistes, traité si
justement aujourd'hui comme un ancien, était inconnu. Robert fut touché des avances d'un tel
homme, et y répondit. Non-seulement M. Marcotte

lui acheta des tableaux, le dirigea dans le place-
ment de ses œuvres, mais il allégea l'artiste des
soins matériels de sa petite fortune; il l'éclaira de
son expérience pour tirer parti de ses fonds, et lui
fut à la fois, grace à l'autorité de son âge, un conseil officieux et bienveillant, un père, un ami :
dévouement touchant et simple qu'on ne saurait
trop admirer dans nos temps d'agitation et d'é-
goïsme. Une correspondance active et soutenue
s'ouvrit entre le patron et l'artiste, et l'on admire
comment cet homme, qui produisait si lentement
et qui cependant a tant produit, cet homme, qu'un
mal inexorable rongeait au cœur, a pu trouver le
temps d'écrire encore des volumes de lettres et ne
pas succomber sous le poids de pareilles préoccupations accumulées.

M. Marcotte a été à Robert ce que fut au grand
Poussin M. de Chantelou. Qu'on nous permette ce
parallèle plus exact pour le patron que pour le
peintre. C'est M. Marcotte qui, en 1831, appela Robert à Paris; c'est aussi M. de Chantelou qui, envoyé avec son frère, M. de Chambray, en Italie,
pour recueillir des objets d'art et en ramener des
artistes, avait eu le crédit de décider le Poussin,
vers la fin de 1640, à revenir en France. Comme
M. Marcotte, Paul Fréart, sieur de Chantelou, conseiller et maître-d'hôtel ordinaire de Louis XIII,
avait été le protecteur constant, le correspondant

assidu, l'admirateur passionné de son ami, et son amitié fidèle l'avait suivi au-delà du tombeau. Robert ne donnait pas un coup de pinceau sans consulter le bon M. Marcotte, il n'était jamais si heureux que quand il travaillait pour lui. Ainsi le Poussin, après avoir travaillé avec toute sorte d'amour et de diligence pour M. de Chantelou, pendant la plus belle époque de son talent; après avoir peint pour lui la seconde suite des *Sept Sacremens,* passés dans la galerie d'Orléans et finalement dans celle du marquis de Stafford, en Angleterre, fit pour lui encore son dernier tableau, « la Samaritaine, » alors que *le tremblement de ses membres augmentoit comme ses ans;* mais *en vieillissant il se sentoit, au contraire des autres, enflammer d'un grand désir de bien faire, particulièrement pour lui qui étoit son idole.* C'est pour le même enfin qu'il s'était déterminé à peindre son propre portrait, *ne voulant pas dépenser une dizaine de pistoles pour une tête de la façon de M. Mignard, qui étoit celui qui les faisoit le mieux, mais les faisoit froides, fardées, sans force ni vigueur* (1). Comme les noms du

(1) Poussin sentait d'une manière touchante l'amitié passionnée de son patron; qu'on en juge par la lettre qu'il lui écrivit un an avant sa mort. C'est son testament d'Eudamidas.

« De Rome, le 16 novembre 1664.
   « Monsieur,
« Je vous prie de ne   pas vous étonner s'il y a tant de temps

Poussin et de Chantelou, les noms de Robert et de Marcotte sont donc désormais inséparables, et jamais protecteur et protégé n'ont été plus dignes l'un de l'autre.

L'amateur éclairé eut bientôt discerné ce qu'il y avait de sombres inquiétudes et de fatales infirmités dans l'ame honnête de Robert, et il ne cessa d'opposer la fermeté de la raison et les tendresses de l'amitié aux noires idées de l'artiste. Mais que peut la raison humaine sur l'esprit visité de Dieu?

que j'ai eu l'honneur de vous donner de mes nouvelles. Quand vous connoîtrez la cause de mon silence, non-seulement vous m'excuserez, mais vous aurez compassion de mes misères. Après avoir, pendant neuf mois, gardé dans son lit ma bonne femme, malade d'une toux et d'une fièvre d'étisie, qui l'ont consumée jusqu'aux os, je viens de la perdre, quand j'avois le plus besoin de son secours. Sa mort me laisse seul, chargé d'années, paralytique, plein d'infirmités de toutes sortes, étranger et sans amis, car en cette ville il ne s'en trouve point. Voilà l'état auquel je suis réduit : vous pouvez vous imaginer combien il est affligeant. On me prêche la patience, qui est, dit-on, le remède à tous maux; je la prends comme une médecine qui ne coûte guère, mais aussi qui ne me guérit de rien.

« Me voyant dans un semblable état, lequel ne peut durer long-temps, j'ai voulu me disposer au départ. J'ai fait, pour cet effet, un peu de testament, par lequel je laisse plus de dix mille écus de ce pays à mes pauvres parens qui habitent aux Andelys. Ce sont gens grossiers et ignorans, qui, ayant, après ma mort, à recevoir cette somme, auront grand besoin du secours

Léopold était dans cet état quand, revenu à Paris par Florence, en 1831, après une longue absence, la vue de M. Marcotte, avec qui jusqu'alors il n'avait eu que des relations épistolaires, lui causa une de ces émotions douces qui devaient, pour un temps, l'enlever à ses pensées taciturnes. Par un hasard singulier, les deux frères, l'aîné arrivant d'Italie et Aurèle venant de Suisse, descendaient le même jour, et presque à la même heure, dans la maison amie de M. Marcotte.

et de l'aide d'une personne honnête et charitable. Dans cette nécessité, je vous viens supplier de leur prêter la main, de les conseiller et de les prendre sous votre protection, afin qu'ils ne soient pas trompés ou volés. Ils vous en viendront humblement requérir, et je m'assure, d'après l'expérience que j'ai de votre bonté, que vous ferez volontiers pour eux ce que vous aurez fait pour votre pauvre Poussin pendant l'espace de vingt-cinq ans. « J'ai si grande difficulté à écrire, à cause du tremblement de ma main, que je n'écris point présentement à M. de Chambray, que j'honore comme il le mérite, et que je prie de tout mon cœur de m'excuser. Il me faut huit jours pour écrire une méchante lettre, peu à peu, deux ou trois lignes à la fois, et le morceau à la bouche : hors de ce temps-là, qui dure fort peu, la débilité de mon estomac est telle, qu'il m'est impossible d'écrire quelque chose qui se puisse lire. Voyez, je vous supplie, monsieur, en quoi je vous peux servir en cette ville, et commandez-le à celui qui est de toute son ame votre très humble, etc.

« Poussin. »

A peine l'arrivée de Léopold Robert fut-elle connue à Paris, que la curiosité publique se dirigea vers sa personne. Il y répondit peu. Ceux qui ne le connaissaient pas étaient avides de juger de la physionomie de son ame par les traits de son visage, de lire l'homme intérieur dans l'homme extérieur. La parole, le regard, le geste, l'habillement, on interrogeait tout en lui. Ceux qui l'avaient connu jeune furent frappés des changemens survenus dans l'expression de sa figure, dans ses manières, dans son langage. Sa physionomie accusait une mélancolie plus profonde; son geste, plus de mesure; sa parole, un tour plus délicat, une sorte de parfum de sensibilité inaccoutumée. Était-ce le progrès d'une pensée toujours tendue vers le beau? était-ce le fruit de ses habitudes méditatives? C'était tout cela; mais c'était encore, ainsi qu'on le dira plus tard, le stigmate fatal des orages du cœur. «La tribulation est à l'ame, dit Montaigne, comme un marteau qui la frappe, et qui, en la frappant, la fourbit et la dérouille. C'est la fournaise à recuire l'ame.» En effet, le propre des grandes passions est d'allumer et d'exalter à l'excès les facultés humaines, comme ces maladies de la jeunesse qui avancent avec la vie les forces et les délicatesses de l'intelligence.

Les éditeurs d'estampes projetèrent à l'envi des publications d'après ses ouvrages. C'était alors la

fureur des *albums*, et quelques-uns lui demandèrent
des dessins et des lithographies. Il exécuta, à Paris
et en Suisse, quelques lithographies empreintes de
ses qualités, mais aussi de cette âpreté de touche
dont il ne sut jamais se défaire. Il fit aussi plusieurs
aquarelles d'une admirable force de ton. La princesse Marie en acheta une superbe, qui représentait une jeune *Frascatane à la fontaine*, composition qui rappelait celle d'un fort beau dessin exécuté par Robert, en 1827, pour son ami Navez :
costume de l'île de Procida.

Le séjour de Robert à Paris fut de courte durée.
Il partit pour la Suisse et revit sa famille; mais des
troubles politiques l'attendaient dans sa patrie.
Voici comment il exprime, dans sa première lettre
à M. Marcotte, le serrement de cœur qu'il éprouve
au spectacle de la guerre civile :

« Chaux-de-Fonds, 12 septembre 1831.

« J'ai traversé notre canton, et j'ai cru remarquer parmi les jeunes gens de plusieurs villages
une effervescence extraordinaire. Le lendemain de
mon arrivée à la Chaux-de-Fonds, il y a eu un
banquet de plus de cent jeunes déterminés pour
fêter notre réunion à la Suisse, après quoi le plus
grand nombre est parti en armes pour s'emparer
de la ville de Neufchâtel, casser le gouvernement
existant et ne plus reconnaître le roi de Prusse

pour souverain. De chaque village sont également partis des détachemens, et toutes ces jeunes têtes ardentes sont arrivées en même temps aux portes de la capitale sans défense. Ils s'en sont emparés, après avoir fait tirer contre elle deux coups de mitraille. Ils voulaient faire abdiquer les membres du gouvernement; mais ceux-ci s'étaient dispersés. Sur ces entrefaites, toute la population s'est armée : les uns (et c'est le plus grand nombre) pour maintenir l'ordre dans chaque village; les autres, les paysans surtout, pour aller à l'aide du gouvernement et maintenir le système actuel. Nous voilà donc en guerre civile! N'est-ce pas épouvantable d'avoir des amis, même des parens, à la tête du mouvement révolutionnaire? Mais les hommes sont si fous, qu'on ne se reconnaît plus dans ce monde.

« Il perce évidemment dans la masse de la population un désir de s'affranchir de la domination prussienne; mais les personnes les plus sensées voudraient que cela se fît paisiblement, et gémissent de voir que, pendant quelque temps, les affaires seront menées par des têtes peu raisonnables. Mon arrivée, par tous ces motifs, a été bien peu agréable, quoique je puisse dire que chacun des partis me considère et m'accueille d'une manière très distinguée. Cela me donne peut-être plus qu'à personne, en ma qualité de neutre, la faculté

de faire à ces désespérés des observations mieux
écoutées qu'elles ne le seraient d'une autre bouche.

« Je voudrais que vous vissiez notre Chaux-de-
Fonds; vous seriez étonné de voir autant d'aisance,
autant d'industrie, une population que le commerce fait accroître si rapidement, et qui cependant désire un autre état de choses et d'autres
avantages. C'est bien le cas de dire que les hommes
sont insatiables. Enfin, nous sommes entrés dans
une route dont on ne peut voir le bout. Aussi je
ne cesse de gémir de ne pouvoir vivre avec les
personnes que j'aime, que je respecte, et dont
toutes les actions et tous les sentimens ont la raison
pour principe. J'ai cependant beaucoup de bonheur à me trouver avec mes parens les plus rapprochés qui m'aiment et me le témoignent.

« Mais vous, mon cher ami, vous dirai-je combien j'ai été peiné de vous quitter? Je puis vous
assurer que ç'a été pour avoir le bonheur de vous
connaître que j'ai été à Paris. L'amour-propre satisfait et la vanité n'auraient pas été capables de
me faire me déranger de mes occupations. Je vous
dois les plus beaux momens que j'aie passés dans
la capitale. Combien je pense à vous et à votre
chère famille ! Ma reconnaissance pour vous est
partagée par tous mes parens : mon père, mes
sœurs s'intéressent à vous, monsieur, et désirent
ce qui peut vous être agréable. Ils aiment à m'en-

tendre m'extasier sur le bonheur que j'ai eu d'obtenir votre amitié. Vous voulez bien prendre tant de part à mes occupations, et l'intérêt que vous avez témoigné à mes succès me fait désirer d'en obtenir d'autres. Mais comment entreprendre des tableaux ici où l'on ne parle que guerre civile?

« Neufchâtel enlevé par les patriotes, les membres du gouvernement, à ce qu'on m'assure, se sont réunis en grande partie à Valengin, où se forme un noyau pour les soutenir. Il est déjà imposant, et l'on dit que M. Fritz Pourtalès est à la tête. Quelle douleur! Vous savez combien je désire la paix et l'ordre, et combien je suis persuadé que la liberté fait plus de progrès véritables pendant la marche régulière des années que par des secousses violentes où les passions entraînent tant d'injustices et de malheurs; mais enfin souffrons les choses que nous ne pouvons empêcher. Heureux celui qu'une philosophie sage dirige et qui peut placer les espérances du vrai bonheur hors de ce monde, où il ne saurait se trouver! »

Le 10 décembre suivant, il revient sur le même sujet dans une lettre à son compatriote Auguste Snell : « J'ai laissé notre pauvre Suisse dans une situation bien triste. Il règne une fermentation incroyable. Les *unitaires* voudraient absolument changer l'organisation générale et centraliser le gouvernement. C'est un désir qui, je l'avoue, est

louable; mais, en vérité, est-il possible de le satisfaire tout de suite? Je ne le crois pas. La Suisse n'est
pas mûre encore pour un changement aussi notable, et il en pourrait suivre une guerre civile longue et désastreuse. Les gens de bonne foi du parti
reconnaîtront trop tard, et quand il n'y aura plus
moyen d'empêcher les malheurs, que leur perspi-
cacité n'a pas été assez loin; et, s'ils ont les sentimens élevés, ils souffriront cruellement d'avoir travaillé au malheur de leur patrie. Pour l'Italie, j'ai
eu le plaisir de la trouver assez tranquille, au moins
en apparence. »

Le paisible Robert, sentant le sol trembler sous
ses pas, s'était vite éloigné de la Suisse. Il avait
laissé son frère Aurèle dans sa famille, et s'était
rendu à Florence, où il peignit deux petits tableaux, et où il revit, durant deux mois, mais pour
la dernière fois, la personne qui préoccupait sa
pensée, et dont il eût été si désirable qu'il évitât la
présence. Enfin, au mois de février 1832, il alla
s'établir à Venise, pour y peindre le quatrième tableau de sa collection des *Saisons*.

II.

Il avait déjà vu Venise à son retour de Suisse, après la mort de sa mère; et les lettres qu'il a écrites à M. Marcotte et à M. Navez contiennent, sur ce premier voyage, des impressions intéressantes.

« A M. Marcotte, 1er décembre 1828.

« Je me trouve enfin de retour à Rome, et, à mon arrivée, mon frère, que j'ai eu la joie de trouver en bonne santé, m'a remis vos trois chères lettres.... Combien les consolations que vous me donnez m'ont fait de bien! Il est vrai que, pour apporter un soulagement aux douleurs profondes, les grands discours sont superflus; mais quelques paroles parties du cœur sont inestimables, et je les ai trouvées dans votre si excellente lettre. Je vous rends graces aussi de m'avoir appris que vous avez le bonheur de posséder encore madame votre mère. Puissiez-vous la voir long-temps jouir de votre amour et de vos soins! Hélas! celle que nous pleurerons toujours était aussi heureuse par l'attachement de ses enfans. Si, dès l'âge de seize ans, j'ai

presque toujours été séparé d'elle, sa sollicitude
m'a toujours suivi. Elle n'a ignoré aucun événement de ma vie. C'est à elle que je dois le courage
et la persévérance que j'ai eus. Elle s'est séparée
de son plus jeune enfant à ma demande pour me
donner une compagnie qui m'était nécessaire, et ce
sacrifice a été suivi d'exhortations et de conseils où
sa force d'ame se faisait voir tout entière. Ses précieuses lettres seront à jamais pour nous une source
inépuisable de réflexions et de regrets; mais elles
nous rappelleront aussi continuellement les vertus
qu'elle possédait, et qu'elle a toujours cherché à
inculquer en nous. Que de bénédictions j'adresse à
la Divine Intelligence pour m'avoir donné la triste
et grande satisfaction en même temps de la voir
encore! Si mon cher frère Aurèle eût eu le même
bonheur, cette mère adorée aurait eu le plaisir de
voir tous ses enfans vivans à son lit de mort : — fin
calme et résignée, où elle a eu encore le courage
de nous engager à modérer une douleur que nous
ne pouvions pas toujours lui cacher!....

« ..... Je ne connaissais pas le nord de l'Italie, et
j'ai voulu me donner la satisfaction de le visiter
avant de retourner me mettre sous le joug à Rome.
En allant, j'avais passé par Florence, Pise et Massa,
Gênes, Turin, le mont Cenis; en revenant, je suis
rentré par le grand Saint-Bernard, et je suis arrivé
dans la vallée d'Aoste, que j'ai revue avec infini-

ment d'intérêt, et qui est certainement très pittoresque. Je suis arrivé à Turin, où j'ai fait un petit séjour pour mon instruction dans les arts. Je me suis arrêté à Novarre, à Milan, à Vérone, à Padoue, à Venise, que j'ai admirée, et qui est toujours grande et magnifique dans sa solitude actuelle. Les chefs-d'œuvre qu'elle renferme m'ont fait le plus grand plaisir à voir, et j'espère en retirer du profit. Il faut faire ce voyage pour bien juger les maîtres vénitiens. A mon idée, le Titien est le maître à tous ceux qui s'y sont distingués. Son *Assomption de la Vierge* est un des chefs-d'œuvre de la peinture, ainsi que sa *Présentation au Temple*. Les Bellini sont aussi admirables. On y voit également les ouvrages d'artistes qui ne sont pas connus d'ailleurs, et qui cependant ont un prodigieux mérite, surtout pour la couleur et cette naïveté première des peintres de la renaissance; je citerai entre autres Carpaccio. Le Tintoretto est inconcevable par l'immensité des grandes machines qu'il a faites; mais, malgré tout son génie, il ne me va pas à l'ame, du moins il ne me charme pas comme le Titien. Je lui préfère même Paul Véronèse.

« J'ai passé ensuite par Ferrare, qui est d'une tristesse à affliger même les passans. Les Ferrarais regrettent beaucoup le gouvernement précédent. Bologne, ville plus industrieuse, se soutient malgré l'immense quantité de pauvres qui assaillent les

passans dans les rues. J'ai vu avec intérêt les villes
de la Romagne, que je ne connaissais pas, et j'ai
passé par Furlo, site trop négligé, où il me semble
que les paysagistes devraient aller, surtout s'ils
veulent des inspirations grandes et sévères. C'est
après plus de cinq semaines de voyage que je suis
rentré à Rome, le 17 novembre, et que j'ai eu le
grand plaisir d'embrasser mon cher frère. »

« A M. Navez, 4 mars 1829.

« ... Venise m'a enchanté. Entre nous, je dois
cependant te dire que j'y trouve trop de peintures,
et que beaucoup de ces grandes machines ne me
disent rien du tout. Le Titien me semble toujours
le premier de l'école. Au moins il y a toujours un
grand caractère et noble.... Mais le Tintoret a
beaucoup trop fait, et je vois bien du gâchis dans
ces grands murs qui ont dû être couverts si vite et
sans réflexion. Aussi y a-t-il beaucoup de remplis-
sage. Paul Véronèse me plaît davantage; sa couleur
est plus fine et plus transparente. Ce qui m'a enchanté dans Venise, c'est l'originalité de cette ville
si remarquable. Je m'y suis trouvé par ces beaux
jours d'automne qui ont un soleil si doré. Cette
belle mer bleue, et cependant si harmonieuse, ces
palais riches et si nombreux et le grand nombre
d'églises offrent un coup d'œil tout-à-fait particulier avec les canaux couverts de gondoles. J'aime

ce mouvement doux, je dirai mélancolique : il va bien avec le repos et le calme des passions qui échauffent l'esprit. Il n'y a qu'une seule chose que je n'aime pas, c'est qu'on ne puisse pas voir un visage de femme, et qu'elles se cachent toutes avec beaucoup de soin. Comme toi, un beau caractère de tête, une belle expression m'émeut, me séduit. Je trouve aussi qu'à Venise le peuple tient beaucoup plus du nord qu'à Naples et à Rome. Je n'ai pas vu encore un marin avec une de ces têtes si communes à Naples.

« Bologne ne me plaît pas du tout. La peinture des Carraches, du Guide, du Guerchin, et je dirai presque du Dominiquin, ne me va pas au cœur. Tous ces tableaux sont noirs et mal éclairés; je veux parler de ceux qui sont dans les églises. Quant à ceux du musée, je ne me rappelle avec un véritable plaisir que la *Sainte Cécile* de Raphaël. Quelle peinture ! »

Trois ans plus tard, revenant, à propos d'Ingres, sur les maîtres vénitiens, Léopold s'exprimait ainsi dans une lettre à M. Marcotte :

« ... On me parlait hier du tableau d'Ingres, et on m'a beaucoup étonné en me disant qu'il était si peu avancé. On craint aussi que la couleur n'en soit jamais une des qualités principales; mais, à cet égard, je crois que les peintres peuvent avoir de grands mérites, sans les avoir tous. Lui n'est pas

coloriste; il n'a montré cette qualité que dans le
tableau que vous avez de lui, *la Chapelle Sixtine,*
qui est vraiment étonnant sous ce rapport comme
sous tant d'autres. Mais, dans les grands tableaux,
il a une manière de procéder provenant d'une première école qui n'était pas bonne pour rendre coloriste; il a ensuite la sévérité de son dessin, ce
caractère fort et ferme qui l'a toujours empêché
de prendre le laisser-aller qui fait trouver de beaux
tons. Les Vénitiens en ont abusé, car ils ont tout
sacrifié à un mérite qui, en somme, est secondaire.
Aussi leurs tableaux ne peuvent-ils soutenir un
examen sévère, parce qu'il n'y a aucune profondeur. Tous ces tableaux de Tintoret, des Palma, de
Bassan, et même un grand nombre de Paul Véronèse, sont beaucoup trop forts en décoration. A cet
égard, je n'aime pas l'école vénitienne de cette
époque. Leurs prédécesseurs étaient bien plus remarquables : les Bellini, les Giorgion, Pordenone
et Titien ont plus de retenue, et leurs ouvrages
sont exécutés plus en conscience. Les immenses
pages que l'on voit dans le palais du doge et dans
une partie des églises me sont en antipathie; il me
semble toujours que c'est de la peinture faite à
l'aune. Mais c'en est assez sur ce sujet, qui n'est
pas celui que je préfère. »

Et de fait, il était fort difficile de lui faire parler
peinture autrement que par lettres. Ce mot qui fit

fortune au xviii° siècle, et qui peignait si bien l'état
des esprits à cette époque : « C'est aux musiciens à
faire de la musique, et aux philosophes à en parler, » il l'appliquait plaisamment à la peinture. Il
me disait un jour : « Toutes ces délibérations sur
les arts me répugnent; j'aime mieux cent fois un
conte de Perrault. »

« ... Quant à la politique, dit ailleurs Léopold, il
paraît qu'on vit ici dans une ignorance complète
de ce qui se passe. Pourtant j'ai aperçu la *Gazette
de France*. Le port *franc* n'est pas franc du tout,
puisque la franchise ne s'applique qu'aux denrées
coloniales, aux draps, etc.; mais que tout ce qui est
le plus nécessaire à la vie paie des droits fort considérables, blés de toute espèce, comestibles, vins,
tabacs et mille autres choses. Du reste, on est fort
tranquille, et, quoi qu'on en dise ailleurs, le gouvernement est doux, ce qui se voit à merveille par
la gaieté du peuple. Je vous avoue que je sens ici
l'avantage des gouvernemens qui tiennent en respect les masses sans les tyranniser. Cet ordre de
choses est préférable à cette liberté qui n'excite
que les passions remuantes et ambitieuses, lesquelles, sous couleur d'assurer le bonheur des nations et de la patrie, ne songent en réalité qu'à
l'intérêt personnel. Ici la police se fait assez doucement à l'égard des habitans. Ce sont plutôt les
étrangers que l'on craint, et je suis très aise, pour

mon compte, de m'être procuré une lettre pour le
gouverneur, le comte de Spaur, qui m'a paru très
bon et très accueillant. J'en avais une aussi pour la
comtesse de Palcastro, fort jolie personne qui cause
très bien. Elle passe pour une protectrice des arts;
mais je n'ai guère eu l'occasion de m'en apercevoir dans sa conversation : elle m'a semblé, au contraire, en parler avec indifférence.

« Quoiqu'on m'ait accueilli d'une manière assez
flatteuse, je ne suis retourné chez personne. J'ai
remarqué qu'ici, en général, parmi les gens du
monde, les artistes sont peu considérés. Un homme
du monde qui vous rencontrerait, une toile ou un
cahier de croquis à la main, vous éviterait infailli-
blement. On s'aperçoit que les Vénitiens n'ont plus
des Titien ni des Paul Véronèse (1). »

---

(1) Lettres à MM. Marcotte, Victor Schnetz et Jesi, 1832. —
M. Jesi, l'un des correspondans de Robert, est un graveur de
premier ordre, né à Modène et établi à Florence, où il vivait
dans l'intimité de la famille Bonaparte. Il réunit un sentiment
élevé de l'art à un grand charme d'exécution. Entre autres planches capitales, on a de lui, d'après Raphaël, une Madone avec
l'Enfant Jésus, et le portrait du *pape Léon X*, qui lui ont valu,
avec les applaudissemens de tous les connaisseurs, sa nomination de membre correspondant de l'Institut de France, Académie des Beaux-Arts. Il s'occupe, en ce moment, de la gravure
de la *Cène* de Raphaël, découverte, il y a trois ans, dans un
ancien couvent à Florence.

Ces jugemens sur l'école de Venise se complè-
tent par une allusion que, dans une autre lettre,
du 4 mai 1834, Robert fait aux maîtres vénitiens, à
propos d'un jeune artiste venu en poste et en gondole pour faire au pied levé de la couleur à la Titien. Le contraste d'une existence agitée à Paris
avec le silence et la placidité de Venise avait reposé et enchanté tout d'abord le jeune enthousiaste, et les premiers mois de séjour se passèrent
à merveille; « mais, dit Robert, la monotonie du
lieu, qu'on finit toujours par sentir, réagit sur son
esprit. Tout feu et tout ardeur en arrivant, cette
vivacité de sentiment ne put tenir à la longue,
parce qu'il y avait au fond trop d'excitation. L'é-
nergie qui produit les plus belles choses est calme,
et une ardeur inquiète ne saurait se maintenir le
long temps qu'il faut pour les produire. Je vous
dirai aussi en confidence qu'il est venu ici pour
faire sur-le-champ de la couleur vénitienne à la
Titien; mais c'est là un maître qui est arrivé à cette
perfection, non-seulement avec son expérience,
mais avec celle de ses prédécesseurs, et qui a gardé
ses pinceaux. Il y a, on peut dire, dans son exécution des secrets que l'observation la plus appro-
fondie ne peut faire deviner. Aussi est-ce, à mon
sens, vouloir courir avant de savoir marcher, que
de prétendre adopter tout de suite une manière si
occulte et inventée dans ses procédés. En suivant

les premiers peintres vénitiens, Jean Bellin, entre autres, qui a fait de la peinture plus simplement, on doit arriver plus tôt au but. Mais tous ces détails ne sont pas bien intelligibles pour l'homme qui aime les arts pour le plaisir que son cœur éprouve à leurs résultats, et ne s'occupe pas des procédés techniques, qui sont l'affaire des artistes et sont bien plus un travail qu'un plaisir. »

III.

Robert, à son nouveau voyage, était parti pour Venise de compagnie avec M. Joyant, un peintre charmant de vues vénitiennes, et le jeune fils de ce M. de Mézerac auquel il devait ses premiers encouragemens. Le jeune homme étudiait la peinture sous sa direction. Léopold avait voulu arriver pour le carnaval, qui, cette année-là, fut fort brillant à cause d'une diminution de droits sur les comestibles; mais l'artiste fut tout désorienté en ne trouvant pas, à la première vue, dans les habitans de la ville même, le caractère pittoresque et l'originalité que son imagination avait conçus (1).

(1) A Paris, il avait été demeurer avec son frère, rue de Na-

« Si je copie juste ce que je vois, disait-il (lettre
à M. Marcotte, du 2 mars 1832), je sens que je ferai un tableau plat. Si je me représente Venise il
y a dix ou vingt ans, j'en peux faire un bon tableau. Je ne puis rien dire encore. Je n'ai pas vu

varin, chez son ami, M. Ulrich, de Zurich, habile peintre de
paysages et de marines, dans la maison de son ancien camarade
d'atelier Gassies, homme de talent aussi solide que modeste, le
même qui mourut en 1832, laissant de fort bons tableaux, notamment *la Dernière Communion de saint Louis* et une
charmante peinture d'*un Bivouac de la garde nationale*,
dans la cour du Louvre, durant le procès des ministres, en
1830. Robert aimait en Gassies un bon et serviable ami, qui,
par générosité naturelle, cherchait les occasions de bien faire
et fuyait celles de s'en vanter. Il savait ce qu'on ignorait généralement, que Gassies avait exposé sa vie pour sauver celle du
ministre Capelle, en 1830, et l'avait caché chez lui pendant plus
de trois mois, jusqu'à ce que l'apaisement des esprits permît de
le faire évader avec sûreté.

A Rome, la demeure et l'atelier de Robert étaient, depuis
1822, dans la *via Felice*, nº 113, près la place d'Espagne. C'est
là qu'il a peint les *Moissonneurs*.

A Florence, il habitait *via del Cocomero*.

A son arrivée à Venise, il eut un logement sur le grand canal, en bon air, vis-à-vis l'église de *Santa-Maria della Salute*.
Plus tard, il prit ses quartiers près du grand théâtre de la Fenice, à San-Fantino, calle Minelli, chez Mᵐᵉ Cattaneo, Française fort connue de nos nationaux, dont elle est la providence.
Il n'est pas d'attentions et de soins que cette respectable dame
et ses deux filles n'aient prodigués à Léopold pour l'arracher à
sa mélancolie. Son atelier était à San-Stefano, sur le grand

tout ce qu'il y a de curieux. Les fonds de tableaux
ne manquent pas; ce qui manque, ce sont les costumes; ils n'ont rien de beau ni de riche. Tout est
trop mêlé. »

Il entama donc son sujet avec défiance. Ce fut

canal, au palais Pisani, qui est surmonté d'une plate-forme d'où
l'on découvre un panorama de Venise plus beau que celui de la
tour de Saint-Marc. Rien de plus modeste que son installation.
« J'ai, dit-il lui-même, trois ateliers pour un dans le palais,
des pièces immenses, mais il n'y a que les murs nus et quelques
chaises et tables pour nous servir à notre peinture. Notre
ameublement est de la dernière simplicité, ce qui a arraché une
exclamation à nos compatriotes, qui comparaient notre atelier à
ceux des artistes en réputation à Paris. Je ne m'en aperçois pas,
quant à moi; je ne désire l'atelier garni que de bons tableaux,
s'il est possible, et des moyens de les faire, à savoir, pour première chose, des modèles un peu pittoresques et beaux.

« Il serait bien difficile dans une autre ville de se placer d'une
manière aussi commode. Nous avons ensuite la facilité d'avoir
pour modèles toute la population de Venise (hormis les femmes,
fort empêchées par les confesseurs, et même par l'autorité). Tu
peux m'adresser tes lettres à Venise. Comme j'en reçois beaucoup, il n'est pas nécessaire d'autre direction. Je suis connu ici,
non comme le loup blanc, mais comme l'*ours suisse*, et ici cet
animal est aussi connu que l'autre où il se tient. » (Lettres à
MM. Schnetz, Marcotte et Navez.)

Après un ou deux ans de séjour à Venise, il était arrivé à
se concilier un tel degré d'estime dans la population, qu'il lui
était fort facile d'avoir des modèles de femmes dans la classe
du peuple, qui est la plus belle : les mères lui confiaient volontiers leurs filles, et cette confiance ne fut jamais trahie.

d'abord *le Carnaval*, et il en fit un crayon qu'il
envoya à M. Marcotte. Puis, il se mit à l'œuvre sur
la toile; mais il reconnut bientôt qu'on ne peut espérer de saisir et de rendre le caractère pittoresque
d'un pays en y arrivant. Il faut voir et revoir la
même chose pour en tirer parti. Venise ne lui
ayant rien fourni d'assez caractéristique en fait
d'habitans, il fit avec M. Joyant des excursions
dans les environs, à la recherche de modèles; et,
frappé de l'allure pittoresque des pauvres navigateurs de Chioggia et Palestrina, il alla se fixer pendant quelques semaines au milieu d'eux, et leur
donna les honneurs de sa composition. A défaut
d'un bon croquis, lequel, à coup sûr, vaudrait
mieux que la meilleure description du monde,
voici quelques mots de description que Robert a
donnés d'un tableau détruit par lui presque aussitôt que commencé :

« J'ai fait une de mes figures de premier plan.
C'est un jeune homme dans le costume de pêcheur. J'en suis assez content, et j'ai vu par elle
que je ne devais pas tant chercher à intéresser par
une variété d'individus que par le choix d'un caractère simple, vrai et fort en même temps. Les
courses répétées que j'ai faites dans les environs
m'ont donné une inspiration heureuse, je crois, et,
depuis que je me suis décidé à transporter ma
scène et à y faire des changemens, je n'ai plus de

ces momens d'angoisse si pénibles où je sentais que je sacrifiais la vérité à un arrangement qui eût pu déplaire et m'attirer beaucoup de critiques. A présent, je suis certain d'être toujours dans les bornes d'une imagination qui veut rendre la nature avant tout, en cherchant à en faire un choix et à l'ennoblir.

« Je n'ai pas besoin de charlatanisme pour intéresser. Mes personnages sont des pêcheurs; mon fond représente les lagunes avec la ville de Chioggia au dernier plan, et ces fameux *murazzi* qui se prolongent jusqu'au port et séparent la mer des lagunes où l'on peut aller par tous les temps, depuis que ce travail magnifique est fait (1). Je me suis placé à Palestrina, où le costume des femmes

---

(1) Les *muracci* ou *muraglioni*, en dialecte vénitien *murazzi*, sont d'énormes digues de plus de quinze milles vénitiens, construites en pierres de taille et en rochers, éperonnées de brise-lames pour rompre le flot de l'Adriatique et protéger Venise. C'est un superbe et imposant ouvrage d'une solidité admirable, digne des anciens Romains. Rien de moins rare, pour le dire en passant, que la grandeur dans les œuvres des Italiens modernes, tout déchus qu'ils sont. A Rome, par exemple, où le gouvernement est si pauvre, on rebâtit sur une immense échelle la basilique de Saint-Paul hors les murs, brûlée en 1823. Il y a peu de temps encore, par un magnifique travail, on a percé, à Tivoli, le mont Catulle pour détourner le Teverone (l'ancien Anio) et ses cascades si célèbres, qui menaçaient d'emporter quelque jour la ville, surtout le temple de Vesta.

conserve une originalité pittoresque. Le milieu de mon tableau n'est plus occupé seulement par des masques, mais par une mère qui va prendre son enfant dans ses bras, et par une jeune fille qui l'engage à se retirer d'une marche d'individus déguisés jouant de différens instrumens. A droite, est un groupe de jeunes filles avec des barques et des pêcheurs arrangeant leurs filets. A gauche, au lieu de mes Turcs, sont d'autres pêcheurs qui reviennent de leur travail avec tous les accessoires si pittoresques dont ils se servent. Je suis certain maintenant de faire un tableau vrai et original, et par conséquent intéressant. Enfin je m'envisage comme sauvé! Je suis aussi enchanté d'avoir changé le groupe de mes masques. Celui que j'avais projeté aurait pu suggérer un rapprochement avec ce que les cérémonies religieuses offrent quelquefois, et je respecte trop la religion pour laisser soupçonner que j'eusse voulu donner du ridicule à ses pratiques (1). »

Son esquisse était fort avancée qu'il ne trouvait pas encore en ses figures « cet accord de sentimens si essentiel dans une composition. Il n'y avait rien pour la pensée, rien qui fît réfléchir (2). » Embrouillé dans ce pêle-mêle de pêcheurs et de mas-

---

(1) Lettre à M. Marcotte. Venise, 28 avril 1832.
(2) Lettre au même, du 20 mai 1832.

ques, il se reprochait d'avoir « choisi pour sujet
d'un tableau important des scènes qui ne touchent
point l'ame et que la plupart trouvent ridicules. »
Cependant la noblesse peut être sentie même en
un sujet trivial. Les bacchanales antiques ne sont-
elles pas des œuvres admirables ? se disait-il, et ne
voit-on pas les plus beaux sujets rendus avec tri-
vialité, mais relevés à la hauteur historique par la
noblesse de là pensée ? « L'exécution est pour beaucoup dans la réussite en fait d'art. Le premier jet
frappe et attire ; la justesse de l'expression, la sévérité et la justesse de la pose, un dessin serré et
gracieux, achèvent la séduction, et c'est l'ensemble de ces qualités qui produit le goût des arts et
fait les amateurs constans (1). »

Peu satisfait de ses essais, il arrêta, comme il dit,
un nouvel *ultimatum*, et la scène à laquelle il se
fixa fut un *Départ pour la pêche*, d'où les masques
ne furent point encore bannis, mais où ils ne devinrent plus qu'accessoires. Il gratta impitoyablement toutes les figures, cependant fort expressives,
qu'il avait peintes au centre de son tableau, et y
substitua un groupe de pêcheurs arrangeant des
filets. Derrière le personnage principal se trouvait
une barque renversée sur laquelle étaient montés
deux enfans regardant des masques relégués au

(1) Lettre à M. Marcotte. Venise, 20 mai 1832.

second plan. Autour des masques se pressait une population dont la gaieté contrastait avec le sérieux des acteurs principaux de la scène. Le fond représentait toujours, avec les *murazzi* et quelques marins de Palestrina, cette ville de Chioggia, jadis résidence des doges, aujourd'hui déchue. A gauche devait être une grande barque prête à partir.

En résumé, il se dégoûta tout-à-fait de ce sujet complexe, et, après une lutte laborieuse de plusieurs mois, il renonça à la scène de carnaval, soit qu'il vît dans ce thème, qui tient un peu du burlesque, trop d'opposition avec la nature austère de son talent, soit que la gaieté dont la scène devait s'animer contrariât trop les dispositions moroses de son esprit. Il gratta donc encore les enfans et le reste des masques, ne conserva que les fonds avec les deux femmes et quelques détails de marine, et se mit en quête d'un sujet nouveau.

Venise, le vaste cimetière aux tombes flottantes, où dans un labyrinthe de rues liquides glisse tristement la gondole en deuil (1); Venise, la cité du

_____

(1) Chacun, au temps jadis, s'évertuait à rendre ses gondoles magnifiques : On en peut juger par les représentations qui s'en trouvent dans les tableaux des maîtres primitifs de l'école vénitienne, tels que Carpaccio, Jean Bellin, etc, Les vanités rivales ayant poussé ce genre de luxe à des excès insensés, une loi

silence où la voix du gondolier chantant les vers du Tasse s'est tue depuis si long-temps, lui avait tout d'abord apparu morne et stérile pour la peinture, en dépit des résurrections du carnaval; mais elle ne tarda pas à le captiver par ses aspects pittoresques, quand il l'eut mieux connue. La place Saint-Marc, c'est la vie au sein de la nécropole; le quai des Esclavons, c'est un immense atelier de modèles de tous les peuples; le Grand Canal, c'est une des merveilles du monde, c'est la fête des yeux. Aussi, quelques mois après, Léopold s'écriait-il : « On croit qu'il n'y a pas de pittoresque ici; on est dans l'erreur, probablement parce qu'en général les étrangers visitent les villes sans voir les campagnes et sans faire des recherches un peu scrupuleuses. Toutes les grandes villes se ressemblent plus ou moins; mais on peut essayer de faire quelque chose à Venise; seulement il ne faut pas voir la nature *bêtement*, comme nous disait M. David, il faut savoir trouver le beau (1). »

« A Chioggia, les hommes sont superbes, et tout aussi pittoresques, si ce n'est plus, que ceux de Naples. Ce qu'il y a d'intéressant ici est la quantité

somptuaire prescrivit l'uniformité modeste de la couleur noire. Toutes les gondoles sont donc noires et ne se distinguent aujourd'hui que par le numéro.

(1) Lettre à M. Marcotte, 8 avril 1831.

de costumes. Je vais quelquefois au café Turc (aux arcades Saint-Marc); j'y ai vu, ce soir, deux Orientaux admirables. C'est autre chose que nos brigands de Sonnino, et je suis sûr qu'en restant dans le pays, on ferait des choses d'un caractère bien plus large, d'un plus beau style, plus riches de couleur et plus originales en tout. Je me rappelle à merveille l'exposition de Paris. Eh bien! je trouve qu'il n'y avait aucun tableau *turc* ou *grec* un peu vrai, sans en excepter ceux du plus fameux, qui sont des caricatures (1). » « Ce peintre-là, fin coloriste et fort, est trop possédé du sentiment grotesque : peint-il des chiens, ce sont des bassets à jambes torses; des scènes familières, ce sont des singes qu'il affuble en hommes. Et puis il fait de la peinture en relief. De lui, c'est charmant; mais vont venir les imitateurs, toujours exagérés, qui *maçonneront* sur la toile et la chargeront de *truellées de couleur* (2). »

« J'ai presque l'intention de faire un petit voyage en Istrie et en Dalmatie, cet été. Il me prend des envies terribles de voir du neuf. Il me semble que la peinture vieillit (3). »

« Venise plaît, ou plutôt elle intéresse tous les

(1) Lettre à V. Schnetz, 20 mars 1832.
(2) Mot de Robert durant une promenade au Salon de 1831.
(3) Lettre à V. Schnetz, 30 mars 1832.

étrangers et surtout les amis des arts et les artistes;
mais, quand on s'y arrête long-temps, on y trouve
tant de paix et de tranquillité, que les caractères
sérieux et portés à la mélancolie s'y sentent bien
plus enchaînés que dans les grandes villes, où l'on
peut être si rarement seul avec soi-même (1)...»

« Venise est bien triste par la pluie. Il me semble que le ciel y a une teinte grise que je n'ai pas
vue ailleurs; le ton des lagunes étant aussi gris,
tout est d'une monotonie inexprimable... Le Palais Ducal, la *Salute*, le *Rialto* sont sous le voile...

«Mais fait-il beau, je jouis singulièrement par
l'effet du soleil couchant, dans mes promenades.
L'autre soir, la place Saint-Marc, qui est un bijou,
m'a fait un si grand effet, que j'eus envie de commencer un tableau de la façade admirable de l'é-
glise (2). On n'a pas d'idée de l'originalité de l'architecture et du goût fin et élégant de tous les
détails. Ils sont, de plus, exécutés avec un soin,
une recherche si étonnante, que l'on pourrait passer des heures à les admirer. Pour vous en donner

(1) Lettre au sculpteur Rauch, de Berlin. Venise, 28 octobre 1832.

(2) Les portes de l'église sont celles de l'antique basilique de
Sainte-Sophie, enlevées par les Vénitiens à Constantinople. Le
Palais Ducal qui se lie à l'église a cela d'extraordinaire dans son
architecture, que la partie légère est en bas et que la masse est
en l'air, sans nuire à l'effet ni à la grace.

une idée, il y a une immense quantité de colonnes
dont chacune a un chapiteau différent, et tous ces
chapiteaux sont charmans. Ajoutez à cela tous les
fonds en or et, au milieu, des sujets en mosaïque
très bien traités, avec une dizaine de petites coupo-
les tout-à-fait orientales. C'est délicieux, surtout à
la lumière du soleil si doux, si harmonieux de la
fin des journées d'automne. Chaque fois que je
sors, l'aspect de la nature et l'air si particulier que
l'on a ici m'empêchent de m'étonner que tous les
peintres vénitiens aient été coloristes. Il me semble qu'il est impossible, pour ceux qui aiment le
vrai, de ne pas avoir dans leur peinture une qualité
que l'on peut trouver si facilement (1). »

Ailleurs, il dit encore :

« Je ne connais pas d'endroit habité aussi di-
vertissant à parcourir que Venise. A chaque pas,
on a quelque chose de nouveau à voir et une variété on ne peut plus pittoresque. Il est vrai que
généralement on trouve l'aspect de la misère ou
du moins l'ombre d'une ancienne prospérité; mais
pour nous, peintres, cet aspect parle davantage
à l'imagination. Le positif a quelque chose, si je
puis dire, de trop matériel à nos yeux. Voilà pourquoi les grandes villes modernes qui brillent de

(1) Lettres à V. Schnetz, 30 mars, et à M. Marcotte, 14 décembre 1832.

out le ur lustre, tout en nous offrant beaucoup de choses à admirer, nous laissent froids pour notre art et ne nous donnent aucune inspiration. J'ai parcouru un quartier que je ne connaissais pas, celui des Juifs. Vous savez qu'en presque toutes les villes d'Italie, on les a circonscrits dans des limites d'où ils ne peuvent sortir. Ils forment, pour cette raison, bien plus un corps à part que dans nos pays, où ils sont libres d'habiter où bon leur semble. De là ce caractère extrêmement marqué qu'ils conservent. J'ai admiré des têtes superbes qui pourraient servir, avec beaucoup de succès, pour peindre des physionomies d'un grand cachet. Je voyais des grands sacrificateurs, des prophètes, des Joseph, et, parmi les femmes, des Judith, des Rébecca, même des Vierges. Je vous avouerai qu'en faisant ces observations, je ne pouvais m'empêcher de trouver l'immortel Raphaël bien au-dessous de la nature, et il me semble qu'avec son sentiment sublime, il aurait frappé bien plus fort, s'il eût donné à tous ses sujets juifs tout le caractère qu'offre la nature. Il est vrai peut-être qu'il n'a pas eu l'occasion de voir, en son temps, comme dans le nôtre, des réunions entières de ce peuple singulier, qui, malgré sa dispersion, n'en conserve pas moins un type si frappant et qui donne matière à tant de réflexions. Je n'oserais communiquer à personne autre que vous ces remarques, qui pourraient paraître présomptueuses; mais, comme je vous le disais tout à l'heure, je ne peux m'empêcher de trouver les œuvres du Créateur bien autrement sublimes que toutes les représentations que les créatures les plus heureusement douées ont pu faire (1). »

C'est dans ce quartier juif qu'il conçut la première idée de sa *Sainte Famille en Égypte,* tableau qu'il n'exécuta que plus tard. Pour le moment, il ne voulait point sortir de Chioggia, ni se distraire du sujet de son tableau des *Saisons.* Il appréciait surtout pour sa peinture le caractère de ces cabans vénitiens dont les hardis navigateurs des lagunes s'enveloppent, l'hiver, pour leurs expéditions lointaines. Il croyait aussi pouvoir plaire par le costume des femmes, laine modeste aux immenses dessins des plus vives couleurs, et qui rappelle, non la sévérité de l'antique, mais les riches damas des siècles passés. Lui, dont le cœur était si facile à toucher, ne pouvait contempler d'ailleurs, sans se sentir ému, ces populations laborieuses, livrées à tous les périls des plus pénibles voyages, et conservant encore des traces nombreuses de leurs anciens rapports avec les Orientaux. A leur vue, il se souvenait des croisades, et leurs départs journaliers le faisaient penser aux expéditions pour la

(1) Lettre à M. Marcotte. Venise, 14 septembre 1832.

Terre-Sainte. En conséquence, il s'arrêta définiti-
vement au sujet du *Départ des pêcheurs de l'Adriatique pour la pêche au long cours,* et celles des figures que l'impitoyable grattoir avait respectées
durent entrer dans la composition nouvelle.

IV.

Voilà donc Robert à l'œuvre, et résolûment;
mais presque aussitôt l'inspiration se montre re-
belle. Il se dégoûte de son travail; il veut et ne veut
plus. A peine a-t-il le pinceau à la main qu'il écrit
à M. Marcotte :

« J'ai commencé mon tableau. C'est un sujet si
original que je ne puis savoir ce qu'il en adviendra, et quoique j'aie la certitude qu'il ne sera pas
reçu défavorablement, je suis capable, je vous as-
sure, d'abandonner cette composition; car la première condition pour obtenir un résultat avantageux est d'être inspiré par son sujet, surtout dans
le genre que je traite. Vous allez blâmer la pré-
somption que j'ai montrée en disant que j'étais
sûr du succès; mais l'expérience m'a fait recon-

naître qu'habituellement j'ai une idée assez avantageuse, non de ce que je fais, mais de ce que je
ferai, tant la nature m'apparaît belle et noble! Aussitôt donc que j'entreprends un sujet que j'ai vu si
beau dans mon imagination, je me dépite d'abord
de ne pas faire comme je voudrais; mais, tout en
étant tourmenté par les difficultés, je me sens une
ténacité dans le caractère qui m'oblige à continuer, de manière qu'à force de patience, de raisonnemens et de tâtonnemens, j'obtiens quelque
succès à la fin de mes travaux. J'espère qu'il en sera
ainsi pour ma présente page. J'ai fait une espèce
de carton bien charbonné où je vois mes masses.
Il me facilitera pour l'effet. J'ai commencé mon
tableau, et j'ai eu des opérations de perspective à
faire avec des dessins et des mesures à prendre
d'après nature. J'ai aussi fait, hier, une course
assez longue pour observer le caractère des habitans des environs.

« Vous m'engagez à mettre la scène que je traite
à une époque un peu antérieure, pour ménager
plus de ressources. Je crains, si je change trop,
d'être critiqué, et surtout de perdre ce cachet de
vérité qui, jusqu'ici, m'a valu quelques éloges. J'ai
l'intention de réunir tout ce que j'ai vu qui puisse
s'accorder; voilà tous les changemens que je me
propose. En agissant ainsi, j'ai bien plus l'espérance de soutenir ma réputation qu'en demandant

à mon imagination des caractères que je n'ai point
vus. Si je veux faire un pendant à mes *Moisson-*
neurs et à ma *Fête de la Madone de l'Arc,* je dois
représenter le peuple plutôt que la société. J'avoue
qu'il est épineux de chercher à mettre de la noblesse là où tout le monde ne voit que caricature;
mais il faut la sentir, et j'ai quelque espérance. Il
me tarde que mon tableau soit ébauché..... »
(Lettre à M. Marcotte. Venise, 26 mars 1832.)

Dans une autre lettre, il donne la description
suivante de sa composition : « Ma scène est prise
à Palestrina sur le bord des lagunes, à huit lieues
de Venise. Au milieu du tableau est un vieux pêcheur dans son caban. Il est assis et occupé à arranger un grand filet qu'un jeune homme, à sa
droite, met en rouleau. A la gauche est le jeune
chef de l'embarcation. Il attend, pour donner ses
ordres, la fin du travail, et s'appuie sur le bout
de colonne où est attaché le câble de son petit bâtiment. Entre lui et le vieux marin est un pêcheur
agenouillé qui réunit différens objets à transporter. D'autres figures seront également occupées.
Ceux qui ne connaissent pas les dangers et la lon-
gueur de ces voyages trouveront peut-être que j'ai
voulu introduire un peu par force du sentiment
dans mon sujet. On changera d'avis quand on saura
combien les accidens sont fréquens, et que les
absences sont de six mois, d'un an et quelquefois

davantage. Ces braves gens vont jusqu'en Chypre et sur les côtes d'Égypte et d'Afrique. Comme les femmes se rassemblent sur le seuil de leurs portes quand les embarcations vont partir, j'ai placé sur la gauche du tableau une vieille bisaïeule assise sur la première marche. Elle vient de filer : son fuseau est rempli. Elle se repose, et ses traits annoncent que les événemens de la vie ne la touchent plus bien vivement. Mais près d'elle une jeune femme plus émue pense aux dangers auxquels un époux qu'elle aime va être exposé. Ses regards se tournent vers lui, tout en tenant un jeune enfant dans ses bras. Une femme plus âgée ne laisse pas son travail : elle est accoutumée aux départs. Tel est à peu près le premier plan de mon tableau. Voici la distribution de mon fond :

« Derrière mon vieux, et par conséquent au centre de la toile, je placerai quelques accessoires un peu cossus, de manière à faire une masse un peu élevée, et plus loin on apercevra les mâts et les voilures si pittoresques et si variées des bâtimens qui suivent le rivage, de sorte que d'un côté, à droite, on voit une partie des lagunes et les canaux qui s'y trouvent, et de l'autre, les habitations de Palestrina construites sur le bord de la mer. Une jolie église, dont Palladio a été l'architecte, y fait merveille. A l'horizon, se voit une portion des *murazzi* et la ville de *Chioggia,* qu'une partie des

lagunes et le port séparent du lieu de la scène...
Plusieurs figures sont très avancées, et la princi-
pale m'a, je crois, assez bien réussi... (1) »

« Je ne veux pas faire de neige, c'est trop froid;
mais je voudrais donner l'idée d'un de ces jours
d'hiver qui ont de la poésie et qui laissent dans
l'ame une mélancolie profonde. Si j'y réussis et que
l'expression de mes figures soit en rapport, mon
tableau aura quelque mérite.

« J'avance lentement, mais enfin j'avance, même
en effaçant, car je sais mieux ce que je veux
faire (2). »

Jusque-là, Robert ne faisait guère que lutter
contre sa difficulté native de travail; mais bientôt reviennent les vagues inquiétudes et les ébranlemens
nerveux. Sa mélancolie fait des progrès rapides.
Il a eu beau chercher à lui donner le change par
le mouvement, il a eu beau fuir de Paris en Suisse,
de Suisse en Italie, de Florence à Venise, tout chan-
celle en cette ame, et c'est dans ces dispositions
funestes qu'il arrache à son cerveau une double
composition des *Pêcheurs.*

Ses yeux s'éblouissent, son esprit s'étonne, de
vagues idées de mort lui traversent le cerveau, et

---

(1) Lettre à M. Marcotte Venise, 16 juin 1832.
(2) Lettre à M. Marcotte, 12 octobre suivant.

ses anxiétés de tous les instants ne cessent de s'exhaler dans le sein de son indulgent ami M. Marcotte; jamais surtout il ne parle autant de sa tranquillité d'ame que quand il l'a davantage perdue. Le 30 novembre 1832, à Venise, il écrit à son ami : « ... J'attends mon cher Aurèle, qui, je l'espère, m'apportera un sort moins malheureux, car le mien est vraiment déplorable depuis long-temps. J'aimerais à vous cacher ce qui peut vous faire de la peine; mais tout ce qui m'arrive est de nature à ce que vous en soyez instruit, pour que vous vous expliquiez pourquoi mon tableau n'avance pas. Après mon vilain accident (une chute qui avait retardé ses travaux), je me suis remis à la besogne avec courage, ce qui a duré pendant une dizaine de jours; puis, après, des maux de tête, des insomnies, des dégoûts, des frissons, m'ont forcé de garder le lit plusieurs jours. Mais une crise forte et salutaire m'a remis, quoique le mauvais temps m'ait condamné à sept jours de réclusion.... Combien vos si chères lettres me font de bien! Combien je bénis au fond du cœur votre incomparable amitié, qui rend mes peines moins vives! Sans elle, je ne sais si le découragement ne se serait pas emparé de moi. Depuis mon arrivée, tant de choses m'ont agité! Elles se sont succédé comme pour mettre ma constance à l'épreuve : heureusement que je m'en trouve encore, et, malgré tous les soucis et les contrariétés que j'ai éprouvées au sujet de mon travail, et malgré les peines d'un autre genre non moins fâcheuses, je conserve assez de fermeté.... Chacun doit avoir ses tribulations; enfin *patience!* c'est mon dernier mot. Vous voyez que mon imagination n'augmente pas mon mal. Si j'envisageais l'existence comme un grand bien, j'aurais probablement l'esprit plus affecté; mais il n'en est pas ainsi, et je trouve le sort de ceux qui reposent assez heureux, surtout quand la vie leur a été bonne. Dieu me préserve de désirer la mort! J'ai encore le sentiment de tous les biens qu'il m'a accordés. Toutes les personnes qui me voient sont étonnées de ce que je conserve tant de gaieté, croyant que la vie que je mène devrait me l'ôter. Généralement on craint tant la solitude! Elle paraît comme un monstre dans la vie! Ici elle ne me pèse nullement, n'ayant personne que j'intéresse assez et qui m'intéresse assez pour m'engager à changer mon genre de vie. »

Venise, ce 28 février 1833.

« Nous venons de recevoir votre tout excellente du 17, que je n'ai pu lire sans avoir les yeux mouillés de ces larmes qui font tant de bien. Que je vous le répète encore après avoir reçu de vos chères nouvelles! Je me trouve heureux de les lire et je me condamne de ne pas assez y penser quand une

humeur noire vient me tourmenter. Oui, grondez-
moi, je le mérite ; j'avoue que je suis souvent ingrat envers cette Providence que j'invoque pourtant
quand je me sens découragé de la vie et dont je
reçois toujours une force que, bien certainement,
je n'aurais pas sans cela. Pendant cette malheureuse année, j'en ai eu grandement besoin ; quand
je me trouvais confiné dans ma chambre sans pouvoir suivre mes projets et ressentant un violent
ennui, je prenais la Bible, qui ne me quittait jamais,
et je trouvais dans les sublimes exhortations qui y
sont renfermées une tranquillité d'esprit qui con-
tribuait toujours à me remettre en me donnant
une grande résignation. En cela, je peux m'envisager heureux, puisque j'ai un moyen de diminuer
la fâcheuse tendance de mon caractère...... Ce que
j'éprouve extrêmement souvent, c'est de trouver
plutôt en moi, pendant la réflexion et dans le calme,
un soulagement bien préférable aux distractions
extérieures...... S'il m'arrive de les essayer dans
mes momens de noir, j'en suis toujours fâché. J'ai
préféré toucher ce sujet aujourd'hui parce que je
me sens parfaitement bien. Ce que je vous en dis
ne doit pas vous faire croire que mon esprit soit
inquiet et tourmenté : le séjour de Venise est si
singulier ; on y est si peu disposé à faire des promenades, si salutaires ailleurs, que c'est encore
une grande cause de cette disposition à l'ennui, fâ-

cheuse pour soi et pour les autres. Voici une page
que je pourrais retrancher; mais votre sollicitude
est si grande pour moi que je ne veux rien vous
cacher de ce qui me regarde. Oh! combien votre
dernière lettre m'a fait impression! Peut-on exprimer mieux ce que l'on sent! Peut-on mettre autant d'âme! Oh! que j'aime à vous le répéter : votre
amitié me rend meilleur; elle me donne de l'énergie, de la raison; elle met mon esprit dans un état
tranquille, et elle me fait trouver du plaisir à parcourir ma carrière. Vous voyez que de bien elle
me fait! Depuis l'arrivée d'Aurèle, j'ai toujours été
très bien, et si ma dernière vous a paru triste, j'en
suis très étonné. Tout contribue à me rendre content; ma santé est parfaite, et jamais je n'ai travaillé avec autant d'ardeur ni de constance. Mon
tableau marche; chaque jour je vois quelque chose
de plus; il me donne plus que des espérances de
réussite; jamais sujet ne m'a plu autant à développer. Il me semble qu'il y aura de l'expression
avec un caractère de simplicité assez marqué. Ensuite, outre ces avantages, mon frère rompt la
monotonie d'une vie trop retirée peut-être; enfin,
je suis plutôt gai. Mais je ne suis pas encore aussi
avancé que vous le supposez. Je fais dans ce moment ma dernière figure; je commence ensuite
mon fond et je n'aurai plus après qu'une retouche
à faire. C'est dans le courant de mai que je présume

avoir fini enfin ce tableau dont j'ai presque déses
péré. Mais je dois vous dire ce que ma vieille servante
de mon atelier me rappelait encore l'autre jour,
que c'est seulement à la fin d'avril que j'ai entre-
pris ce dernier sujet; mais véritablement ce n'est
qu'à la fin de novembre que j'ai commencé à y
travailler avec assiduité. Ainsi, je n'y aurai pas
mis beaucoup plus de temps que l'importance du
tableau ne le demandait. Pendant bien long-temps,
j'y ai travaillé avec une ténacité qui m'étonne à
présent; et quand je me rappelle les épîtres d'ex-
plications que je vous envoyais, je suis surpris d'a-
voir eu autant de constance pendant tous ces mois
où je me désolais de ne rien trouver de saillant
dans le caractère pittoresque et aucune action un
peu grande et noble pour mes figures. Ce qui m'a
fait rester ici a été la grande contrariété que j'aurais eu de quitter Venise sans y avoir rien fait. Cet
amour-propre d'artiste m'a fait braver et surmon-
ter bien des ennuis. En somme, si c'était à recommencer, je crois que j'aimerais mieux les supporter
de nouveau que de me voir obligé de renoncer à
mon projet; — rien, à ce qu'il me semble, ne diminue autant le courage que cela. Mais, à l'égard
de l'exposition, je vous avouerai que je ne suis pas
fâché de n'y avoir rien cette fois : il ne faut pas fatiguer le public. De plus, je dirai toujours que je
suis certain que deux tableaux de genres tout-à-

fait différens interresseront davantage qu'un seul.
Au moins, quand il seront faits, je pourrai penser
à les accompagner à Paris. A vous dire le vrai, je
préférerais presque y aller à une autre époque que
celle d'une exposition; je voudrais tant avoir le bonheur de vous revoir avec tranquillité! J'en jouirais
davantage. Mais, à ma place, il n'est pas étonnant
de penser si peu à paraître, étant si loin de la scène
où se montrent tant de passions différentes. Je con-
çois qu'elles ne m'aient pas atteint. Vous me trou-
verez d'un froid glacial sur ce sujet, cher ami; ah!
pensez que je ne suis pas ainsi à l'égard de votre
amitié. Mais il est vrai que je suis hors du cercle,
et, pour vous dire úne chose qui vous le prouvera
mieux encore, c'est la prière que je vous fais de ne
pas vous donner l'ennui de chercher des occasions
pour m'envoyer les articles de journaux que l'on
va écrire sur le Salon. Je vous suis bien reconnaissant d'y avoir pensé; mais peut-être la peine
que vous auriez serait-elle plus grande que ma
curiosité; ainsi je serais doublement fâché que vous
la prissiez. Vous allez encore me blâmer, je le
crains et j'en suis sûr; vous allez avoir l'idée que
la peinture ne m'intéresse guère. Il n'en est pourtant pas ainsi : j'aime trop cette chère peinture; je
m'y dévoue trop pour que l'on puisse m'accuser
d'indifférence; mais, même ici, à Venise, où il y a
tant d'ouvrages remarquables, je ne cherche pas

à les voir. La nature seule m'inspire, me plaît et me remue; c'est elle que je cherche à étudier, où j'ai l'espoir de trouver des inspirations originales. Je vous en prie, ne pensez pas qu'il entre dans ma manière de sentir le moindre mépris pour les ouvrages des autres : Dieu m'en garde! Il n'en est pas ainsi; car, au contraire, je crains d'être influencé par eux. Surtout dans le genre que j'ai adopté, je pense que ce n'est pas avantageux....... Pardon, excellent ami, si je vous entretiens autant de moi et de ce qui me regarde; je m'y laisse toujours aller, persuadé que si vous avez des observations à me faire, j'en profiterai. Je veux aussi vous parler d'Aurèle et de sa gravure. Je prévoyais les observations que vous lui feriez; et, comme il vous le dit, elles sont tout-à-fait semblables à celles que je lui ai faites. Cependant, comme je suis très entêté de mon naturel, je ne lui ai pas donné le conseil d'abandonner son projet. Il fait à présent, dans un autre genre, des essais qui seront et plus satisfaisans et plus dans le genre convenable pour graver de grandes choses. Avant notre départ de Venise, il sera décidé pour ce qu'il entreprendra ensuite. Je vous remercie mille fois sur le *modo* de réception pour nos lettres. Je n'en ai pas perdu un mot, car toutes vos paroles sont tellement empreintes d'amitié et d'affection qu'ils ne m'en a rien échappé. Elles me font trop de plaisir pour cela.

*

Que j'aime à voir ce sentiment si parfaitement exprimé ! Mais j'aime plus encore à penser que c'est à moi, à nous, qu'il s'adresse. C'est le véritable charme de l'existence. *Qu'il soit béni ainsi que tout ce qui lui est cher!* c'est notre conclusion à vos lettres; c'est ce que nous disons toujours et c'est ce que nous pensons depuis bien long-temps. Je vous remercie aussi vivement de tous vos conseils. Il est vrai que le séjour de Venise m'a été contraire; et malgré cela, à présent, je suis content d'y être venu. Je suis persuadé que, si j'avais mieux su, en y arrivant, ce que je devais y faire, bien des contrariétés ne m'y seraient pas arrivées. J'aurais désiré aussi y avoir l'esprit plus libre et uniquement occupé de mon entreprise, j'aurais apporté une gaieté qui m'aurait servi. Il est vrai que l'arrivée de mon cher frère m'a fait le plus grand bien. Oh! sans doute, il mérite et il a toute ma confiance, et c'est ce qui m'était nécessaire.»

Une amitié que Robert contracta, à cette époque, sous les auspices des arts, lui rendit un peu de calme en lui inspirant une douce confiance pour un beau talent et un aimable caractère, M. Odier, ancien élève d'Ingres et fils de l'ancien député régent de la Banque, d'origine genevoise. Dans toutes ses lettres à M. Marcotte, Léopold parle avec ravissement de cette bonne fortune qui lui avait valu un ami, un compagnon d'études, comme lui plein de

passion pour la peinture, comme lui déterminé à
fuir le monde pour se retirer dans la méditation et
le travail. Ainsi, tout le jour, ils peignaient presque
côte à côte; le soir, ils faisaient des lectures amusantes ou instructives, qui débutèrent par *Gil Blas*
et continuèrent par *les Ducs de Bourgogne* de M. de
Barante, l'*Histoire de Venise* par Daru, *les Caractères* de La Bruyère (1), et le jeune Odier, plein
d'entrain, plein de *montant,* comme disait Robert,
rassérénait cette ame toujours prête à se noyer

---

(1) « Nous faisons une lecture amusante. Nous nous sommes
abonnés à un établissement de lecture, et nous avons la facilité
d'avoir des livres à la maison. Le premier ouvrage auquel ces
messieurs (Aurèle et Odier) ont pensé est du nombre de ceux
qui excitent plutôt la gaieté; c'est *Gil Blas.* Je vous le dis, cher
ami, pour vous assurer que notre état moral n'est pas triste.
M. Odier n'aime pas, non plus que moi, le théâtre, et nous n'y
allons pas.

« ..... En ce moment, La Bruyère fait l'objet de mes méditations. Étant jeune et encore rempli d'illusions, ses jugemens
peuvent paraître un peu sévères; mais tout ce qu'il dit, si l'on
connaît par observation et par expérience ce qu'est le monde,
frappe et plaît à l'honnête homme. Le bien, le bon, sont tout
pour lui. De tout ce qui brille ici-bas, rien ne peut se comparer à la vertu, qui y est si cachée quelquefois. C'est une impression touchante que l'on ressent en l'entendant dire que le
héros ne vaut pas le grand homme, mais que tous les deux ne
pèsent pas un homme de bien. Mais je vous en parle comme s'il
vous était inconnu, et je me laisse aller au plaisir que sa lecture
me procure journellement. » (Lettres à M. Marcotte.)

dans les nuages ou à s'affaisser sur elle-même. Malheureusement, ce ferme esprit, si utile à l'infortuné artiste, le quitta en juin 1834 (1) pour se rendre à Florence.

Dès que Léopold eut fait une première esquisse
de son tableau, il l'envoya à M. Marcotte, dont il
reçut les avis en même temps que ceux de Schnetz.
Plusieurs défauts saillans s'y faisaient sentir. Et
d'abord, la composition ne disait pas nettement le
sujet : on ne pouvait deviner s'il s'agissait d'un départ ou d'une arrivée. Ensuite, l'unité du terrain
et l'unité de plan des figures donnaient l'uniformité d'un même niveau à presque toutes les têtes.
Il se remit donc au chevalet, et, après d'héroïques
efforts, il amena à fin une composition nouvelle.
C'est celle qu'il a terminée et que possède M. Paturle. Voici comment il caractérise sa composition
définitive dans une lettre à M. Marcotte du 21 janvier 1834 :

« J'ai commencé à faire un petit trait de mon
tableau que j'aurais aimé à exécuter convenable-

---

(1) Léopold fit, d'après M. Odier, un petit portrait à l'huile
pour la mère de son ami : « Je n'y ai travaillé que trois jours,
dit-il à M. Marcotte. Quoiqu'il soit ressemblant, je n'en suis pas
content. Il m'a donné séance le dernier jour de son départ;
mais sa figure était si empreinte de contrariété et d'humeur,
que je ne suis pas arrivé à lui donner l'expression que j'aurais
désirée. »

ment pour vous en donner une idée un peu exacte;
mais ce trait est d'une si petite dimension, que j'ai
fini par le barbouiller; il me faut même une certaine résolution pour vous l'envoyer. J'ai fait les
figures plus grandes pour le cadre qu'elles ne le
sont dans mon tableau, d'où résulte, comme le dit
Odier, une composition plus embrouillée qu'elle
ne l'est en réalité.

« La figure du vieillard de milieu, qui, dans le
trait, est tout-à-fait manquée, en ce qu'elle n'a pas
le mouvement qu'elle offre dans le tableau, représente un chef de ces grandes barques entouré d'at-
tirails de pêche que ses hommes sont occupés à
transporter dans son bâtiment. Il porte le pavillon
de son embarcation, détail très singulier et très original dont on n'a pas idée ailleurs. Avant de partir,
et au moment même du départ, ils mettent un ornement de branches de verdure à ce pavillon,
qu'ils placent au bout du grand mât. Il y en a un
aussi sur le second mât, mais moins grand. Ce
vieillard est en rapport avec les hommes qui sont
sur le bâtiment et qui élèvent la grande vergue.
Sa femme, malade, et sa fille assistent à la scène;
elles sont sorties de leur habitation, dont l'enceinte,
garnie d'un cep dépouillé, se voit derrière. Plus
loin est une petite madone dont la perspective ne
laisse apercevoir que la croix qui la surmonte. J'ai
cherché à donner à ces deux figures l'expression

que dans la nature je crois sentir, et il paraît que
ce n'est pas la partie faible de mon tableau.

« Des trois figures du premier plan, au centre,
celle qui est plus à droite est le pilote chargé de
la petite caisse qui renferme la boussole. Il attend
le moment du départ, et ses yeux tournés vers
l'horizon cherchent à deviner le temps que le ciel
leur prépare dans la mauvaise saison où ils vont
quitter leur famille. Je voudrais mettre sur sa figure
l'expression d'une inquiétude que motivent et ses
craintes et le chagrin de quitter une femme qu'il
aime. Celui qui est assis auprès de lui est un de ces
loups de mer à face caractérisée. Occupé, depuis le
matin, à arranger les filets qui l'entourent, il vient
de terminer sa tâche : l'instrument dont il s'est servi
est encore dans ses mains. La troisième figure est
un jeune homme de quatorze ans qui dispose ces
filets sur une civière pour les transporter sur la
barque. Déjà une partie est placée, il se retourne
pour juger de ce qu'il lui reste.

«Je ne vous ai pas parlé de l'enfant qui est avant
le vieillard. Ce rapprochement de l'enfance et de
l'âge avancé m'a plu. J'ai voulu indiquer aussi
combien le désir de tout voir et de tout connaître
est plus précoce que la crainte des dangers. En
avant de ce jeune enfant sont deux pêcheurs qui
portent la même voile et se dirigent vers la lagune.

« **Mon fond est bien simple peut-être, mais j'en**

suis revenu à ce qui m'a frappé le plus. Les *murazzis* s'aperçoivent en avant. Derrière est la pleine mer, où j'ai figuré quelques grands bâtimens. Après un assez grand espace de lagunes est un terrain solide sur lequel sont construits des chantiers de distance en distance.

« Pour l'explication du sujet et pour le pittoresque, j'ai fait voir à un plan reculé une grande barque qui part. Elle est surmontée de ses pavillons, qui expliquent celui que porte le vieillard. La grande voile se déploie; elle est rouge avec une croix noire. Deux femmes, placées derrière le chef de ma scène, sont retournées du côté de cette barque; l'une d'elles élève un enfant pour le faire voir à son père. Il faut vous dire encore que mes barques se trouvent dans un grand canal qui traverse une grande partie de Chioggia, et que l'on est obligé de suivre pour sortir du port. Mais en voilà bien assez, car je ne sais si je vous aide beaucoup à débrouiller ma vilaine esquisse.

« Voilà donc cette lettre qui vous fera connaître le point de mon travail de deux ans presque ! Je dis deux ans, et pourtant je vous confesse que, depuis que je l'ai repris, je l'ai tout retourné. Il n'y a absolument que mes femmes que je n'aie pas retouchées. Mon fond a été non-seulement changé de lignes, mais est entièrement différent d'effet; et ce qu'il y a de singulier, c'est qu'en quelques jours mon tableau, qui n'avait pas une harmonie agréable, a changé de façon à me faire dire aujourd'hui que je suis bien près du but. Odier m'en paraît aussi satisfait. J'ai été, il faut le dire, favorisé par une bonne santé. Ainsi donc, mon tableau ne me donne plus d'inquiétude; mais, ne pouvant l'envoyer à l'exposition, je prends le parti de le laisser sécher pendant quelque temps pour le reprendre ensuite d'une haleine. »

« Je suis arrivé ici comme un fou, avoue-t-il à Victor Schnetz (lettre de Venise du 27 mai 1834), et la décision d'y faire tout de suite une grande composition n'a pas été accompagnée de l'inspiration, de ce premier jet qui est beaucoup pour l'originalité d'une composition. Bien ou mal, j'en suis sorti, et je sens pourtant en moi un contentement vraiment grand d'arriver à la fin d'un travail qui, suivant toutes les probabilités, ne devait pas avoir de fin. Je me sens du courage et de bonnes dispositions pour recommencer autre chose, d'autant plus que ma santé s'est bien améliorée. Il est vrai que mon intention est de faire un *Repos en Égypte*; peut-être qu'en cela je vais donner encore une preuve d'inconséquence, n'ayant jamais traité de sujets historiques. Vive la liberté cependant, et cette indépendance qui n'asservit pas l'homme aux caprices des autres, et qui retient bien souvent sa verve! »

V.

Il n'abordait qu'avec une sainte horreur ce sujet religieux, qui lui avait été demandé par le comte Louis de Pourtalès. C'était comme une communion nouvelle, et, pour se recueillir, il se mit en quelque sorte en retraite.

« Je me suis occupé exclusivement à chercher une esquisse, et vous rirez peut-être de mes caprices, quand je vous dirai comment je l'ai faite. Je me suis installé dans une petite chambre de la maison que nous habitons. Je m'y suis enfermé, et, pendant dix jours, personne n'y est entré, pas même Aurèle. Je sentais le besoin de chercher seul à rendre l'idée que je me forme de sujets qui n'avaient encore occupé que ma tête. C'est toujours un travail de mettre sur la toile ce que voit l'imagination, et ce travail devient plus grand quand il s'agit d'un genre dont on n'a pas l'habitude. Aussi pensais-je que je devais chercher plus qu'un autre, mais j'ai voulu le faire sans influence. Avant de commencer, j'ai fait plusieurs promenades dans les

meilleures réunions de tableaux, non pour prendre à droite et à gauche des idées ou des motifs,
mais pour voir les bornes où l'imagination doit
s'arrêter. J'ai trouvé, dans mes courses, que celle
des artistes vénitiens les a presque toujours portés
à parler aux yeux plus qu'au cœur, et, sous ce rapport, je ne sens pas comme eux, bien que j'admire
une belle exécution... Pour inspirer une religieuse
vénération, ce qui est assurément une grande difficulté de l'art, il faut avoir l'esprit et le cœur pénétrés. J'ai fait trois esquisses peintes assez grandes
(les figures ont trois pieds et le tableau quatre et
demi). La première ne m'a pas contenté. Je pensais donner à ce sujet de la poésie par un effet
nouveau. J'ai trouvé qu'il y aurait à le rendre
ainsi une recherche qui ôterait la simplicité et la
noblesse. Une seconde ne m'a pas satisfait davantage : je n'y trouve aucune vérité historique; c'est
une scène ordinaire. La troisième enfin, bien différente des autres, est, je crois, assez réussie; au
moins Odier se montre enchanté. La manière dont
il me l'a dit m'a bien encouragé. Non-seulement
il a trouvé les grandes lignes heureuses, mais
même l'ajustement des détails..... J'en juge bien,
car cet essai m'inspire une sécurité et une confiance que je n'ai jamais eues pour mon tableau
de Venise, qui m'a donné tant et tant de travail!...
Après avoir passé autant d'années que je l'ai fait

uniquement occupé à rendre la nature d'une manière vraie, quoique je me sois efforcé d'accompagner la vérité d'une noblesse convenable, je reconnais qu'il y a dans les sujets classiques un caractère bien autrement élevé.

« Dans les arts où le sentiment joue un si grand rôle, c'est l'inspiration qui décide du genre de travail que l'on doit faire. Il y a une grande preuve de raison à écouter cette inspiration. Aussi n'écouté-je plus maintenant que ce je ne sais quoi d'indéfinissable qui est le véritable charme des arts et ne peut venir que d'un sentiment intérieur..... Je finirai mon tableau ces mois-ci, et je pourrai encore, pendant les grandes chaleurs, avancer ma *Sainte Famille*. Mon esquisse est faite. Chaque jour, je trouve que je n'ai rien à y changer. Mon saint Joseph est de l'âge que vous trouvez indispensable.... Ce sujet me fera connaître mes forces et si je peux changer mon genre de peinture. Si un artiste peut avoir, dans un genre qui ne l'intéresse que médiocrement, une certaine réputation; il me semble que, quand il se sent ému par des sujets plus beaux à ses yeux, il doit bien espérer de lui-même; car, pour faire une chose qui plaise aux autres, il faut (avec du talent sans doute) travailler avec plaisir. Voilà pourquoi, presque toujours, les tableaux commencés ne réussissent pas... Je vous assure que si j'ai pris le genre qui m'a valu une réputation, ce n'est pas par goût. J'ai toujours trouvé la peinture historique plus en rapport avec ce que j'aime véritablement. Souvent, je l'avoue, les goûts peuvent tromper sur les moyens. C'est ce qui me fera toujours éviter soigneusement de me livrer à mes penchans avec trop peu de raison. Vous voyez que jusqu'ici j'ai été prudent (1). »

La défiance de Robert n'était que trop motivée, ce nous semble, et son goût pour la peinture historique lui cachait le même écueil où il était venu se briser pour la *Corinne,* à son début dans la carrière de la grande peinture. Le tableau du *Repos en Égypte,* du moins en l'état inachevé où il est resté, n'est pas fait, malgré la noble vigueur du travail, pour prouver que Léopold pût s'élever aux régions suprêmes de l'invention et de l'idéal. Il travaillait à cette esquisse, quand Ingres, passant par Venise, la vit au palais Pisani. « Il m'a fait des éloges, dit tout bas Robert à M. Marcotte; mais, entre nous, je crois pouvoir dire que tout ce que je fais n'a pas à ses yeux le cachet qu'il désire et qu'il prêche. Il y trouve peut-être trop de nature, c'est-à-dire un effet qui rend trop naturellement les choses. Je ne lui en veux pas le moins du monde; il ne pourrait être autrement et demeurer sincère, et il l'est... lui

(1) Lettres à M. Marcotte. Venise, 10 février, 6 avril et 17 mai 1834.

qui a une science si profonde, et moi qui ne me
guide que d'après ce que la nature m'inspire! lui
qui a tant travaillé pour rechercher dans ce qui a
été fait le caractère et le type de la peinture historique! Tout est connu par lui, tout a été consulté,
et moi qui suis d'une ignorance si grande que je
m'en étonne (1)! »

De compte fait, c'était la quatrième tentative de
Léopold Robert dans le domaine de la peinture
idéale et historique, à laquelle tous les travaux de
sa vie l'avaient si peu préparé (2). Déjà, en 1829,
malgré l'insuccès de la *Corinne*, Léopold avait eu
la velléité de traiter un sujet d'église, dont il attendait la commande du gouvernement. D'autres
préoccupations le détournèrent de cette pensée.
« Si l'on me jugeait digne, disait-il alors, d'exécuter cet ouvrage et d'avoir part aussi aux avantages
des artistes français, je me regarderais comme très
heureux, puisque j'y verrais surtout une preuve
qu'on m'envisage comme étant un des membres de
la grande nation. Il me resterait à désirer de rem-

___

(1) Lettres à M. Marcotte, 22 décembre 1834 et 18 janvier
1835.

(2) On a trouvé aussi dans son atelier, après sa mort, l'ébauche faite pendant son séjour à Venise d'une Vierge avec l'Enfan₁
Jésus, de grandeur naturelle. Cette toile était restée à peu près
à l'état de frottis; cependant la tête de la Vierge, un peu plus
avancée, avait déjà du caractère.

plir cette nouvelle demande d'une manière qui ne fît pas regretter de l'avoir faite. Quant au prix que le ministre donne pour des tableaux commandés, s'il n'est pas très élevé, celui qui se trouve, ainsi que moi, par exemple, avec l'envie de paraître en France comme nationalisé, doit se montrer peu difficile à satisfaire (1). »

VI.

Robert peignit, à Venise, en 1832 et 1833, deux petits tableaux, qu'il envoya à l'exposition française de 1835 : *Deux jeunes Suissesses caressant un che-vreau*, et *Deux jeunes Filles napolitaines se parant pour la danse* (ce dernier était commandé par le directeur des douanes de Strasbourg, M. Deu). « Le sujet, écrit Léopold à M. Marcotte (Venise, 17 novembre 1833), est une idée prise non loin de Pompéia. Deux jeunes filles se parent pour aller à une fête des environs; elles sont sur la terrasse de leur habitation. Dans le fond, on aperçoit le Vé-

(1) Lettre à M. Marcotte, 24 avril 1829, à Rome.

suve, qui offre une assez belle silhouette. Vous serez étonné que j'aie pu exécuter ce sujet ici, où je n'ai pas toutes les commodités que j'avais à Rome. »

Son projet, dès 1834, était d'exécuter une copie des *Moissonneurs* pour le célèbre amateur polonais établi à Berlin, le comte Raczynski, et cette copie, de moindre proportion que l'original, devait différer, dans quelques détails, de sa première composition (1). Il l'entreprit alors, l'avança beaucoup,

(1) « Il me sera facile de mettre quelque variété dans des ajustemens, sans cependant pour cela rien changer d'important. Il y a aussi un autre changement que je me propose de faire et auquel j'étais presque décidé pour mon premier tableau : c'est la tête du danseur près du char. Elle n'a aucun développement, et de baissée qu'elle est, si je la relève de façon à ce qu'elle regarde les personnes qui sont sur le char, j'aurai le moyen de faire une tête plus intéressante. » (Lettre à M. Marcotte. Venise, 30 juin 1834.)

« Je suis bien heureux, monsieur le comte, que le désir que vous m'exprimez de faire quelques changemens à ma première composition s'accorde parfaitement avec mon intention, car même, ayant eu la facilité de faire cette réplique d'après l'original, il ne m'aurait pas été possible de la faire tout-à-fait semblable. Ainsi, je ne crois nullement que les personnes qui voient par leurs yeux et jugent par leur sentiment aient l'idée, en voyant mon tableau, qu'un autre que moi ait pu y travailler. Quant à celles qui ne raisonnent pas de cette manière, mais qui sont persuadées par des faits, on peut leur dire que mon tableau original est à Neuilly, où peu de personnes peuvent le voir, et où il serait de toute impossibilité d'en faire une copie, et que

et la mort seule l'empêcha d'y donner la dernière main. Cependant Robert était à Venise depuis les premiers mois de 1832, et, jusqu'à 1835, en plus de trois ans, — sauf la triple ébauche du *Repos en Égypte,* sauf un des deux petits tableaux que nous venons de nommer, la répétition inachevée des *Moissonneurs,* et un petit cadre, *la Mère heureuse* (1),

la réplique libre que je vous enverrai est faite ici, à Venise : ce qui ne suppose pas qu'un autre que moi y ait mis la main. » (Lettre au comte Raczynski. Venise, 20 août 1834.)

Le comte Raczynski paya cette répétition 15,000 francs à la famille de Robert.

Robert fit beaucoup de répétitions de la plupart de ses tableaux. Il peignit, par exemple, en 1821, pour le comte de Gourieff, une *Femme de brigand veillant sur le sommeil de son mari,* sujet qui eut un tel succès, qu'on lui en redemanda jusqu'à *quatorze copies;* mais ces copies furent toujours variées et refaites d'après des modèles différens. Quelle que fût sa difficulté d'invention, Léopold ne pouvait s'astreindre à se copier lui-même, et il est rare que ses répétitions n'offrent pas des différences assez notables qui en font autant d'originaux.

(1) « Demain, je commence le petit tableau que j'ai à vous faire, et dont vous m'avez donné l'idée. C'est une *Heureuse mère.* Elle est assise sur les rochers des *murazzi.* Dans le fonds on aura une vue de Chioggia assez pittoresque. Je vois dans ce travail un double avantage : celui d'abord de faire un tableau pour vous, ce qui va me stimuler, et ensuite j'aime bien, avant de commencer ma *Sainte Famille,* m'inspirer des mouvemens de l'enfance pour y donner, sans sortir de ma composition, un cachet de vérité qui, à ce qu'il me semble, dans les sujets les

—cet homme si laborieux n'a rien fait que sa grande
toile. Aussi est-ce la plus pénible, la plus travaillée
qu'il ait produite, et l'a-t-il, on l'a vu, grattée plusieurs fois. Et puis, que de temps dévoré par son
mal! que de souvenirs déchirans! que de calamités
et d'angoisses fantastiques, et cependant poignantes! Le jour des Morts, il écrit : « C'est aujourd'hui
que l'on prie pour ceux qui ont été enlevés à la
terre. Hélas! nos prières feront-elles du bien à ceux
que nous regrettons? Quoi qu'il en soit, je ne suis
pas moins porté à les faire, bien que, dans notre
culte (il était protestant), nous n'ayons pas cette
obligation; mais tout ce qui parle à l'ame, au cœur,
devrait être universellement reçu, et il me semble
qu'il y a quelque chose d'attendrissant dans ce
commun accord de lamentations des vivans pour
ceux qui ne sont plus : elles nous font réfléchir à
notre destinée. »

Enfin, à travers tous ces paroxysmes nerveux et
ces pensées de tombeaux, après des tâtonnemens
sans nombre, après d'immenses labeurs et des mil-
liers d'essais renouvelés, son tableau est arrivé au
dernier degré de la retouche, et, le 14 novembre
1834, il écrit à M. Marcotte : « Enfin, je me repose,

plus élevés, est aussi nécessaire pour plaire que dans d'autres
sujets; mais il faut que ce cachet soit accompagné du caractère
convenable. » (Lettre à M. Marcotte, 30 juin 1834.)

mon ami; j'ai laissé mon tableau. Je me repose, parce que ce qu'il me reste à y faire exige tout ce que je pourrai mettre. Cinq ou six jours encore, et il n'en sera plus question. C'est la fin d'un tableau qui le sauve pour un artiste, car alors il en sent la grande masse plus que l'exécution des détails. C'est à ce moment qu'on peut mettre dans ce qu'on a fait une dernière empreinte de génie, si on en a; c'est alors que vient la poétique par le charme mystérieux de l'effet; c'est alors que la sensibilité indique ce qu'on doit sacrifier et ce qui doit attirer. Quand tout est fait matériellement, rien n'est fait véritablement pour l'ame. J'ai bien regardé mon tableau : je me suis pénétré de ce que j'ai voulu faire dès le principe, et de ce qui me restait à faire. J'ai pris ma grande résolution, en me disant que je l'abîmerais ou que je réussirais à en faire une production originale. Je suis tombé sur ma toile avec manches retroussées, et, en huit jours, j'ai fait un nouveau tableau. Il y a sans doute de la hardiesse à cela; mais, que voulez-vous? j'en suis plein. Si on ne se fait pas connaître à ses amis comme on est, à qui se ferait-on connaître? Ne croyez pas cependant que je gâte ma peinture : jamais je n'ai eu autant de plaisir à y travailler. La persévérance est bonne : elle indique peut-être la capacité. »

Le 30 du même mois, sa fougue a disparu; il a donné le dernier coup de pinceau à ce tableau éter-

nel que cent fois il a été sur le point de crever,
comme naguère l'*Improvisateur* et la *Fête de la Madone :* — fureur étrange et déjà suicide, qui s'en
prend à l'œuvre avant de s'assouvir sur l'auteur!
Le tableau est devant lui, il le repousse avec amertume et colère, comme Sisyphe repousse le rocher
qui l'écrase : « *Le voilà enfin fini!!!* s'écrie-t-il, parlant à M. Marcotte, le voilà enfin fini! mais le beau
jour pour moi sera celui où il sortira de mon atelier! Il a été mon mauvais sort, et, tant que je le
verrai, il me restera mille sensations pénibles.
Puisque ma bizarrerie excite quelquefois votre
gaieté, cher ami, je ne veux pas vous la cacher.
Vous me faites du bien quand vous me dites que
mes lettres vous font rire : eh bien! je vous assure
que, dans ce moment où toute la peine que je me
suis donnée m'est encore présente, j'aurais un plaisir indicible, avant que le public eût jugé mon
œuvre, de l'anéantir de façon qu'il n'en restât que
la poussière, en lui disant : Je te mets au néant
pour qu'on ne dise pas que tant de constance n'a
été mise en pratique que pour satisfaire ma vanité!
Ce sentiment est trop bas. Ma récompense est d'a-
voir en moi l'assurance d'avoir quelque courage
contre les obstacles qui se présentent, ce qui me
rend plus riche, et me flatte davantage que tous
les éloges que je pourrais recevoir... »

Quoi qu'il en soit, il expédie sa peinture à M. Mar-

cotte; mais, par je ne sais quelle fatale circonstance, quelle chicane de douane et de roulage,
la caisse est retenue à Lyon, et n'arrive à Paris que
trois jours après l'ouverture de l'exposition du
Louvre, où les règlemens, égaux pour tous, empêchent le tableau des *Pêcheurs* de paraître. L'artiste
était fort inquiet sur le sort de son œuvre, quand
un article de journal vint lui en apprendre l'arrivée à Paris, et le succès auprès de ce petit nombre
de connaisseurs qui a le droit de disposer des re-
nommées.

Le tableau avait été exposé d'abord à Venise. Le
vice-roi et tout ce que la ville et les cités voisines,
Padoue, Trévise, renfermaient d'artistes et d'hommes distingués étaient venus payer un tribut d'é-
loges à Robert. L'académie s'était empressée de le
recevoir dans son sein. Les félicitations, les cris
d'enthousiasme de tous les vrais connaisseurs re-
tentissaient à ses oreilles. Même sensation à Paris
à l'arrivée des *Pêcheurs* chez M. Marcotte, quand
tout à coup une nouvelle éclata comme le ton-
nerre : Léopold Robert s'est tué! En effet, le 20
mars 1835, au milieu de son triomphe, il s'était
coupé la gorge avec son rasoir, ce même rasoir qui
lui servait à gratter ses tableaux. Il s'était frappé
avec une telle frénésie, qu'il avait coupé les deux
artères carotides et entamé l'une des vertèbres
cervicales. Il avait alors quarante et un an.

VII.

Les trois dernières lettres qu'il ait adressées à son digne et fidèle ami, M. Marcotte, et dont la dernière a été écrite cinq jours avant qu'il se donnât la mort, sont, comme on va en juger, empreintes d'une mélancolie profonde; mais c'était le caractère de toutes celles qu'il écrivait depuis longtemps, et la dernière, non plus que les autres, n'était pas de nature à faire pressentir une catastrophe immédiate.

Le 14 février 1835.

« Quand je cause avec vous, je suis heureux; je goûte ce repos d'ame que je voudrais toujours avoir, et, pour mon avantage, je ne vous écris pas assez, je vous assure. Vous allez vous récrier et me trouver bien déraisonnable; mais, que voulez-vous? après de grands et douloureux sacrifices exigés par la raison, l'irritation qui en résulte réduit à un pénible état de faiblesse. Vous le savez, les violens remèdes ont souvent fait périr; mais je ne suis pas disposé encore à ne plus faire usage du courage qui ranime, et c'est à vous, mon ami, mon bon génie, que je le dois. L'assistance divine me rendra toute ma force et mon énergie : elle m'a mis en situation d'envisager la vie comme un bien. La nouvelle que M. Granet vous a donnée de ma nomination de correspondant de l'Institut m'a fait plaisir, mais je suis étonné qu'on ne m'en ait pas donné l'avis ici. Je suis même surpris de n'avoir rien appris de Rome, ce qui me fait presque penser que M. Granet s'est trompé. Si cette nouvelle se confirme, j'en serai certainement content; mais je ne ferai jamais aucune démarche pour obtenir un pareil honneur, qui ne me semblerait plus alors avoir de prix. »

Puis, il parle de ses caisses et de son malheureux tableau retardé. « Il a été, ajoute-t-il, commencé sous l'influence d'un mauvais sort. J'y ai toujours travaillé comme poussé par un génie malfaisant. S'il avait été entraîné dans une avalanche, je n'y trouverais qu'un complément à ma mauvaise inspiration, et je tâcherais à m'en consoler, en pensant qu'on ne peut aller contre la volonté de Dieu. »

Du 19 février.

« Je vous ai écrit une lettre bien sotte, mon excellent ami, et j'ai eu de plus la sottise de vous l'envoyer. Je la fais suivre bien vite par celle-ci, pour que vous ne soyez pas long-temps indisposé contre moi. Je devrais toujours choisir mes momens pour causer avec vous, afin de ne pas vous donner des idées désagréables. Vous direz peut-être à cela que vous préférez connaître la vérité sur l'état moral où me jette mon imagination. Cette imagination est si mobile et si rapide parfois dans ses changemens, que je me figure ne pas jouir de toute la raison nécessaire à l'homme sensé. Mon bon frère en est trop affecté, car j'ai le tort de ne pas dissimuler avec lui, et je lui dis des choses que je me reproche bien ensuite. Il est d'une bonté et d'une raison qui, chaque jour, me fait mieux apprécier ses mérites et son attachement. C'est mon bonheur. Dans les momens d'humeur noire où je vous écrivais ma dernière, je vous annonçais que je voulais reprendre mon genre de vie sédentaire. Il me semblait être raisonnable; mais le souvenir des réflexions qu'Aurèle vous a faites à ce sujet m'a fait réfléchir moi-même, et j'en ai conclu que je devais un peu plus écouter les autres pour ma direction. Ainsi, vous me retrouverez, comme je l'espère, plus sensé. J'ai reçu aujourd'hui mon diplôme de membre étranger de l'académie de Venise. La demande a dû être faite à l'empereur, et toutes ces démarches, qui ordinairement sont très longues, ont eu cette fois une promptitude dont tout le monde me félicite.

« Le bon Aurèle est bien le meilleur être que je connaisse ! Je suis si heureux de lui voir ce caractère calme et content, si nécessaire pour goûter la vie et donner le plaisir aux autres, que toujours de le voir, de l'entendre, me charme. C'est, en somme, ma grande satisfaction.

« Quant à moi, je reconnais à présent, mieux que jamais, combien il est essentiel à l'homme de ne pas s'abandonner à cette disposition malheureuse de se complaire en ses seules idées. On finit par se persuader que l'on n'est plus en rapport avec personne.

« Que de réflexions j'ai déjà faites à ce sujet en récapitulant ma vie, en reconnaissant que dès l'enfance j'ai eu ce tort, qui, je crois, m'est venu d'une timidité trop grande, d'une sensibilité exagérée et du peu de contentement de soi-même, ou, pour mieux dire, de ma trop grande envie d'avoir l'approbation des autres, et de la crainte que j'ai toujours eue de ne pas la mériter ! Avec cette propension, une imagination ardente qui travaille toujours est capable d'entraîner vers bien des malheurs. Oui, excellent ami, je m'étonne souvent de voir le bon et le bien mêlés avec le mal d'une manière si particulière, que je me demande où se trouve le bonheur. Je reconnais la puissance di-

vine qui dirige tout, et j'aime à la croire toute
bonté et toute justice. Je reconnais toutes les fa-
veurs qu'elle a bien voulu m'accorder : j'en suis
attendri; mais comment se fait-il que cet attendrissement me laisse toujours une tristesse dont je ne
puis me débarrasser? Je voudrais en être heureux,
en jouir comme je le devrais, et je ne puis! Ne
dois-je pas y reconnaître une destinée singulièrement funeste? Pardonnez-moi, ô vous que j'aime
tant et à qui je ne voudrais donner que des sujets
de contentement, si je vous parle de manière à
vous attrister! Soyez sûr qu'une partie de mon
contentement est venue par vous! Puissiez-vous
en avoir quelque satisfaction! »

Voici la dernière lettre :

« Le 15 mars 1835.

« Mon cher ami et précieux conseil, m'est-il possible de ne pas sentir avec la reconnaissance la
plus vive votre bonté pour nous? J'ai deux longues lettres auxquelles je dois répondre, mais mon
cœur est si plein, que je ne sais de quelle manière
commencer, ni ce que je puis vous dire pour me
satisfaire. Puisque vous voulez me réjouir de l'arrivée de mes caisses (contenant les *Pêcheurs*), je
vous dirai aussi que cette nouvelle nous a donné
un moment de bonheur bien grand, et qu'elle

nous a mis dans un état plus tranquille. Avec ma
malheureuse imagination, il semble que j'aime
toujours voir le pis en tout, ce qui est mal, et je
m'affecte toujours bien à tort, comme si l'on ne
devait pas réserver sa force morale pour supporter le mal réel. Je vous parle de résignation, cher
ami, et je n'ai pas assez de confiance! Ce qui surtout m'a ému au dernier point, c'est le succès
d'Aurèle. Quel bonheur, et qu'il va avoir de fruit!
Quel plaisir pour notre famille! et lui, comme il
est heureux! Il n'en a pas dormi, la nuit passée,
d'émotion. Il faut tout attribuer cela à qui de droit.
Oui, mon incomparable ami, la Providence nous
conduit chacun par le chemin qu'elle trouve convenable. Plus je vais, plus je me le persuade. Mais
je ne veux pas me jeter dans un sujet qui m'en-
traînerait en de longues réflexions, que je n'ex-
pliquerais pas comme je voudrais. C'est Aurèle
qui s'est empressé de voir la fin de votre lettre pour
savoir si les caisses étaient arrivées, et je vous
laisse à penser quelle joie il a eue à me lire votre
dernière page, et quel plaisir elle m'a donné à entendre! Vous faites trop d'éloges, excellent ami, de
ce tableau (les *Pêcheurs*), fait avec tant de peines,
tant de chagrins; et toute cette volonté et cet en-
têtement d'énergie, employés pour satisfaire la
vanité, auraient pu être placés sur un bonheur
plus solide. Mais, enfin, les réflexions à ce sujet

m'ont été faites par vous souvent, et je sais ce que vous pensez à cet égard.

« Mais, pour en revenir à mon tableau, il paraît qu'il est arrivé en bon état. C'est une grande chose que je sens. Nous verrons ensuite s'il parvient à être exposé. Pour vous dire franchement, je crois qu'il le sera, avec votre désir et vos bons soins; mais véritablement, quant à moi, il me semble que je n'y pense pas assez pour que j'y trouve un grand bonheur, si cela arrive. Voilà encore quelque chose que vous condamnerez, et vous aurez raison, car, enfin, il est naturel, quand on fait quelque chose, de désirer de le voir juger. J'en reviens au tableau d'Aurèle. Ce bon M. Delécluze! je l'*embrasserais* pour son article au sujet de mon frère (1). Voilà donc un pas en avant de fait pour ce cher frère, et son genre pris : un genre qu'il sent, qu'il aime, et dans lequel, je suis sûr,

---

(1) Léopold Robert devait beaucoup personnellement à M. Delécluze, vrai modèle dans la critique par le savoir comme par la conscience. La courageuse persistance de cet écrivain à soutenir, à recommander le talent de Léopold au milieu des distractions du public, n'a pas médiocrement contribué à appeler sur Robert, de son vivant, l'attention et les sympathies sérieuses qu'il méritait. M. Delécluze a donné en outre sur cet artiste une notice très intéressante, et qui, répandue à plus de trois mille exemplaires, a également servi à populariser le nom de Léopold.

il peut mieux faire encore. Que de raisons pour
lui donner de la confiance! Ce vilain intérêt que
l'on semble mépriser donne tant de soucis, qu'il
peut miner la vie, si l'on n'a pas une confianc
religieuse bien ferme ou au moins bien juste. Mai
la défiance est une maladie que l'on doit attentive-
ment chercher à détruire, car elle fait bien du
mal.

« J'en reviens à vos chères lettres, à toutes vos
inquiétudes pour nous, à vos peines, à vos soins
et à vos courses; tout cela me fait mal, je vous
assure. Je voudrais vous les avoir évités, d'autant
plus que votre santé me donne vivement à craindre par cette augmentation d'occupations; comme
si vous n'aviez déjà pas assez des vôtres !

« ..... Ah! mon ami, cette vie est mêlée; je ne
vous le dis pas comme avertissement, ce serait une
espèce de conseil que je n'oserais jamais vous
donner.

« Je n'ai pas répondu sur-le-champ à votre lettre du 27, parce que cette incertitude de l'arrivée
de mes caisses me coupait toute réflexion, anéan-
tissait même tous mes projets pour cela. Je restais
avec mon désir et ma reconnaissance, ce qui ne
me rendait pas content, ne faisant pas ce que j'a-
vais envie de faire, ni ce que le devoir me commandait; mais, à la fin, votre dernière m'a redonné
un contentement dont je ne puis assez vous re-

mercier. Ce qui m'a fait le plus de plaisir dans son contenu a été d'y trouver toujours la marque de cette anxiété, qui m'est devenue si nécessaire. Si je l'eusse obtenue plus tôt, et que j'eusse pu suivre vos conseils, comme je le fais à présent, il est probable que je serais autrement placé; mais la vie de ce monde ne dure pas : elle n'a qu'un temps. Si elle est heureuse, c'est un bien sans doute; si elle ne l'est pas autant que l'on voudrait, il faut toujours chercher à y voir des espérances. Mais toujours mes interminables réflexions! Elles doivent bien vous ennuyer. Mon ami, pardonnez-les-moi.

« Je n'ai aucun événement dont je puisse vous faire part et qui mérite une place; je suis réduit à remplir ma lettre de mes pensées et de mes idées de chaque jour. J'ai cependant à vous faire les remerciemens de Joyant pour lui et ses tableaux. Il vous doit de savoir que ses peintures sont exposées...

« Je dois répondre à une question que vous me faites dans votre avant-dernière lettre. Je vous avais demandé votre sentiment sur ma première composition, en le réclamant bien franc. A présent, je dois vous avouer que, sans ces dames de Florence, j'aurais bien probablement continué mon tableau comme il avait été conçu d'abord; mais leurs observations réitérées m'ont fait réfléchir et changer, et voilà ce qui en est résulté.

« On a été ici généralement bien peiné et affecté de la mort de l'empereur d'Autriche. Chacun se plaît à en faire des éloges, comme homme surtout. Quelle bonne chose pour un souverain, dont toutes les passions peuvent être si facilement satisfaites ! Jusqu'à présent, la conduite de son successeur ne donne pas de craintes de changemens.

« Je viens de relire votre lettre, mon ami : que la page où vous voulez bien vous occuper de moi m'a touché vivement ! Soyez heureux par le bien que vous me faites; que cette pensée soit toujours douce pour vous ! Sans doute que des conversations me plairaient davantage et me serviraient encore plus; mais, comme vous, il m'a toujours semblé qu'un aussi long voyage que celui de Paris ne me conviendrait aucunement à présent. Ainsi, je me rends non-seulement à vos raisons, mais encore à ce que je pense. Je voudrais cependant essayer une course, mais je ne suis pas décidé où. Je craindrais Rome pour l'été : il y fait une chaleur qui me semble ne devoir pas me convenir. Du reste, je n'ai pas trop de raison de me plaindre physiquement, car je ne sais ce que c'est que la douleur. Ce que vous m'avez dit de votre intention à l'égard de mes lettres m'a attendri; mais, comme vous le dites, il faut penser à nos fragilités, et ne pas porter trop loin dans l'avenir nos prévisions. C'est Dieu qui règle tout, et qui sait tout, par con-

séquent, et tout est bien réglé, puisqu'il est toute
bonté et toute justice. Je vous remercie toujours
de vos conseils pour la direction que je dois prendre : je tâcherai de les suivre en tout point.

« Aurèle, qui écrit à mon côté, me dit qu'il a oublié de vous parler de la copie qu'il a commencée
pour vous. Elle vient tout-à-fait bien, et je suis sûr
qu'elle vous fera plaisir. »

Tandis que Léopold traçait ces paroles, Aurèle,
qui avait accoutumé de joindre pour leur ami commun, M. Marcotte, quelques lignes aux lettres de
son frère, exprimait ainsi les craintes où le jetait
l'état nerveux dont il le voyait accablé. Cette lettre
servait d'enveloppe à la dernière de Léopold :

« ..... J'aurais voulu vous communiquer toutes
mes réflexions; la crainte de prendre l'habitude
de veiller, à cause de mes yeux, m'en a empêché.
Toutefois il m'en reste de surplus pour remplir
ces deux feuilles.

« Je commencerai par le sujet qui m'occupe le
plus : c'est mon frère. Certes, vos conseils à l'égard
du voyage projeté sont sans doute les plus clair-
voyans; mais j'aimerais mal mon frère si, à la suite
d'un conseil que je lui ai donné contre mes intérêts et uniquement pour son bien, je n'osais, cher
monsieur, vous soumettre les motifs qui m'on-
guidé.

« Vous savez ainsi que moi que le travail n'est pas la seule cause qui ait plongé mon frère dans un dégoût de la vie et un découragement qui, je l'espère, passeront, mais n'en sont pas moins préjudiciables à son travail, à sa santé et à son bonheur. Il m'a semblé que l'exercice et les distractions étaient, dans ce cas, les meilleurs remèdes. La vue de nos chères sœurs, celle du meilleur des amis ainsi que ses conseils, me semblaient devoir produire une diversion heureuse dans une existence que l'on pourrait à toute justice comparer à une victoire désastreuse, ou plutôt à une contrée dévastée. Il est vrai que Léopold n'a jamais montré de penchant pour cette idée, dans la crainte de porter ses ennuis partout où il irait, et parce qu'il est singulièrement attaché à cette ville de Venise dans laquelle il a tant souffert. La manière dont nous y vivons est, sous bien des rapports, préférable à toute autre. A Rome, nous ne sommes pas certains de rencontrer les mêmes avantages. D'ailleurs, le climat est plus chaud qu'ici, et le *sciroccho* s'y fait sentir d'une manière accablante sur les personnes nerveuses. Plus encore, la personne que nous devons tant redouter s'y trouvera, et, à moins d'une rupture qui n'est pas motivée, comment l'éviter? Ensuite qu'aller faire à Rome, si ce n'est pour travailler encore? Cela fatiguerait des gens qui n'auraient pas besoin de repos. Enfin, si ce n'est à Paris, je trouverais et je trouve encore (pardon de mon opiniâtreté à cause du motif) que la Suisse serait un lieu favorable pour passer l'été. Nous avons près de la Chaux-de-Fonds des bains, et Léopold, qui aime le cheval, pourrait s'en servir pour faire chaque jour une course, et ainsi faire provision de santé. Il pourrait revenir ici en automne, ou aller à Rome entreprendre quelque nouveau travail, étant en meilleure disposition; car c'est fort important, et l'économie de temps devient nulle quand la santé ne répond pas à la volonté : ces trois années passées en sont un exemple bien convaincant.

« D'ailleurs, nous avons des amis dans plusieurs villes de Suisse, et, sans rester tout-à-fait oisif, Léopold pourrait, sous le prétexte d'aller les voir, visiter le pays et reconnaître si, plus tard, nous pouvons espérer d'y aller travailler. Il trouverait déjà à Neufchâtel de superbes ateliers qu'il ne connaît pas, que l'on a construits dans un bel édifice destiné à l'éducation publique. Malgré les raisons que je croyais voir à cette décision de voyage, je vous déclare cependant, cher monsieur, que je baisse pavillon devant celle que vous venez de donner en faveur d'un voyage à Paris, parce que vous êtes si rempli de sollicitude pour nous, que nous ne pouvons mieux faire que de nous en remettre à votre prévoyance éclairée. Toutefois je ne puis

vous cacher une faute que j'ai commise et qui me
fait tenir à ce projet de voyage en Suisse : c'est
que j'en ai parlé à nos chères sœurs, qui sont dans
l'attente, et Dieu sait quel crève-cœur! Il m'a
semblé qu'un voyage de quelques mois n'était pas
une affaire si importante, et dans ma joie de pouvoir apprendre une bonne nouvelle à ces excel-
lentes sœurs, qui nous aiment tant et voudraient
tant nous revoir, je me suis laissé entraîner,
croyant avoir convaincu Léopold, et sans attendre
les conseils de votre prudence. Qu'allez-vous dire
de mon étourderie? Cela mériterait au moins une
bonne *tirée d'oreilles.* Quant au projet d'engager
notre sœur Adèle à venir nous rejoindre, nous dé-
sirerions pouvoir l'effectuer, et certainement elle
nous aime assez pour s'y décider dans un cas de
maladie pure et simple; mais il y aurait de notre
part égoïsme à le demander. Nous avons vu, pendant son séjour à Rome, bien que l'ayant fait avec
notre chère mère, combien cet éloignement de la
patrie, de ses amis et de ses habitudes lui coûtait
de privations. Ensuite, nous avons notre père âgé
qui habite avec elle, et qui resterait bien isolé, ne
pouvant recevoir les mêmes soins dans la famille
de ma sœur aînée. Cette réunion de motifs, et bien
d'autres encore, font que je désirerais que Léopold
fût en disposition de se marier. Quand je le lui dis,
il me répond : *Marie-toi toi-même;* je ris, et ça finit

là. Mais je suis contrarié de ne pouvoir réaliser
l'idéal du bonheur pour mon frère. Les circonstances ne nous ont pas toujours rapprochés comme
maintenant. Peut-être mon caractère en serait-il
meilleur. Ce qu'il y a de certain, c'est que, malgré tout le bien qu'il veut vous dire de moi et celui
que vous en pensez déjà, je me trouve au-dessous
de l'opinion, et la justice exige que j'avoue que je
suis souvent fort peu propre à servir de consola-
teur et de soutien à mon frère. Mon travail m'occupe exclusivement, et je ne puis, comme le ferait
une femme, suivre toutes les réflexions de Léopold pour leur ôter l'amertume qu'elles contractent dans son cerveau. Quelle malheureuse disposition pourtant! Tant d'élémens de bonheur : de la
religion, du mérite, des vertus, des talens, et tout
cela pour se tourmenter! Mystère inconcevable de
notre pauvre organisation humaine! On s'y perd!
Changeons de discours... »

Le 28, trois jours après la mort de Léopold,
Aurèle écrit la lettre suivante au consul de Suisse à
Rome, M. Snell, le vieil ami de Léopold, pour lui
annoncer la catastrophe :

« Venise, 28 mars 1835.

«Très cher monsieur et ami, vous serez peut-
être déjà instruit d'un événement bien pénible,
d'abord pour moi, ensuite pour ma famille et pour

tous les amis de mon pauvre frère. Je n'ai pu plus
tôt vous en faire part, malgré l'attachement qui
me lie à vous et qui me fait penser que vous serez
des premiers à payer à votre ancien ami le tribut
de regrets qu'il mérite. Hélas! oui, cher monsieur,
j'étais appelé à passer par l'épreuve la plus cruelle
que l'on puisse imaginer ! Le Seigneur m'a soutenu
et m'a accordé assez de force pour que ma santé
et mon courage n'aient pas été ébranlés d'un coup
aussi terrible qu'imprévu. Un travail beaucoup
trop opiniâtre, des affections concentrées, et plus
que cela, une malheureuse disposition à la mélancolie, d'autant plus funeste que, dans son origine,
on s'y complaît et qu'on finit par ne pouvoir plus
y porter remède, toutes ces causes réunies ont fini
par rendre la position de notre cher et malheureux
Léopold tellement insupportable que, malgré tous
les avantages dont il pouvait jouir et qui auraient
suffi à faire bien des heureux, sa tête s'est altérée,
et, dans son désespoir, il n'a plus connu les devoirs
qui nous attachent à cette vie !..... Tout ce que ma
trop faible éloquence a pu lui persuader pour changer de vie, de séjour, pour lui représenter les motifs de bonheur qu'il pouvait trouver encore ici-bas,
rien n'a été négligé par moi, qui étais, depuis douze
ans, le témoin de ses souffrances morales. Il faut
croire que la cruelle maladie qui le minait depuis
tant d'années avait fait de trop grands progrès

pour que ni la religion ni l'estime et l'amitié de
tous ceux qui l'entouraient, et dont il était chéri,
pussent être à ses yeux une compensation des tourmens que sa trop grande sensibilité lui causait.
Depuis que je suis venu le rejoindre à Venise, nous
ne nous quittions pas; il avait besoin de ma société,
il en éprouvait du soulagement, et, d'après les témoignages tant vivans qu'écrits qu'il m'a laissés,
je ne crois pas avoir de grands reproches à me faire
à l'égard de ma conduite envers ce pauvre frère.
Toutefois, si j'avais eu assez de force et de prévoyance pour dissimuler l'influence que son caractère avait sur le mien, peut-être lui aurais-je dé-
robé un motif de tourment. Mais comment lui
cacher que je perdais le sommeil et l'appétit? Ce
pauvre frère! il aura cru qu'il était à charge à ses
alentours; il aura senti qu'arrivé au faîte de sa
réputation et au but de ses travaux, les fumées de
la gloire et la tendresse de sa famille et de ses
amis, ainsi que leur estime, ne lui causaient plus
aucune de ces jouissances vives qui nous font aimer
la vie. Il s'était imposé volontairement des privations trop grandes; il n'appréciait plus que le travail, auquel il se livrait beaucoup moins dans le but
d'acquérir de la gloire et de la fortune que pour se
distraire de ses idées noires. — Du reste, je dois
dire que son sentiment religieux était profond, quoique pas assez développé, et qu'en parlant d'un acte

condamnable, il m'a plusieurs fois répété que, tant qu'il aurait la faculté de réfléchir, il penserait de même. Mais ses facultés morales étaient tellement usées, épuisées! Son physique même, fatigué par un travail long et excessif, n'était plus assez fort pour soutenir le mal.

« Je ne puis, cher monsieur, m'étendre davantage aujourd'hui sur un sujet aussi désolant. Le souvenir de mon malheur est trop récent et trop cruel pour que je ne cherche pas, dans l'intérêt de mon devoir, à me distraire et à anticiper sur l'avenir et le temps qui est le seul médecin. Je vais partir pour La Chaux-de-Fonds pour pleurer avec nos pauvres sœurs et nous consoler ensemble. »

Quand, un mois après la mort de Léopold, Aurèle fut revenu de son premier trouble, et que son esprit put rassembler les circonstances du tragique événement, il écrivit (le 17 avril) à M. Marcotte :

« Très cher et excellent ami, le 15, date de la dernière lettre que vous écrivit Léopold, était un dimanche. Nous avions l'habitude de passer ces jours-là à la maison, soit à écrire, soit à nous reposer. Dans la matinée, un jeune peintre allemand, qui est un ami bien dévoué, vint nous prendre et nous conduisit chez des dames vénitiennes pour voir des miniatures. Après être rentrés et avoir déjeuné, nous étions dans la grande

salle à causer avec Joyant. En parlant de mes petits succès, Léopold, qui, déjà la veille, m'avait tenu
un langage semblable, me dit que je devrais me
marier tandis qu'il en était temps, que ce serait
une folie de ne pas le faire, etc., etc. Il me prêcha
avec tant de chaleur, de force et de sentiment à ce
sujet, que toutes les raisons que j'aurais eues à lui
opposer ne valaient plus rien. Le soir, nous dînâmes
avec quelques amis chez le restaurateur, et notre
Allemand nous conduisit chez un médecin de son
pays venu ici pour sa santé et accompagné de sa
femme et de sa belle-sœur. J'y allais assez ordinairement le dimanche soir, et enfin, à force de
prières, j'étais parvenu, ce soir-là, à conduire Léopold chez ces dames, qui s'informaient toujours de
lui avec intérêt.

« La soirée se passa d'une manière charmante.
Ces dames, fort bonnes musiciennes, offrirent d'a-
bord de faire de la musique, et demandèrent à
Léopold ce qu'il préférait qu'elles exécutassent.
Elles avaient le *Requiem* de Mozart, qu'il les pria
de faire entendre. Puis vinrent des valses, et l'on
se mit à danser. Léopold lui-même prit part à nos
divertissemens, et se mit à causer avec une vivacité et une gaieté que je ne lui avais pas vues depuis long-temps. Je jouissais de le voir dans cette
disposition. Aussi me promettais-je bien de mettre
tout en œuvre pour le faire revenir au milieu de

cette aimable famille. Avant de rentrer, nous fîmes
encore, avec nos jeunes Allemands, une assez
longue promenade. Nous trouvâmes à la maison
le *Journal des Débats*, dans lequel M. Delécluze annonce l'arrivée du tableau des *Pêcheurs* à Paris; le
consul de France, M. de Sacy, avait eu l'attention
de nous l'envoyer. Je fis lecture à Léopold de l'article qui le concerne, et, après lui avoir donné le
bonsoir, je montai à ma chambre. Les jours sui-
vans, jusqu'au vendredi, nous travaillâmes, selon
notre coutume, l'un près de l'autre dans le même
atelier. Ordinairement nous causions fort peu, autant par habitude que pour ne pas nous distraire
de nos travaux; mais ce jour-là nous étions souvent en conversation. . . . .

. . . .

« Dans les derniers jours, il était inquiet. . . .

« . . . . Il laissait voir tout ce qu'il
avait de mobilité dans ses idées, dans ses projets.
Sa parole était entrecoupée, ses discours peu clairs,
et je m'efforçais de lui faire rendre sa pensée plus
nettement, afin de pouvoir combattre ce qu'il y avait
d'inquiétant dans ses discours.

« Excuse-moi, me disait-il alors avec une douceur angélique qui m'arrache aujourd'hui des
larmes, je t'inquiète, je te tourmente; mais j'aime
à t'entendre : parle, cela me fait du bien.

« Un matin, il me dit qu'il se sentait mieux,

qu'il avait lu la Bible, qu'il croyait à la grace. —
Eh bien! oui, lui dis-je, n'es-tu pas convaincu
maintenant que tu dois être heureux? que Dieu
t'a accordé la force d'atteindre à ton but si noble,
si difficile, et qu'il t'accorde maintenant la récompense de tes peines, dont tu recueilleras le fruit
en jouissant de l'amitié, de l'estime de tes parens,
de tes amis?

« Souvent il venait mettre ses deux bras sur mes
épaules, et, regardant mon travail : C'est bien,
c'est très bien; ta copie est mieux que la mienne,
disait-il en poussant un soupir. Ça ne va plus, ma
vue baisse; je n'ai plus de plaisir au travail! Je lui
répondais : Quand tu te seras reposé et que tu fe-
ras un tableau original, tu auras sans doute plus
de plaisir qu'en faisant cette copie (celle des *Moissonneurs*, pour le comte de Raczynski).

« Enfin, je faisais des efforts incroyables pour
ranimer son courage; mais, si l'effet de mes paroles était bon dans l'instant, il était bientôt détruit par la maladie. Une inquiétude constante et
vague m'empêchait de manger, et souvent même
de travailler. Léopold, qui ne pouvait se dissimuler
qu'il en fût la cause, s'accusait d'entretenir mon
chagrin, et, de son côté, il paraissait tout aussi préoccupé de moi que je l'étais de lui.

. . . .

« La dernière lettre qu'il reçut de Florence est

arrivée le 8. Elle lui annonçait le projet d'aller à
Rome, le félicitait de la réussite de son tableau
dont on lui demandait une description. Cette lettre
fut brûlée, comme les autres l'avaient été quelques jours avant, avec un calme qui annonçait une
détermination fixe. Il n'aimait pas à me parler de
sa passion; cependant je ne pus m'empêcher alors
de lui dire que c'était à elle que j'attribuais l'état
de découragement auquel il était réduit : « Tu te
trompes, me répondit-il, j'en suis guéri, je n'y
pense plus. — Si ce n'est pas de la passion que tu
souffres, c'est de ses suites, lui dis-je; maintenant
que tu l'as arrachée de ton cœur, tu dois sentir un
vide; c'est le moment d'essayer à te distraire. Allons en Suisse ou à Paris, là tu trouveras une occasion de te marier. — Ah! mon cher, il est trop
tard! O Dieu! si je pouvais revenir dix ans en ar-
rière, comme je le ferais!... »

« La veille de sa mort, nous étions réunis le
soir, comme de coutume, dans la chambre de nos
padroni di casa, avec MM. Fortique (1) et Joyant.
Léopold était encore plus triste qu'à l'ordinaire, et
il ne prit aucune part à la conversation générale.

(1) M. Fortique était un ancien président de la Colombie,
homme jeune et de grand mérite, qui, ayant passé l'hiver à
Venise, avait montré une vive estime à Robert, et devait partir
avec lui.

J'affectais de paraître gai, mais par momens je sentais les forces m'abandonner, autant par inquiétude que par besoin de sommeil. Ses yeux étaient sans cesse fixés sur les miens, et souvent il me demandait ce que j'éprouvais. Nous sortîmes enfin, et, dans ce moment, il me recommanda d'entrer dans sa chambre en montant vers la mienne; ce n'était pas mon habitude, parce que Léopold se couchait ordinairement de bonne heure. Lorsque j'entrai chez lui, il m'attendait pour m'offrir un verre d'eau sucrée à la fleur d'orange, dans l'intention de favoriser mon sommeil, et il me tendit la main avec une expression tendre et triste qui me déchire maintenant le cœur.

« Je dormis fort mal. Le matin, je me levai un peu tard, et Léopold, contre son habitude, monta jusqu'à ma chambre. Après nous être réciproquement demandé et donné de nos nouvelles, sans doute avec aussi peu de sincérité l'un que l'autre, Léopold me demanda ce que je lui conseillais de faire et s'il devait partir. Comme nous avions souvent parlé de ce voyage, de ses chances et de ses avantages; comme je savais que tous ses amis lui avaient conseillé de le faire, je ne vis dans cette question de Léopold qu'une preuve nouvelle du peu de fixité qu'il y avait dans ses idées et ses résolutions, et je me bornai à lui répondre que je m'en référais à lui, et qu'il devait bien se consulter pour

prendre le parti le plus sage. « Eh bien! je pars, »
dit-il; puis, après un moment de réflexion, il fait
quelques pas pour entrer dans la chambre de
M. Fortique, avec lequel il aurait pu se mettre en
route le lendemain. Il s'arrête, il revient, il retourne; puis, revenant encore tout à coup, et
comme entraîné par un mouvement involontaire
qui fut sans doute l'arrêt de sa mort, il me dit:
« Avant de me décider, il faut que j'aille dire deux
mots en bas. » Il descend avec rapidité en me
criant: « Aurèle, voilà ton tailleur qui monte. » En
effet, je suis forcé de m'arrêter quelques instans
avec cet homme, puis je descends. Joyant était à
déjeuner dans la chambre de ces dames, et là je
ne pus m'empêcher de témoigner l'inquiétude que
me causait la situation de Léopold, qui, à ce que
j'appris en cet instant, était allé à l'atelier. Comme
nous avions l'habitude constante d'y aller et d'en
revenir ensemble, son départ me surprit, et, sans
savoir pourquoi, j'y courus plus vite que de coutume. En chemin, je m'aperçus que j'avais la clé
de l'atelier dans ma poche. Il n'aura pu entrer, me
dis-je, où sera-t-il (1)? En ce moment, il arriva

(1) C'était M. Joyant que Léopold avait invité à venir occuper
près de lui l'atelier laissé vide par le départ de M. Odier. Cet
atelier communiquait avec celui de Robert; mais une porte
particulière y donnait entrée. Léopold en avait fait demander,

qu'au détour d'une rue un malheureux chien vint se jeter dans mes jambes en aboyant, et de cet instant un pressentiment funeste s'empara de moi. Tout troublé, j'arrive au palais Pisani; je demande à notre vieille servante si mon frère y est. — Oui. — Par où est-il entré? — Il a donné le tour. Je donne le tour; je trouve la porte fermée. Un trait de lumière m'a frappé; tout mon sang se met en mouvement; je fais une courte prière pour demander à Dieu du secours, et je revole à la première porte, que j'essaie encore d'ouvrir avec ma clé. Je frappe, j'appelle.... rien! Je m'élance comme un furieux sur la porte, que je brise avec effort; je traverse un petit vestibule, j'enfonce la seconde porte comme la première.... Grand Dieu! quel coup de foudre! Mon pauvre Léopold étendu la face contre terre, au milieu d'un lac de sang!

« Pétrifié à cette vue, je tombe à genoux pour recevoir deux soupirs qui s'exhalaient encore de cette dépouille mortelle. Notre vieille bonne poussait des cris et des gémissemens. Je la supplie d'aller chercher du secours et je reste seul. Je jette alors les yeux avec effroi sur ses mains pour chercher l'instrument cruel qui m'a ravi ce malheureux frère, et je le vois posé sur une malle où le

---

la veille au soir, à l'insu de son frère, la clé à M. Joyant. Cette précaution révélerait une préméditation.

sang avait coulé d'abord, et d'où Léopold était tombé après avoir fait son coup infernal.

« Devant ce cadavre sanglant, le souvenir de mon frère Alfred, mort de la même manière dix ans avant, jour pour jour, se présenta à mon esprit, et je sentis qu'il fallait rassembler tout mon courage pour ne pas succomber au désespoir, pour me conserver à mes chères sœurs. Je priai Dieu pour nous tous; mais mes idées n'avaient aucune clarté, un froid d'horreur les arrêtait; je ne pouvais proférer aucune plainte, car la douleur entrait en moi comme un liquide entre dans un vase...

« ..... Lorsque nous vînmes habiter cette maison (à Venise), il avait éprouvé déjà une espèce de crise qui m'effraya beaucoup : c'était en été; la chaleur lui avait causé une inquiétude et un malaise qui lui firent croire qu'il était atteint d'une maladie très grave. Un matin, il arrive à l'atelier où je travaillais, se jette sur une chaise, et, poussant un grand soupir, il s'écrie : « Mon cher Aurèle, c'est fini de moi; dans quelques jours, je serai mort! » Je faillis tomber à la renverse. Cependant, comme je ne vis pas immédiatement des signes sensibles du mal qu'il disait éprouver, je m'efforçai de le rassurer. Il m'affirma alors avoir entendu dire qu'il existait des maladies venant tout à coup, et qu'il était certain d'en avoir une de cette sorte. Nous courons à la maison; on fait appeler un médecin, qui, après avoir visité et questionné mon frère, déclara qu'il n'y avait pas apparence de maladie. Léopold fut le premier à rire de sa terreur. Il se remit, et bientôt les distractions que nous trouvâmes dans cette maison lui rendirent de la gaieté et son énergie. Nulle part ailleurs il ne se serait trouvé mieux qu'ici, entouré comme il l'était d'amis, de son frère, de trois dames remplies d'obligeance pour lui et qui prévenaient tous ses désirs. Que lui manquait-il? Y a-t-il de la faute de quelqu'un?.... »

Si un étonnement douloureux agita toutes les ames à la mort de Léopold, que fut-ce dans sa famille dont il était l'orgueil? Rien de déchirant comme les cris arrachés à ses pauvres sœurs qui vivaient à l'aimer. Une lettre écrite par Mlle Adèle Robert à M. Marcotte, dans la nuit même du jour où la nouvelle parvint à la Chaux-de-Fonds, complétera le récit de ce drame cruel et achèvera de peindre ce qu'il y avait de noble, de touchant et de tendre dans l'ame de l'infortuné Léopold.

29 mars, 1835.

«Permettez, monsieur, que, dans cette nuit de douleur et de larmes, je vienne, oubliant la distance qui nous sépare, vous faire part de toute l'angoisse de mon ame, à vous, l'ami par excellence, à vous, monsieur, qui avez compris tout ce que l'ame de notre cher et malheureux Léopold renfermait de navrantes douleurs. Pourquoi faut-il que, méconnaissant tout ce que cet état avait d'alarmant, nous n'ayons rien tenté pour l'en sortir! Si, après avoir reçu votre dernière lettre, j'avais tout quitté pour aller arracher notre précieux Léopold à l'état de découragement qui a rompu son existence, peut-être aurais-je réussi!

« Mais notre bon Dieu ne l'a pas permis. Il a épaissi le voile qui nous couvrait les yeux, et c'est dans la sécurité que donne une espérance de bonheur que nous avons été frappés du plus atterrant des malheurs..... Ah! monsieur, pardonnez ma hardiesse; mais j'ai besoin de vous dire tout ce que nos cœurs renferment pour vous d'éternelle reconnaissance. Vous avez apprécié notre digne, notre noble Léopold; votre amitié lui a donné tant et si long-temps du bonheur que nos prières et nos bénédictions pour vous deviendront journalières, seul tribut que nous puissions trouver digne de vous être offert; car les unes et les autres partent de cœurs profondément pénétrés.

Des amis dévoués, chargés par notre courageux Aurèle de nous préparer à cette épouvantable catastrophe, l'ont fait avec tout le ménagement qu'inspire une amitié délicate. Mais le coup, quoique porté avec précaution, n'a rien perdu de sa force;

il nous a atterrés, et nous sommes encore dans cet
état de torpeur qui n'est ni la veille, ni le sommeil.

Un temps viendra, j'en ai la confiance, où nous
pourrons envisager avec plus de calme peut-être,
mais non avec moins de douleur, le sort, le triste
sort d'un frère si parfaitement digne du bonheur
qu'il avait répandu sur tous ceux qu'il aimait.

« Notre Dieu a retiré à lui cette étincelle de son
esprit qui ne trouvait pas d'aliment ici bas. Notre
bon, notre excellent Léopold est allé rejoindre une
mère chérie et si digne de l'être ! un frère qui, vous
ne l'ignorez pas, monsieur, vous qui connaissiez
si bien toutes les intimes douleurs de Léopold, est
mort, il y a dix ans, victime de la mélancolie qui
vient de faire encore une victime; un frère dont
l'ame était aussi belle que celle qui animait notre
respectable Léopold !

« Ah ! monsieur, pardonnez-moi si, ne pensant
qu'au soulagement que j'éprouve en m'adressant
à celui qui a tant fait pour le bonheur du frère que
nous pleurons, je laisse ainsi aller mon ame. Croyez
bien que le respect et l'admiration pour vous sont
des sentimens profondément gravés dans nos cœurs.
Vous-même, j'en suis convaincue, ressentirez si
vivement notre perte commune que je n'ai pu me
refuser la douceur que je trouve à parler des vertus
de l'être chéri que nous pleurons.

«Faut-il penser à ses talens? Hélas! ils ont été
pour lui la flamme dévorante. Ah! désormais je
n'entendrai jamais parler de la gloire de mon frère
sans penser avec désespoir qu'elle lui a coûté la
vie. Le tableau, ce dernier tableau...... dont la vue
était l'objet de tous mes désirs, maintenant il me
semble que je ne pourrai jamais la supporter :
chacune des figures qui le composent a retenu
quelque étincelle de la vie de notre malheureux
frère, et de quelle vie!!...

«La seule chose (après le sentiment de la religion
et du devoir) qui nous préserve du découragement,
c'est l'idée de ce pauvre Aurèle à qui son affection
pour nous a donné de la force et du courage dans
un moment si épouvantable qu'on n'ose pas même
en entrevoir les circonstances. Que ceux qui lui
ont porté secours, assistance et consolation, soient
bénis! Ah! monsieur, permettez-moi aussi de
recommander ce jeune frère à la continuation de
vos bontés. Lui aussi a bien besoin d'affection, et
quoique, grace au ciel, je n'aie jamais aperçu en
lui cette pente à la mélancolie qui a tant tourmenté mes deux chers frères défunts, cependant,
après une tempête comme celle qui vient de le
frapper, il a besoin de trouver un appui dans ceux
qu'il aime.

«Nous aurons bientôt la consolation d'embrasser ce seul frère qui nous reste. Mais que d'amer-

tume aussi dans ce retour! que d'émotions pénibles
et déchirantes! Cette réunion si désirée ne sera
plus complète; celui qui en faisait la force et la
gloire a disparu pour toujours! Comme on a besoin de se dire et de se répéter que telle a été la
volonté de notre Dieu, de celui à qui rien ne ré-
siste!

« Dans la dernière lettre de notre si cher Léopold, dans celle qui nous annonçait son retour et
que nous lisions avec délices, puisqu'il nous le pro-
mettait lui-même, certaines phrases qui ne nous
frappaient pas alors nous font voir maintenant tout
ce qu'il souffrait. Permettez-moi quelques citations
tirées de cette lettre que j'ai là sous mes yeux :
« Aurèle, nous écrit-il, a voulu enfin vous appren-
« dre une grande nouvelle qui, certainement, vous
« fera une impression vive. Je ne le voulais pas,
« mes chères sœurs, par un sentiment indéfinis-
« sable. Il me semble que je ferais bien d'entre-
« prendre un voyage, et je ne sais ce qui me retient
« ici (à Venise). Je suis comme un paralytique,
« moralement parlant : je ne suis plus capable de
« prendre par moi-même un parti; il faut donc
« écouter les autres. Dieu veuille que cette déter-
« mination nous soit avantageuse à tous! Le bon-
« heur de vous revoir, mes bien-aimées, sera tou-
« jours senti par moi, mais l'idée que j'en ai
« maintenant est accompagnée d'un sentiment pé-

« nible. Je me figure que je ne puis plus donner
« de plaisir à ceux mêmes que j'aime le plus, à
« cause de la mélancolie profonde qui semble me
« suivre partout.

« Aurèle m'assure que de changer de lieu sera
« un remède efficace contre cette disposition; ce
« qu'il me dit chaque jour me fait du bien. Avant
« un mois donc, je serai en route.

« Aurèle, le bon frère si raisonnable et si sensé,
« restera. Je n'ajoute rien à ce qu'il vous dit à cet
« égard ; toutes ses réflexions sont si pleines de bon
« sens, annoncent un si grand fonds de contente-
« ment intérieur que j'en bénis le ciel. Notre *Ben-*
« *jamin* est destiné à remplir une vocation parti-
« culièrement désirable, je le prévois ! Sa santé est
« bonne autant qu'on peut le souhaiter , et sa tête
« est à l'abri des maux qui attaquent ceux qui dé-
« sirent trop..... Dieu le bénisse et vous aussi, ché-
« rissimes sœurs!..... Je vous écrirai encore de
« Milan pour vous adresser mon itinéraire. Je vous
« embrasse de toutes les forces de mon ame en
« attendant que je vous serre dans mes bras. *De*
« *grace, n'annoncez pas mon retour; cela ne sert à*
« *rien.* »

« Vous ne lirez pas sans émotion les derniers témoignages de la tendresse de cet angélique Léopold
à ses parens, les dernières expressions qui nous
soient parvenues de ses sentimens intimes. O mon

Dieu! pourquoi faut-il que cette bouche qui ne savait que bénir, que ce cœur qui ne savait qu'aimer, soient devenus froids et insensibles!.... »

Nous n'ajouterons rien à ce triste récit. On connaît maintenant toutes les circonstances qui ont rempli les derniers jours, les dernières heures de Robert; mais par quelle suite de tourmens, par quel enchaînement de causes intimes et douloureuses était-il arrivé à cette agonie? Comment a-t-il succombé dans ce duel terrible entre son mal et sa raison? C'est ce que nous aurons à chercher en terminant cette étude, après avoir jeté un dernier coup d'œil sur le triste tableau des *Pêcheurs de l'Adriatique,* dont l'exposition fut posthume. A travers tous les récits contradictoires répandus sur la mort de Léopold, les conjectures se sont égarées dans des détails de désespoir et d'amour. Un nom glorieux et historique a été mêlé à ce drame sanglant. Le respect a dû contenir les confidences publiques, tant que la femme à laquelle on faisait allusion était encore vivante. Aujourd'hui que la tombe s'est refermée sur elle comme sur lui, l'histoire a repris tous ses droits. Nous lèverons donc un coin du voile, sans néanmoins nous croire affranchi du devoir d'interroger avec ménagement ces funèbres souvenirs.

VIII.

L'intérêt qui s'attachait à la triste fin de Léopold
Robert ne fit qu'ajouter à la curiosité publique,
déjà excitée par sa peinture des *Pêcheurs de l'Adriatique;* et le propriétaire du tableau, M. Paturle,
profita de ce sentiment pour exposer l'œuvre, au
profit des pauvres, dans une des salles de la mai-
rie du second arrondissement (1). Le tableau figura
ensuite au salon du Louvre, en 1836, avec l'esquisse du *Repos en Égypte* et la petite toile de *la
Mère heureuse,* exécutée en 1834.

On fut frappé tout d'abord du voile de mélancolie profonde qui couvre l'ensemble de la peinture des *Pêcheurs,* et qui répand sur la scène une
teinte d'exagération. Si l'on va au détail des figures, ce cachet dramatique de tristesse est bien plus
marqué encore. Ce n'est pas, il est vrai, que les
populations maritimes livrées à la pêche au long

---

(2) Le prix d'entrée était fixé à un franc, et en deux mois
seize mille visiteurs avaient apporté leur tribut.

cours ne contractent, dans les terribles chances de
leur métier, un caractère sérieux de résignation
que le sentiment religieux vient fortifier encore :
— *Si tu veux apprendre à prier, va sur la mer*, dit
le proverbe breton; — mais la conscience du danger s'affaiblit par l'habitude et ne laisse subsister,
dans l'attitude de ces populations aventureuses,
qu'une sorte de gravité tranquille et simple.

Contre un pan ruiné de muraille, près d'un cep
glacé aux premiers souffles de l'hiver, et qui laisse
tomber ses pampres flétris comme l'ame chance-
lante du peintre laisse tomber ses dernières espérances, on voit l'aïeule assise à distance, les yeux
fixés vers la terre où va s'ouvrir sa tombe. Une
jeune mère, comme frappée d'un pressentiment
de mort, serre tristement son nouveau-né contre
son sein. Un jeune homme relève des filets avec
emphase, comme s'il portait la main à une épée.
Il n'y a pas jusqu'à l'enfant qui tient le fanal qui
n'ait quelque chose de solennel et de sombre, caractère aussi opposé à son âge qu'à l'action si
simple qu'il représente. Il semble que le dégoût
qui brisait le cœur de l'artiste ait passé à tous les
acteurs de la scène. Chacun d'eux vit, agit, pense
pour soi, est triste pour soi; et comme si, à l'exemple du peintre, aucun ne voulût de consolation,
aucun, à ce moment suprême du départ, ne s'a-
bandonne à cette électricité d'un sentiment com-

mun, à ce pathétique du geste qui reste encore
aux muettes douleurs; aucun, en un mot, ne cherche la main d'une mère, d'une épouse, d'une
sœur, d'un ami. Or, ce rapprochement qu'on ne
peut s'empêcher d'établir entre l'œuvre et la destinée de l'auteur a quelque chose de cruel qui
gêne, qui déplace, qui gâte l'impression du spectateur. De toutes les formes de l'imagination, la
peinture est déjà la plus réelle et la plus positive;
elle dira plus que l'artiste n'a voulu lui faire dire,
si, à l'effet naturel qu'elle produit, vient se joindre
encore une idée d'actuelle et vivante réalité. Ce
n'est plus une représentation pittoresque, c'est
une agonie véritable, et des régions de l'idéal vous
retombez à plat sur le cœur saignant de l'artiste.

Que résulte-t-il en outre de ce défaut intime et
radical de la composition? En l'encombrant de
détails, en la semant de figures dont chacune est
un épisode, en la morcelant sous les changemens
multipliés, l'artiste a détruit ce principe d'unité
d'où émane la beauté de lignes, la simplicité homérique des *Moissonneurs*. La vieille mère et la
jeune femme avaient été peintes dès la première
époque où Léopold avait introduit des pêcheurs
dans son tableau sans bannir tout-à-fait les masques. Or, comme ces deux figures avaient réussi
du premier coup, comme elles étaient au nombre
de ses plus magnifiques études, il s'obstina à les

conserver au milieu de toutes les transfigurations
de sa toile. De là une incroyable difficulté dans
l'agencement successif des figures voisines pour
les faire cadrer avec ce premier motif; de là défaut
d'équilibre dans l'entente générale du tableau. Il
faut avouer encore, pour en finir avec les reproches, que Robert avait moins saisi le caractère
vénitien qu'il ne s'était souvenu, en peignant ses
Chiozzotti (1), des beautés particulières à la race
romaine.

Une défense en quelque sorte posthume de son
œuvre se trouve dans une de ses dernières lettres
inédites, adressée à M. Marcotte le 14 janvier 1835.
Le pauvre Léopold était exaspéré à la lecture d'une
vive critique mise dans la bouche d'un gondolier
et publiée dans une feuille de Venise, durant l'exposition des *Pêcheurs*. Il avait été accablé d'éloges
exagérés par les curieux de toute classe qui faisaient procession dans son atelier. On lui avait
annoncé l'intention de l'exalter dans les journaux.
A l'enthousiasme d'un certain comte *quelque peu
clerc*, la forte plume de l'endroit, qui avait passé
près d'une journée en admiration devant le tableau, on eût dit qu'il allait composer un poème
en l'honneur du peintre; cependant l'attaque du

(1) Habitans de Chioggia, en dialecte vénitien *Chiozzia*; de
là *Chiozzotti*.

prétendu gondolier était le seul mot imprimé à Venise sur son œuvre. Et personne qui répondît à ce dénigrement! « Ah! s'écriait Robert, ce souvenir, avec mes lettres, sera une bonne leçon pour ceux qui commencent un ouvrage considérable d'une manière inconséquente, tout animés qu'ils sont de la volonté de bien faire!... En lisant cet article, je serais fâché que vous crussiez que la nature n'ait pas été mon guide. J'avoue avec le gondolier que la scène ne se présentera pas semblable dans la nature comme détails : on rencontrerait plus facilement la marque de la misère physique et morale; mais je le répéterais à extinction : s'il fallait représenter la nature comme on la trouve, sans choix, je jetterais mes pinceaux au feu. On me reproche de ne pas avoir été vrai, et moi je dirai que je doute beaucoup (je pourrais dire que j'en suis sûr) que le judicieux écrivain ait jamais vu Chioggia. Il parle de ces *Chiozzotti* qui se tiennent près de la place Saint-Marc; mais il faut que vous sachiez que près de cette place sont les barques de Chioggia conduites par cette catégorie de gens qui n'a plus le vrai type, dont le costume s'abâtardit ainsi que le moral. Figurez-vous ce que peuvent être comme caractère des êtres qui, depuis le commencement de l'année, les mêmes jours, aux mêmes heures, font incessamment les mêmes voyages. Ce ne sont plus que

des machines, moralement parlant. Ils passent la
moitié de leur vie avec la lie du peuple de Venise,
ce qui contribue encore à leur donner un aspect
pauvre au physique... C'est d'après cette population bâtarde que les Vénitiens, qui ne sortent presque jamais de leur ville, jugent les gens de Chioggia. Ils ne connaissent pas la classe qui garde
encore un cachet sévère, original et beau : celle
des pêcheurs qui sont presque toujours en mer.
Là se trouve encore un aspect de noblesse. Chose
étrange! c'est un Vénitien qui cherche à me trouver peu exact, moi qui ai été si scrupuleux. Il accuse alors bien vivement tous ses grands compatriotes qui ont fait de la peinture. A l'égard du
costume des femmes, je vous ai dit qu'il n'est plus
porté, mais il n'en est pas moins vrai pour cela;
j'ose même dire qu'on me doit de la reconnaissance
pour l'avoir retrouvé. Mais non! je ne suis pas
Italien : voilà le grand crime! En cela, les Italiens
sont d'une injustice criante. Un enfant né en Italie
est plus né peintre que tous les ultramontains qui,
comme moi, passent leur vie en Italie! La première impression est exprimée par eux avec franchise, vivacité, enthousiasme même, et je suis sûr
qu'ils ont d'abord du plaisir à faire individuellement des éloges; mais ensuite la réflexion vient, la
nationalité perce, et la crainte d'attaquer le privilége auquel ils prétendent ne leur fera jamais

consacrer par écrit le propre langage qu'ils auront tenu...

« A l'égard du sentiment moral que j'ai cherché à introduire pour intéresser le spectateur, il est évident que les premières femmes venues n'auraient pu me servir de modèles de sensibilité; mais ne se trouvât-il qu'un exemple d'attachement vertueux à Chioggia, je n'aurais pas hésité à m'en prévaloir, et en cela je crois encore ne pas avoir manqué à la vérité. Il faut le dire : ce qui m'a peiné, c'est l'intention que je crois remarquer dans un passage où l'on veut attribuer des intentions politiques au choix de mon sujet. En un temps, suivant le critique, où la poésie française rabaisse les grands et avilit les souverains, je cherche à élever le peuple, à l'ennoblir, à n'y trouver que des héros. Pourquoi pas? Mais ce rapprochement doit avoir un but : est-il bienveillant? Après tout, je trouve que tous les hommes ont leurs droits. Si je représentais de grands hommes, peut-être leur donnerais-je un caractère plus noble et plus grand; je l'essaierais du moins... Quand les hommes arriveront à se ressembler tous, je serai le plus grand des républicains. »

En résumé, si l'on se met au point de vue grave et poétique de Robert, si l'on se dégage du sentiment pénible inspiré par les circonstances qui font du tableau une sorte de testament funèbre, on ne

peut se défendre d'une impression vive et profonde.
Mœrens ac laudans, la douleur au cœur et l'éloge
à la bouche, on admire l'élévation du style, la puissance de forme et de couleur, et l'on est frappé de
la forte expression de quelques-unes des figures.
On avait presque toujours retrouvé en Léopold les
sécheresses de l'école suisse et une palette ingrate : ici, il avait manié le pinceau avec une ha-
bileté inaccoutumée; il avait mieux compris ces
belles *localités* qui sont dans la nature; il avait su
mettre quelque chose de lui-même dans les fonds
et dans les accessoires; la diversité des plans était
mieux sentie; tout l'ensemble était monté sur une
gamme modulée avec plus d'harmonie et de force.
Ce n'est point à dire cependant qu'il fût d'un coup
devenu maître ni dans la science de la couleur ni
dans la science du clair-obscur, cette entente de la
distribution de la lumière et de l'ombre qu'inven-
tèrent le Giorgion, Léonard et le Corrége, que
pratiqua et dont se joua souvent Rubens, que
Rembrandt porta au plus haut degré de l'art, de
l'art immortel et divin. Encore une fois, il eut
l'inspiration, il eut la puissance d'expression et de
dessin, il eut le *caractère,* le sentiment du beau
dans le simple; il fut un grand artiste, mais, moins
préoccupé des conditions matérielles de son art
que des parties intellectuelles, il fut malhabile à
dégrader les plans, à tirer parti d'une figure dans

l'ombre, à sacrifier l'accessoire au principal. En un mot, en même temps qu'il ne fut point coloriste, il ne compta point parmi ses qualités essentielles la magie du clair-obscur; il fut assez fort pour s'en passer. Pitoyable manie en peinture de ne juger que d'un seul point de vue! A ce prix, l'école florentine et la plus grande portion de l'école romaine seraient rayées de la liste des peintres. Le divin Raphaël, qui n'a été étranger à aucune des parties de l'art, qui a été si merveilleux par les finesses de la couleur locale dans sa Madone du donataire de Foligno, dans son Léon X, etc., a-t-il toujours été coloriste? Non assurément: l'entente supérieure des grandes harmonies de la couleur n'était point sa qualité dominante, et la plupart de ses belles pages en sont dépourvues. Ainsi du clair-obscur. Le Poussin n'a pas non plus recherché toujours ce clair-obscur dont on mène tant de bruit; en est-il moins un peintre inspiré, un des plus grands peintres d'expression qui aient honoré le pinceau? Quels que soient les élémens qui composent le talent d'un artiste, l'ensemble, l'accord entre tous ces élémens, forment une des principales conditions de l'art; mais il suffit d'une des qualités essentielles portée à un degré éminent pour faire un grand peintre. Cette double condition, Robert l'a remplie. Il eut ce don inappréciable, qu'il ne releva de personne. Enveloppé de toutes parts et comme *embaumé* (aurait dit Montaigne) dans l'école coloriste de Venise, il ne chercha point à s'en assimiler la qualité distinctive. Il n'avait pas dans ses instincts, il n'avait pas non plus dans sa volonté ce qu'il faut pour tirer parti des maîtres de la lumière : avant tout, il voulait être lui, sentant trop bien que l'imitation eût jeté en dehors de ses voies naturelles un homme né moins coloriste que dessinateur. « Je m'enfuis de Venise, de peur de devenir coloriste, » disait le Poussin.

Néanmoins la dernière œuvre de Robert, sous le rapport pittoresque, était un progrès notable et plein de promesses. Or, dans les arts ainsi que dans les lettres, la difficulté n'est pas aujourd'hui de percer et d'arriver, la difficulté est de se maintenir. Nous ne sommes plus à l'époque où la gloire faisait payer si cher ce qu'à présent elle escompte souvent d'une façon indiscrète aux débutans. Le Poussin et Le Sueur avaient lentement mûri leur talent dans la retraite et le silence avant de faire éclat. Aujourd'hui qu'à travers un tourbillon de vanités frénétiques l'artiste se jette dans la mêlée avant le temps, le premier essai d'un jeune homme au cadre duquel une amitié complaisante aura cloué un lambeau de renommée peut lui valoir un brevet de génie; mais cette ovation prématurée ne lui prépare souvent qu'une chute plus lourde aux expositions suivantes. Léopold, au contraire, doublait, à chaque pas, sa force en l'exerçant; et si le grand artiste n'eût de lui-même quitté cette terre de douleur, et que son mode laborieux de production ne l'eût point épuisé, on ne saurait prévoir jusqu'où un talent si fortement trempé eût pu s'élever. « Si la main me voulait obéir, » disait le Poussin, dont nous aimons à reproduire les paroles, « je pourrais, je crois, la conduire mieux que jamais; mais je n'ai que trop l'occasion de dire ce que Thémistocle disait en soupirant, sur la fin de sa vie, que l'homme décline et s'en va lorsqu'il est prêt à bien faire. »

LIVRE QUATRIÈME.

—

CAUSES DE LA MORT DE ROBERT. — LA PRINCESSE CHARLOTTE NAPOLÉON.

—

Sunt lacrymæ rerum, et mentem mortalia tangunt.
ÉNÉIDE, I.

I.

Quelles ont été les causes réelles du suicide de Robert? se demanda-t-on de toutes parts à la nouvelle de sa mort. Une dame française (les femmes ne permettent guère de se tuer que par amour) publia, au milieu même de l'émotion causée par cette nouvelle, une brochure dédiée à Aurèle, le survivant des frères. S'annonçant comme une catholique égarée, un jour, au prêche de Genève, où elle avait aperçu pour la première fois Léopold en extase devant la beauté d'une fidèle, et plus occupé de la créature que du Créateur, cette dame raconte comme quoi, peu de temps après, elle le rencontra de tous côtés sur son chemin : à la promenade, au théâtre, sur le sommet romantique d'un glacier; comme quoi enfin, arrivée avec son mari à Venise, au temps où Robert y arrivait lui-même, elle ouvrit avec lui des relations de société, en obtint des conseils en peinture, et, de degré en degré, devint assez son amie pour recevoir la confidence des plus intimes secrets de son cœur. Tombé, à la première vue, amoureux fou d'une jeune inconnue, Robert s'était laissé aller à toutes les frénésies d'une passion fantastique, quand enfin il avait retrouvé son idole et découvert qu'elle était fille d'un seigneur opulent, grand ami des arts. Sa réputation lui avait ouvert les portes du palais de la jeune fille, qui, au point de vue de la peinture, s'associait aux admirations et aux empressemens de son père pour le grand artiste. Celui-ci, endormi aux caresses des paroles, se croyait aimé, et avait l'espérance d'épouser sa Vénitienne; mais il tremblait à l'idée de se prononcer, lorsqu'un beau jour le père, sans y entendre malice, était venu lui annoncer le futur mariage de sa fille. Robert, écrasé à cette nouvelle, s'était, dans le délire du désespoir, donné la mort. — Récit et personnages de pure invention, comme le trahissait le début même de ce roman. Ce n'est pas que Robert ne fût susceptible d'une pareille exaltation muette, et ne pût être frappé de ce qu'on appelle le coup de foudre en amour. On pourrait même dire que sa passion platonique d'artiste le livrait à des admirations juvéniles, et qu'il portait fort souvent *son cœur en écharpe,* suivant une expression rendue célèbre par Chateaubriand. Toutefois, ame essentiellement religieuse, pour ne pas dire mystique, protestant rigide avant d'être artiste, et ne séparant jamais la terre du ciel, il n'eût point apporté au prêche un esprit distrait en présence des plus ravissans modèles (1).

Une autre dame, mistress Trollope, proposa une variante également fabuleuse aux causes de la mort de Léopold. C'était, suivant elle, un désespoir religieux et la suite d'indiscrets efforts d'une parente du peintre pour lui faire abjurer sa communion et embrasser le catholicisme. Dans une lettre écrite

---

(1) Du reste, la délicatesse de certains traits de cette nouvelle révélait une plume de femme, et quelques personnes distraites avaient ajouté foi au récit. L'auteur est Mme la comtesse César de Valdahon, née de Saporta, qui habite le château d'Azans, près Dôle. La brochure de 116 pages in-8° a été imprimée à Auxerre, chez Gallot-Fournier, 1835.

de Venise, le 3 décembre 1831, à M. Snell, Robert s'explique de la manière la plus nette sur ce prétendu changement de communion : «Comme vous, lui dit-il, je ne ferais pas un crime à celui qui, *par conviction,* changerait de culte, mais je n'en suis pas là. Tout en pensant être religieux, je vois la religion plus grande que ceux qui s'attachent aux petites pratiques et disputent sur les mots. Ainsi, mon ami, veuillez dire à l'occasion que je ne suis nullement disposé à un changement. »

Ce qui avait pu donner lieu à ce bruit, c'est qu'en effet Robert avait écouté, à une certaine époque, à Rome, un *monsignore,* et qu'un instant persuadé par la pressante argumentation du prêtre, il avait été sur le point de se faire catholique; mais il était vite retourné à la croyance de sa mère, et n'avait gardé de ses hésitations qu'une profonde tolérance. Par habitude d'artiste, il allait beaucoup dans les églises et se laissait prendre à l'éclat des cérémonies catholiques. Un pays comme l'Italie, jonché de miracles encore plus que de ruines, bercé de légendes sans nombre qui ont tari l'imagination des habitans sans lasser leur antique crédulité, doit puiser à une telle école l'impiété d'un esprit fort ou la superstition d'un enfant. Il y a un peu de tout cela à Rome, à Naples et à Venise, au milieu des plus pures croyances; mais qu'importe à l'artiste, qui n'a point à considérer le pays en philosophe?

D'ailleurs, Robert s'accommodait volontiers de quelques coutumes du catholicisme (la fête des morts par exemple), quand elles n'effleuraient en rien les dogmes de sa confession. Sans être un de ces disciples arriérés du Vicaire Savoyard, manières de déistes qui, n'accordant point d'autorité à la forme religieuse, séparent le culte de la croyance et prient Dieu en abstraction, il trouvait que tout lieu consacré, église romaine ou temple protestant, lui était bon pour la prière. En un mot, il appliquait en toute occasion, sans s'en douter, cet accord des religions qui, pour le dogme, avait occupé si long-temps sans succès et Bossuet et Leibniz. Arrivait-il au moment d'une prédication du clergé romain, il se mêlait volontiers à l'auditoire, et se faisait sa part, persuadé que la pure morale venant de Dieu est bonne dans toutes les bouches. Ainsi, après sa visite au quartier juif, il avait visité plusieurs églises. Écoutons-le lui-même :

« A Saint-Jean et Saint-Paul, j'ai trouvé en chaire un prédicateur qui avait un auditoire nombreux, ne se composant en grande partie que de gens de la classe inférieure, auxquels il faut parler un autre langage qu'aux personnes instruites. On frappe et on captive l'attention des gens du peuple bien plus par le débit que par le choix des paroles; en d'autres termes, un prédicateur dont les gestes et la voix tiendront leurs yeux et leurs oreilles ouverts leur fera bien plus d'effet que celui qui prendra un autre moyen pour toucher leur cœur. Voilà pourquoi ceux qui aiment la simplicité et la dignité dans les prédications des hommes préposés à convaincre des vérités de la religion ne sont pas toujours satisfaits ici. Quoi qu'il en soit, je suis toujours ému en voyant les habitans de cette terre manifester leur besoin de chercher la véritable source de toute consolation pour les jours de l'adversité.

« Ce qui m'a aussi frappé à Venise, c'est le recueillement respectueux de tous ceux qui vont dans les églises. On y va pour prier. Vous pourriez me demander ce que j'y vais faire, moi qui ne suis point un adepte. Je ne crois pas pourtant y porter des sentimens blâmables. Je souffre de voir des hommes qui tous devraient vivre en frères établir entre eux une ligne de démarcation, quand il leur serait si facile de s'entendre. Le secret serait de tenir un peu plus au fond et moins à la forme. Je vous avoue, pour moi, que je suis bien autant disposé à élever mon ame vers le Créateur dans une église catholique que dans un temple protestant [1]. »

Ce n'est donc point dans les récits de Mme de Valdahon, ni dans les conjectures de mistress Trollope, qu'il faut chercher les causes du suicide de Robert : la vérité est ailleurs. Léopold, comme Jean-Jacques

---

[1] Lettre à M. Marcotte. Venise, 14 septembre 1832.

Rousseau, était un hypocondriaque qui portait dans son sein des germes de destruction. Jean-Jacques était un hypocondriaque atrabilaire et misanthrope dont un orgueil féroce, tourné en folie, rongeait le cœur dans la solitude en lui montrant partout l'enfer de l'humanité déchaîné contre lui (1); Léopold, un mélancolique doux et tendre au prochain, dur à lui-même.

Il faut considérer d'abord que Robert, quand il se frappa, était arrivé à une époque climatérique de la vie humaine; ensuite, sa constitution nerveuse

(1) Tout ce que l'on a dit du caractère quelquefois odieusement ingrat de Jean-Jacques disparaît devant le fait de sa folie hypocondriaque. Personne n'a mieux analysé et défini l'état de cet homme de génie, si étrange et si malheureux, que la comtesse de Boufflers dans ses lettres à David Hume (*Vie et Correspondance* de cet écrivain publiée, en 1846, à Édimbourg, 2 volumes in-8o; *Correspondance privée* du même publiée à Londres, in-4o, et lettres *autographes inédites* de la comtesse de Boufflers, déposées à la bibliothèque de Neufchâtel). C'est mieux que de l'esprit qui brille en ces étonnantes lettres, c'est la plus haute, la plus ferme raison. Et cependant cette dame, qu'il ne faut pas confondre avec la marquise, née de Beauvau-Craon, mère de l'esprit facile et léger qui écrivit au pastel comme il peignit le portrait, est à peine connue! Marie-Charlotte-Hippolyte Campet de Saujon avait été mariée au comte Edouard de Boufflers-Rouvrel. Sa mère avait épousé en secondes noces un marquis de Montmorency-Laval, et son fils épousa en 1768 Mlle Des Alleurs, petite-fille de l'ambassadeur de Louis XIV à Constantinople.

était originelle et héréditaire; une vie d'isolement n'avait fait que la développer encore. Sujet, dès les premiers temps de son séjour à Rome, à des hallucinations qui l'enlevaient au monde réel, tantôt il croyait entendre l'harmonie des sphères célestes, tantôt il conversait avec les anges. C'est ainsi qu'un jour, en avril 1820, comme il reconduisait, avec de nombreux artistes, Victor Schnetz, qui retournait en France, il disparut tout à coup au moment où la compagnie déjeunait près de la cascade de Terni. Son digne ami le peintre Allaux, maintenant directeur de l'académie de France à Rome, le chercha de tous côtés, et le découvrit enfin réfugié sur un rocher voisin, les yeux levés vers le ciel, et prêtant une oreille attentive et ravie aux chœurs divins : « Partez, je vous rejoindrai plus tard, cria Robert; je reste avec les anges. Les voilà qui ondoient par l'air autour de nous! »

D'autres fois, tout s'offrait à lui sous un jour funeste, et il se jetait tête baissée dans les sentiers ténébreux d'une imagination malade. Chaque chose lui était un sujet de douleur. Les sacrifices faits pour son éducation par sa famille, et qu'il n'avait pu rembourser qu'en 1828, lui revenant incessamment à l'esprit, lui causaient un attendrissement qui dégénérait bientôt en tristesse, et il finissait par y voir la cause des malheurs arrivés depuis aux siens. Son frère Aurèle, qu'il avait appelé auprès de lui, et qui se montrait, par la rapidité de ses progrès et le dévouement le plus touchant et le plus entier, digne de ses soins, lui devenait également un objet de souci. — Risquerait-il son avenir en l'engageant tout de suite dans le grand genre où un talent distingué peut seul trouver des ressources? Se bornerait-il à lui faire commencer des dessins d'après ses tableaux pour les graver ensuite? — Sa tendre mère, morte en 1828, mais qu'il avait eu le bonheur de recevoir à Rome, en 1826, avec sa jeune sœur, et dont la présence avait fait diversion, un moment, à l'obsession de ses idées, lui était un souvenir douloureux par les regrets; et cette sensibilité fébrile, ingénieuse à se forger des tourmens et des angoisses, reprenait fatalement le dessus.

Une belle parole, une belle action, lui tiraient sur-le-champ des larmes. Sensible aux malheurs privés, il l'était également aux malheurs publics. «Je ne sais, disait-il à M. Jesi (lettre du 25 avril 1832), pourquoi l'annonce de la mort de la grande-duchesse de Toscane m'a fait autant d'impression. Je ne l'ai pourtant jamais vue, mais on faisait tant d'éloges de son caractère et de sa bonté, que je suis toujours disposé à trouver que ce monde va bien mal, quand les êtres qui pourraient servir de modèles pour former une humanité meilleure nous sont enlevés!» — « Il est bien triste, écrivait-il en-

core le 25 juin de la même année, de perdre ceux
que nous aimons, et bien difficile de trouver des
consolations pour ces événemens cruels, qui nous
font voir notre néant. Le temps, en nous éloignant
des malheurs que nous éprouvons, nous les fait
quelquefois oublier; mais la religion, à ce qu'il me
semble, nous prépare à supporter ceux qui nous
arrivent, et nous donne de la résignation et du courage. Ce n'est pas la religion de mots et de pratique,
c'est celle du cœur, qui peut être, si vous le voulez, de la philosophie; c'est, en somme, un sentiment bien intime que ce monde n'est pas notre
seule demeure. »

La fin volontaire de son frère Alfred, en 1825,
l'avait surtout frappé d'une commotion profonde.
Depuis ce cruel événement, il était devenu plus
morose, et, sitôt que cette pensée se faisait jour en
lui, et elle se représentait souvent, il se sentait dé-
faillir et frissonner. Qu'on lise ces paroles qu'il
adressait à M. Marcotte :

« Voilà minuit qui sonne : j'ai voulu attendre
jusqu'à ce moment pour vous dire que je pense
à vous, à votre chère famille, et que mes prières
pour votre bonheur, pour votre santé et pour toutes les satisfactions que vous pouvez désirer, sont
plus ardentes que jamais. Voici donc une nouvelle
année qui commence! Comme le temps passe et
combien d'événemens nouveaux il amène! Il est

certain qu'on ne peut les prévoir, et que la plus
grande capacité humaine est souvent en défaut
devant les secrets de l'avenir. Si au moins on avait
la raison de se préparer à tout ce qui peut arriver,
on éviterait bien des momens pénibles; il faut dire
cependant aussi que l'on n'en aurait pas de très
doux. Ainsi, tout se compense assez. Il y a certainement des époques de la vie bien malheureuses,
mais elles passent, et quelquefois elles sont suivies
de calme et même de satisfaction, quand surtout
l'ame a conservé de l'énergie dans la peine. Si,
au contraire, elle est brisée dans la tempête, elle
ne se relève plus quand le temps devient serein.
Mais je ne sais ce qui m'entraîne à faire de ces raisonnemens : c'est, je crois, la peur, non celle d'un
danger présent, mais *d'un qui est arrivé* (le suicide
de son frère), et que l'on n'envisage qu'avec un
sentiment d'effroi quand on l'a évité (1).» Plus tard,
l'image de ce frère lui revenait plus fréquemment,
ainsi qu'un spectre, et faisait résonner en son cœur
comme le glas d'une horloge funèbre. Alors il se
tourna vers la religion, et le mysticisme de son
esprit s'accrut davantage chaque jour. «Mais, le
dirai-je? s'écriait-il avec douleur, mes dispositions
religieuses, qui donnent tant de résignation, cèdent,
au premier moment, à un vrai découragement. Je

_____

(1) Lettre du 31 décembre 1832.

ne vois que craintes, souffrances et chagrins dans ce monde, ce qui me fait désirer avec bien trop d'ardeur et trop peu de raison *le repos éternel* (1).»

Cependant Léopold, à cette époque surtout, ne parlait qu'avec horreur du suicide, qu'avec pitié de son pauvre frère Alfred, dont néanmoins il devait suivre l'exemple. Même horreur (chose bizarre, mais vraie), même horreur du suicide dans la bouche de Gros, quand il apprit la mort de Léopold : « Je ne comprends pas, disait-il, que l'homme ose s'arroger, en aucun cas, le droit de détruire ce que Dieu a fait. » Quatre mois s'étaient à peine écoulés, et Gros se donnait un effroyable démenti à lui-même, tant la raison humaine a d'incohérences, d'infirmités, d'aberrations inattendues !

Ainsi, de longue date, toutes ces causes de folie et de mort ravageaient le cerveau et le cœur de Robert, et tôt ou tard la perversion de ses sens et de ses idées devait le pousser à un acte funeste. Il avait même avoué anciennement à Aurèle que, deux ou trois fois, il en avait eu la pensée dans les premiers temps de son séjour à Rome, quand il craignait de ne pouvoir réussir et s'acquitter de ses engagemens envers sa famille et M. de Mézerac. Une extrême timidité qui l'exposait à tous les mécomptes, une sensibilité chatouilleuse qui le tenait

----

(1) Lettre à M. Marcotte, 21 février 1834.

en arrêt contre tous les sourires, étaient pour lui
des tourmens continus, et cette lutte incessante
entre les puissances de l'ame et ses moyens d'action donnait prise aux pointes acérées de sa mélancolie. Qu'on se rappelle ensuite cette difficulté
de travail qui ne faisait jaillir qu'à force de pénible
contention la moindre étincelle de la pensée; que
l'on considère cette faculté fatiguée et presque
épuisée avant la production, et ne sera-t-on pas
conduit à conclure que l'abus de l'intelligence, qui
s'use à proportion de l'exercice et de la délicatesse
du sentiment, a dû, chez Robert, altérer la fibre
du cerveau, et que, si l'artiste ne se fût tué de sa
main, il se serait tué par le travail? « C'est ordinairement pendant la nuit, disait-il, que mon imagination s'opiniâtre à chercher ce qui lui convient;
alors le sommeil m'abandonne, l'insomnie me tue...
Que voulez-vous? je ne puis, quand je me porte
bien, travailler froidement: c'est plus fort que moi.
Il me semble que je ne réussis un peu que lorsque
je travaille avec vivacité et constance..... Je me
livre à cette passion entièrement et sans raison
quelquefois, car la peinture veut être faite plus simplement. Je ne sais, mais j'ai un besoin intérieur de
rester à la place où plusieurs tableaux m'ont mis,
et mon amour-propre est intéressé à faire voir que
je ne crains pas d'exposer de nouveau. Jusqu'à
présent, je n'ai pas redouté la peine, parce que ma

santé m'a permis d'avoir assez d'énergie pour exécuter ce que j'avais pensé, et un dicton de ma vénérée mère a entretenu cette disposition depuis mon plus jeune âge : je lui ai toujours entendu dire qu'*il vaut mieux s'user que se rouiller* (1). »

Pauvre mère! que de larmes elle eût répandues, si elle eût pu entendre l'esprit égaré de son fils s'abriter derrière ces paroles!

Léopold avait cru trouver le bonheur dans la renommée; il n'a reconnu son erreur qu'après avoir atteint le but élevé de son ambition. Il dit souvent que la gloire n'est qu'une vaine fumée, qu'au lieu de lui faire des amis, elle lui en ôte. Tous ceux qui ont respiré cet encens dangereux ont tenu le même langage; mais cette fumée qu'on appelle la gloire, Robert comme eux aussi ne pouvait plus s'en passer. C'est ce besoin qui, indépendamment de sa difficulté organique de travail, lui fait gratter, changer, refaire si souvent son dernier tableau; car, depuis son voyage à Paris et l'immense succès des *Moissonneurs*, il avait perdu la naïve bonhomie de Rome. A Venise, la clameur lointaine des louanges de Paris bourdonnait encore à ses oreilles. Il pressentait l'exigence des critiques et se frappait la poitrine en disant : « A Paris, on fait et on défait si facilement les réputations! » La peur d'être infé-

---

(1) Lettres de Robert à M. Marcotte, 1834.

rieur à lui-même devenait aussitôt son mauvais
génie et troublait son repos. Comme un homme
emporté trop haut dans les airs, il avait le vertige
à l'idée de tomber dans l'espace. « Les arts, disait
à Gros Mme Vigée-Le Brun, sont les plus sûrs con-
solateurs dans les peines de la vie. — Ah ! inter-
rompit-il avec vivacité, il n'est qu'un mal auquel
je ne les croie pas capables de porter remède, c'est
celui de se survivre à soi-même. » Trois jours
après, il conclut par le suicide; il se noie, comme
Nourrit se broie la tête sur le pavé, se réfugiant, à
son exemple, dans la mort contre les amers dé-
dains de la critique. Ainsi, Robert, épuisé de travail, écrasé sous le poids de ses déceptions et de
ses terreurs, a déserté la lutte et brisé d'une manière violente la fatalité de sa vie.

Ce n'est pas tout, une passion funeste, sans espérance possible, était venue jeter une flamme nouvelle à sa mélancolie, et, comme tout peintre fortement épris, un invincible retour, au bout de son
pinceau, des traits et des formes de l'objet aimé
fatiguait, énervait sa pensée.

C'est à toutes ces causes incessantes et combinées
qu'il faut attribuer la mort de Robert; c'est à toutes ces luttes engagées entre son insatiable amour
pour son art et ses souffrances physiques et morales, entre l'honnêteté de ses sentimens et les

étreintes d'un désespoir dévoré dans la solitude, que
sa raison a succombé. Peut-être le mariage, qui
semblait si bien adapté à ses goûts aimans et casa-
niers, l'eût-il soustrait à cette destinée cruelle. Son
frère, ses amis Navez, Snell et Marcotte, qui lisaient
en lui mieux que lui-même, l'en avaient pressé
depuis longues années. Toujours il avait éludé doucement leurs conseils, soit qu'éprouvant sans cesse
loin de son pays, comme les oiseaux de passage,
le besoin de s'envoler, il ne rêvât un établissement
qu'après s'être retiré en Suisse, soit que, se souve-
nant que le mariage n'est pas qu'un événement de
plus dans la vie, mais l'événement de toute la vie,
il apportât à s'y décider la lenteur de ses déter-
minations ordinaires. « Tu exagères, disait-il en
décembre 1827 à son ami Navez, le bonheur que
j'ai de vivre à Rome. Si c'en est un pour les arts,
en est-ce un réel pour la vie? Je t'assure que j'ai
des momens bien tristes, et que chaque année je
me trouve plus isolé. Je suis d'un caractère à ne
pouvoir former bien facilement des relations intimes. L'âge augmente encore cette mauvaise disposition, et je vois d'avance que je vais devenir un
ours, mais un ours mal léché. Le moyen de penser
à un établissement ici! Tu sais l'aversion que nous
avons pour la vie des habitans du pays et pour leur
caractère : comment serait-il possible à celui qui
cherche quelques jouissances intérieures (à moins

d'être *romanisé*) de s'allier avec des gens qu'on ne comprend pas? »

«La vie du grand monde ne peut pas me plaire autant qu'à un homme qui y porte un esprit brillant et une conversation facile. Je sens trop que ces qualités me manquent. Et pourtant je reconnais que, pour un artiste, c'est un véritable stimulant d'être honoré par des personnages de rang et d'influence; mais ce n'est pas là que gît le bonheur le plus appréciable. Le cœur content donne plus de jouissances que la vanité satisfaite, et rien n'est au-dessus d'un intérieur heureux et d'une épouse qui vous est attachée. C'est une chose à laquelle j'ai beaucoup pensé. Les Romaines ne sont pas faites pour les ultramontains. Leurs idées et leur manière de sentir sont trop peu en rapport avec les nôtres. D'un autre côté, il y a beaucoup à réfléchir avant de transplanter une femme de sa patrie et de sa famille dans un lieu où elle ne pourrait retrouver les plaisirs qu'elle aurait quittés. Espérer que l'amour qu'on aurait pour elle lui tînt lieu de tout, c'est ce dont je n'oserais me flatter, bien que je me sente la faculté d'aimer uniquement et d'une manière constante (1). »

« Je vois le comte Cicognara, le seul en Italie qui puisse se dire véritablement amateur et protecteur

_____

(1) Lettre à M. Marcotte, 5 février 1829, à Rome.

des arts. La société d'un homme aussi estimé, et qui mérite autant de l'être, me charme. Il a un abord si bon, si amical, et tant de facilité à causer de tout, que je gagne beaucoup à le voir. Sa maison est aimable, et sa femme, qui est bonne aussi, est Italienne dans toute la force du mot, c'est-à-dire un de ces caractères qui ne pensent qu'au bonheur matériel sans s'occuper d'idées et de sentimens. La société qu'on y rencontre est instructive; mais je vous le dirai à vous, cher bon ami, la société italienne, quelque bien choisie qu'elle soit, ne me rend jamais le cœur content ni l'ame heureuse, parce que j'y trouve bien moins souvent la réalité que l'apparence, et qu'on y parle plutôt des beaux sentimens qu'on ne les met en pratique..... Ce que je suis entraîné à vous dire n'est pas pour blâmer des individus, mais pour faire des remarques générales sur un peuple qui, avec des qualités si supérieures, n'a pas encore, à mon sens, atteint le degré de perfectibilité dont il est susceptible. Chez lui, la première éducation est trop peu dirigée pour agir avantageusement sur le cœur; trop de liberté gâte les mœurs; la dignité d'une vertu sévère n'est pas connue, et des sentimens factices font surtout trop oublier les devoirs les plus essentiels pour les remplacer par quelques formules de religions en faisant bon marché du fond. De là, chez les gens surtout qui ont coutume de céder à leurs passions,

une superstition singulière qui transige avec elles,
et que je n'ai jamais pu comprendre dans une
classe qui raisonne ou qui peut raisonner. Je crois
pourtant que la génération nouvelle marche à des
progrès sensibles. L'instruction des femmes surtout
est mieux dirigée; elles tiennent davantage à leur
intérieur, quelque légèreté qu'on remarque encore (1). »

Jugement chagrin et exagéré de solitaire !

« D'ailleurs, poursuit-il, concluant sur la question du mariage, chacun n'est pas destiné par le
sort à éprouver le bonheur. La volonté de rendre
heureuse la personne disposée à se consacrer à
nous n'est pas suffisante; il faut encore en avoir la
possibilité. Une vie en apparence peu agitée l'a été
beaucoup et par un caractère trop disposé à s'affec-
ter de tout et par une imagination trop ardente
peut-être. Ce caractère en a pris une teinte qui
obscurcit les idées de bonheur forgées dans l'âge
où l'ame est neuve encore. Bien des illusions sont
mortes en moi; l'espoir s'évanouit, le désir seul
reste de me faire une existence qui me permette
calme et repos, et, pour le moment, mes pensées
d'avenir ne dépassent pas quelques années. »

Vingt fois, dans ses lettres à MM. Marcotte et
Snell, il revient sur ce sujet, qu'il rembrunit de ses

(1) Lettre à M. Marcotte. Venise, 12 octobre 1832.

tristesses et de son dégoût de la vie, et tout se résume pour lui à dire à peu près ce que disait le
Poussin vieillissant : « Qu'ai-je affaire de tant tenir
compte de ma vie, qui désormais me sera plus fâcheuse que plaisante? La vieillesse est désirée
comme le mariage, et puis, quand on y est arrivé,
il en déplaît. »

II.

Avant d'arriver aux incidens de la folle passion
qui fut une des causes de la mort de Léopold, re-
montons un instant le cours de sa vie; suivons-le
dans le monde; mettons-nous en tiers dans ses
rares intimités, pendant ses divers séjours en Italie :
on comprendra mieux le charme particulier qui
exerça une si douloureuse influence sur ses dernières années.

Après ses premières peintures importantes, la
renommée lui avait ouvert les salons de beaucoup
de grandes maisons à Rome, à Florence, à Venise,
et néanmoins, par une aversion décidée pour le
monde, par une sauvagerie toujours croissante,
sa vie avait été presque aussi retirée que constamment laborieuse. Il se levait de bonne heure, tra-

vaillait tout le jour, et passait une partie de la nuit
à écrire. Dans le carnaval de Rome, si follement
emporté au *Corso*, il fuyait l'étourdissante cohue.
Les dimanches et les jours de fête, il n'évitait pas
moins les plaisirs bruyans. Entouré de jeunes compatriotes qu'il dirigeait dans leurs études et qui
l'aimaient comme un père, il visitait à l'orient et
au midi de Rome, dans la partie silencieuse de la
ville, quelque beau site ou quelque ruine. Il errait,
aux heures du jour où tout est solitude, dans les
jardins de la villa Panfili-Doria, plantés sur les
dessins de Le Nôtre et de La Quintinie, ou bien
encore on l'apercevait, en dehors de la porte du
Peuple, aux jardins dont le grand goût de M. Joseph
Massani faisait, dès cette époque, une des curiosités
des environs de Rome. Souvent il parcourait, toujours seul, le territoire étrusque des *Trasteverini*,
demi-bourgeois, demi-manans d'une trempe vigoureuse et primitive, vrais modèles d'artiste, qui
se donnent pour les purs descendans des vieux Romains. Parfois, se jetant au hasard dans le désert
antique de la campagne de Rome, tapissé de ron-
ces, de genêts et de fenouil, parsemé de troupeaux
de chèvres, de bœufs et de buffles, il disparaissait
pour des semaines et s'ensevelissait en quelque
étude, ou, vaguant sans but, il allait se chauffer au
feu des pâtres et des *pifferari*, et son hypocondrie
goûtait de tristes joies à fuir le monde pour se

rapprocher de la nature. Le Colisée était aussi l'un
des buts de ses promenades solitaires. L'aspect ma-
jestueux de ce monument, qui plaît autant qu'il
étonne, parce qu'il est simple, relevait toujours ses
esprits défaillans; et plus d'une fois, au milieu de
ses travaux, on le vit rejeter sa palette pour aller
devant ce géant de pierre agrandir et retremper
son ame. Ainsi, à l'époque où Michel-Ange travaillait à sa coupole, on aperçut, au cœur de l'hiver,
ce grand homme arrêté, méditant au plus haut du
Colisée.

De temps à autre, il voyait le vieux Thévenin,
directeur de l'académie de France, qui laissait flot-
ter au gré du hasard les rênes de sa direction, et
sous lequel les élèves en prenaient à leur aise. Il
visita plus souvent le valétudinaire Guérin, qui,
par sa tenue, par son esprit fin et délicat, sut re-
lever l'école de la décadence. Guérin prit en goût
sa personne et son talent, et lui commanda plusieurs
tableaux. Vint ensuite la direction d'Horace Vernet,
qui ouvrit carrière à l'activité des travaux en même
temps qu'à l'activité des plaisirs, et fut une longue
fête pour la ville et pour les élèves. Alors le fusil de
chasse fut toujours à côté de la palette et du pinceau, et le salon de l'académie de France, dont Mme
et Mlle Vernet faisaient les honneurs, devint un des
plus brillans de Rome : — Mlle Vernet, depuis
Mme Delaroche, femme ravissante et accomplie, en-

levée avant le temps, laissant derrière elle le parfum de toutes les vertus et de toutes les graces. Ces
deux hommes, Horace et Léopold, étaient trop dissemblables pour se goûter mutuellement : le premier, esprit quelque peu sarcastique, peintre charmant et improvisateur, qui mettait la bride sur le
cou à son pinceau comme Mme de Sévigné à sa
plume, et sautait d'un sujet à l'autre, selon que le
vent du caprice donnait le vol à sa mobile imagination; le second, génie voué avant tout à la synthèse, pénible, timide, défiant, qui traçait lourdement son sillon, et à qui l'éclat du salon académique
faisait peur (1). Quand Mme Récamier passa à Rome
l'hiver de 1824-1825, Robert la visita assez fréquemment; mais, dès qu'elle fut partie, il ne hanta
plus guère les salons, hormis celui de M. Snell et
celui du ministre de Prusse, M. Bunsen, homme
de beaucoup de lettres, et dont la conversation
ouvrait une source féconde d'instruction à son esprit. Parmi les exceptions, on peut citer encore
le comte de Forbin, qu'il vit souvent à Rome en

---

(1) M. Gaullieur, dans une notice déjà citée, parle d'un grand
repas durant lequel le vif Horace persifla sans relâche le pauvre Robert, qui, n'ayant d'esprit qu'au bas de l'escalier, ne
sut que répondre. Il aurait pu ajouter qu'à ce propos un des
convives dit à l'oreille de son voisin le mot de Molière sur La
Fontaine : « Nos beaux esprits auront beau se trémousser, ils
n'effaceront point *le bonhomme.* »

1829, et il parut de loin à loin chez l'ambassadeur de France, l'illustre Chateaubriand. Le comte de Ganay, qu'il retrouva chargé d'affaires à Florence, et son ancien camarade Constantin, le célèbre peintre en émail et sur porcelaine (1), étaient aussi parvenus à l'apprivoiser, à force de bienveillance et d'amitié. Mais c'est surtout à Venise que la sauvagerie de Robert, n'exceptant que M. Odier et M. Joyant, s'abandonna à tous ses caprices; c'est ainsi qu'il refusa au comte de Ganay lui-même et au comte d'Houdetot de leur montrer ses *Pêcheurs*, «trouvant piquant de faire un tableau capital sans que personne autre que ses modèles ne le vît.» «J'ai mis de côté tous les devoirs de société,» écrivait-il alors à son ami Snell.

Entre toutes les familles illustres qu'il cultivait à Rome à de longs intervalles, s'en trouvait une née Française, et que les révolutions avaient exilée. Un mari et sa femme, beaucoup plus jeunes que Robert, la composaient avec une parente. C'était la princesse Charlotte Napoléon, fille de Joseph,

---

(1) Constantin, né à Genève, où il vit aujourd'hui dans la retraite, a produit en émail et surtout sur porcelaine, d'après les grands maîtres, de magnifiques ouvrages. Quelques-uns sont à la manufacture de Sèvres, le plus grand nombre a été acheté par le roi de Sardaigne, Charles-Albert, qui leur a assigné les honneurs d'une salle particulière au musée de Turin.

comte de Survilliers, mariée à son cousin Napoléon, fils aîné de Louis, comte de Saint-Leu, et de
la reine Hortense, — et leur parente, Mlle Juliette
de Villeneuve, depuis épouse de son cousin M. Joa-
chim Clary : — toutes personnes mortes aujour-
d'hui, à l'exception de ce dernier. Ces personnes
non-seulement aimaient les arts, mais elles les pratiquaient elles-mêmes, de sorte qu'à peine eurent-
elles connu Robert, il s'établit entre elles et lui un
genre d'intimité où, d'une part, le culte du talent
et la bienveillance, de l'autre, la timidité vaincue,
l'amour-propre satisfait, et plus tard l'attrait de je
ne sais quel sentiment inconnu, semblaient avoir
fait disparaître les distances sociales. Certes, il faut
une expérience du monde bien solide, une recti-
tude de jugement bien affermie chez les gens de
lettres et les artistes, pour ne pas se laisser aller
aux séductions de cette trompeuse égalité que les
circonstances fondent sur le sable entre le talent
et la puissance. Les plus habiles s'y laissent prendre, et, depuis le Tasse et Voltaire jusqu'à Léopold,
la leçon du réveil a été terrible. Robert le sentait,
et vainement lui disait-on que le talent est une
dignité en France et qu'il égalise tous les rangs;
le fils du pauvre artisan de la Chaux-de-Fonds se
tenait sur une respectueuse réserve. Le monde supérieur qui brillait au-dessus de lui ne l'éblouis-
sait point. Il n'avait pas non plus contre les inéga-

lités sociales les révoltes intérieures d'une ame qui
sent sa force, ou d'un orgueil blessé et jaloux : il
s'était résigné sans murmures à la place que Dieu
lui avait faite, et voulait y rester. Toutefois, subjugué par les attentions, par les prévenances de
tout genre, par les charmes journaliers d'une conversation où il trouvait l'écho de ses opinions et
de son cœur, il se livra au courant d'un bonheur
d'autant plus vif que le sentiment qui l'y poussait
avait plus d'innocence.

A cette époque, il avait sa *Fornarine* sonninèse
qui n'avait fait qu'augmenter en lui le goût de la
retraite; mais, sans se rendre compte de la passion
qui l'agitait et qui l'empêchait d'en feindre une
autre, même fugitive, il renonça à sa liaison, et
retomba tout entier sur lui-même, ne se permet-
tant d'autre distraction que cette société où tant
d'égards flatteurs l'attiraient. Un lien de plus vint
l'enchaîner encore à cette famille qui ne semblait
vouloir que de l'amitié : le prince Napoléon et la
princesse Charlotte entreprirent avec lui, en commun, une suite de compositions pittoresques (1).

_____

(1) C'étaient de grands paysages de fantaisie lavés à l'encre
de Chine et à la seppia, que le prince Napoléon composait et
exécutait, et dont Robert faisait les figures. La princesse Charlotte les lithographiait ensuite. Il y a une douzaine de planches,
imprimées chez Salucci. Elles portent les trois noms des auteurs : *Napoléon, inv.*; *Robert, fig.*; *Charlotte, lith.* Les

Ce travail marchait activement au milieu des conversations et des lectures du soir, quand tout à coup, la première insurrection de la Romagne venant à éclater en 1831, le prince Napoléon, entraîné par son frère, le prince Louis, se jeta comme volontaire parmi les révoltés, et fut atteint d'une maladie violente dont il mourut subitement. Cet événement funeste rendit la présence de l'artiste plus nécessaire à la jeune princesse Charlotte, pour laquelle il peignit un portrait de son mari d'après de petites miniatures, les seuls souvenirs qui en restassent, et c'est à la suite de ces redoublemens de soins de tous les instans, d'attentions délicates, de tendre confiance, de larmes versées et recueillies, que le malheureux, à qui l'honnêteté de ses principes comme l'humilité de sa naissance n'avaient pas permis de s'avouer jusqu'ici ses sentimens, en reconnut tous les progrès et les ravages.

figures de Robert sont des moines, des paysans. La plupart des motifs ne sont pas bien neufs, et se retrouvent soit dans les lithographies qu'il a exécutées lui-même à Paris et en Suisse, soit dans ses tableaux. Léopold, dans le cours de ces soirées studieuses, avait fait aussi au lavis, au crayon et à la plume, de nombreux croquis pour la princesse Charlotte et pour Mlle de Villeneuve. C'étaient des têtes, des compositions quelquefois fort avancées et d'un beau caractère. Le recueil de ces dessins est assurément fort précieux, venant d'un homme qui s'est si peu livré à la fantaisie.

On peut, dans un grand nombre de lettres éparses, adressées à MM. Marcotte, Jesi et Schnetz, suivre la marche insensible des vives préoccupations qui assiégèrent dès-lors son esprit. Les premières de ces lettres que nous aurons à citer sont de l'époque où Robert, venant de Rome et se rendant à Paris, passa par Florence pour y revoir la princesse.

« A M. Schnetz, Florence, 11 mars 1831.

« Notre voyage vers cette ville a été fort heureux et très intéressant, car nous avons traversé les troupes papales et les constitutionnelles, et je t'assure que j'ai remarqué des choses très pittoresques. Tu le concevras facilement avec ces beaux fonds de Nepi, de Civita–Castellana, d'Otricoli, et des groupes qu'on n'y avait jamais vus peut-être, et qui semblaient en vérité plutôt faits pour la peinture que pour la défense ou la conquête de l'état. »

« A M. Marcotte, Florence, 22 mars et 18 avril 1831.

« Je suis fort agréablement dans cette ville intéressante. Les habitans m'en plaisent beaucoup. Ils sont sans contredit meilleurs qu'à Rome, par exemple, où j'ai fait un si long séjour. Pourtant les peintres ne peuvent, à mon avis, trouver ici ni le pittoresque, ni le caractère qui se conserve si fortement prononcé de l'autre côté de l'Apennin.....

« Je suis installé et je me trouve beaucoup mieux,
sous tous les rapports, que je n'aurais osé l'espérer.
Il faut cependant, avant de vous entretenir de mes
relations, que je vous avoue, très cher monsieur,
que personne plus que moi n'aime le calme, la
tranquillité et le repos, et que les révolutions, généralement parlant, me paraissent entraîner des
suites si funestes, les avantages qu'on s'en promet,
sans être tout-à-fait illusoires, sont accompagnés
de tant de désordres, de troubles, de haines et de
misères, que véritablement il faut ne pas raisonner
pour y prêter la main, surtout en pays étranger. Il
y a une masse aveugle qui veut tout réformer. Le
monde n'est pas encore assez éclairé pour recevoir
ces idées de liberté qui, portées trop loin, ne sont
plus comprises que d'un petit nombre... En France,
on aura été bien étonné de la promptitude avec
laquelle un petit corps d'Autrichiens a dissipé ces
corps nombreux de libéraux qui s'étaient armés et
qui prétendaient soutenir leurs droits. La raison
en est simple. La plus grande partie du peuple
n'était pas assez persuadée de la réalité des avantages qu'on voulait lui procurer; ensuite, ce qu'il
y a de très malheureux pour les Italiens, c'est
qu'ils se défient toujours les uns des autres. On
assure aujourd'hui que les principales têtes, les
grands meneurs, ont trahi : je suis persuadé qu'il
n'en est rien; mais il n'en faut pas davantage pour

jeter le découragement dans les cœurs les plus disposés à s'engager dans ces luttes.

« Quelle conduite la France tiendra-t-elle? Il est certain à présent que la non-intervention est rompue par les Autrichiens, puisqu'ils marchent sur Imola. Bologne va être cernée. Qu'en arrivera-t-il? Chacun se le demande ici. Je suis bien aise d'être à Florence, car tous les habitans aiment trop la tranquillité et leur grand-duc pour remuer.

. ... « Nous avons eu quelque difficulté à rester ici; mais c'était seulement parce que nous venions de Rome, et que tout ce qui en arrivait était, par mesure de sûreté, renvoyé indistinctement. Nous avions traversé les insurgés, c'était encore un motif d'exclusion; mais, grace à nos bonnes connaissances ici, nous sommes tout-à-fait installés. Il nous eût été d'autant plus désagréable de partir, que mes compagnons, plus que moi, tiennent plutôt à l'ancien régime. Tout en reconnaissant des abus, ils détestent les révolutions. Moi, je les trouve bonnes, quand c'est la plus grande masse qui les fait, quand personne n'est sacrifié, et qu'elles arrivent à ce point de satisfaire tout le monde, ou à peu près.

« J'ai commencé à travailler. Je fais un tableau pour ce bon M. Ganay, qui est ici chargé d'affaires de France. Je l'avais vu souvent à Rome, et j'ai eu beaucoup de plaisir à le trouver ici. Je le

vois très souvent. Je vois aussi extrêmement souvent les Bonaparte. Je connaissais particulièrement
ce pauvre prince Napoléon. Sa femme et sa belle-
mère, qui sont ici, et qui naturellement sont très
affligées, m'engagent tant à y aller, que chaque
jour j'y vais un moment. Je les connaissais de
vieille date. Elles sont extrêmement simples et ac-
cueillantes. Mais figurez-vous la situation de cette
jeune veuve qui vient de faire une perte si sensible! Sa mère est impotente et ne peut vivre long-
temps. La fille est menacée de se voir seule bientôt, ce qui rend sa position plus cruelle. Vous me
demandez pourquoi ce jeune Napoléon se trouvait
avec les constitutionnels. C'est une de ces destinées
qu'on peut dire malheureuses. Homme charmant,
réunissant toutes les qualités, estimé de tous, aimant l'étude et fort instruit, il était occupé d'un
ouvrage fort important qu'il allait publier, quand
la fatalité amena ici son jeune frère, qui avait été
renvoyé de Rome comme suspect. Ces deux jeunes
gens, ayant appris que leur mère, la duchesse de
Saint-Leu, partait de Rome pour venir les rejoindre à cause des troubles de la Romagne, voulurent
aller à sa rencontre, et, au lieu de prendre la route
de Sienne, ils prirent celle de Perugia, qui n'était
pas celle que leur mère avait suivie. Ils furent
reçus à Perugia, Foligno, Spoleto, Terni, avec de
si vives démonstrations de joie, on leur fit tant

d'instances pour les porter à se réunir aux mécontens et leur donner l'appui d'un grand nom, qu'ils
se laissèrent entraîner : Napoléon, par faiblesse.
Quand je les vis à Terni, j'ai pu apercevoir combien l'aîné était préoccupé de la position où il
mettait sa famille : il m'en parla beaucoup, mais
enfin le sort en était jeté. Il a succombé à une vie
trop active pour lui, qui avait toujours vécu dans
le calme et le repos. »

Un mois auparavant, Robert disait de son entrevue avec ce prince : « Il m'a ouvert son cœur. Je
suis persuadé que ses intentions étaient très nobles,
si elles n'étaient pas très raisonnables. On ne peut
savoir encore le genre de sa mort. On parle de la
fièvre jaune, d'un duel, du poison... Pour moi, je
crois sa mort naturelle. Sa femme, qui est ici et
que j'ai vue plusieurs fois depuis mon arrivée,
doit être dans la plus grande désolation. Je n'ose
encore aller la revoir. »

Florence, 16 mai 1831. — « Qu'allez-vous dire
de moi en recevant encore une lettre de Florence?
Vous allez penser que je me presse bien peu pour
me rendre à Paris. Que vous dirai-je, sinon que
Florence m'est chère par plus d'un motif, et que
je pensais bien peu y trouver des *empêchemens si
forts* pour la quitter? Quoi qu'il en soit, autant que
je puis le dire à présent, mon parti est pris, et je
partirai aussitôt que mes ouvrages seront terminés.

Toutefois veuillez croire que ce n'est rien d'indigne d'un honnête homme qui me lie ici, et, sans vous donner, pour le moment, d'autres détails, je vous prie de me conserver votre estime. »

Enfin, Robert était venu à Paris, portant dans son cœur le trait fatal, et bientôt M. Marcotte d'Argenteuil avait lu dans cette ame malade. Il avait reproché à Léopold de cacher des souffrances à son amitié. « Quels remerciemens ne dois-je pas vous faire, lui répondait de Neufchâtel le malheureux artiste, pour vos excellens conseils! J'ai la fièvre du travail : c'est mon idée unique, c'est toute ma réponse. Ma santé est excellente, et je ne crains pas d'entreprendre un nouveau voyage. J'ai toutefois l'espérance de ne pas être seul. Quant à un attachement, je n'y pense point, et je n'en ai aucun; mais je vous assure que, dans toutes les circonstances de ma vie qui ne seraient pas calmes ni naturelles, je vous demanderais vos conseils, assuré que, si je les suis, je travaillerai à mon bonheur. Quand je ferai un nouveau voyage, peut-être penserai-je sérieusement à m'établir. Que ne puis-je vous dire combien je suis attendri que vous vouliez bien vous occuper de mon bonheur! Je me réserve de vous en dire plus long à ce sujet dans une nouvelle lettre. Je dois me borner, pour le présent, à vous faire observer que cette époque n'est pas engageante pour prendre une détermination à l'égard du mariage; elle changera, je l'espère. »

De Neufchâtel, Léopold retourne à Florence pour y revoir une fois encore la princesse Charlotte avant de s'établir à Venise : « Me voici enfin à Florence, écrit-il à M. Marcotte (4, 6 et 22 décembre 1831), après dix jours d'un voyage assez fatigant... J'ai trouvé toutes mes connaissances assez bien portantes; mais je remarque que la politique est capable d'opérer bien des changemens. Des relations particulières que j'ai eues ici, il ne me reste plus que celles de gens mutuellement mécontens de leur manière de voir, ce qui jette beaucoup de froid dans les rapports...

« Plusieurs personnes, qui ne vous connaissent que par votre réputation et votre beau caractère, m'ont demandé de vos nouvelles aussitôt que je les ai vues, ce qui m'a fait grand plaisir. Parmi elles est le comte de Ganay, qui est un charmant homme, franc et loyal. La princesse Charlotte et sa famille se sont également informées beaucoup, non-seulement de vous, mais de tous les vôtres. J'aime à saisir cette occasion de vous dire, cher et excellent ami, que les rapports que j'ai et que j'aurai toujours avec cette famille n'auront rien que de très simple. J'ai trouvé ces dames mieux que je ne les avais quittées, et même la princesse Charlotte, pendant mon absence, s'est fait d'autres occupations qu'elle préfère à celles que nous avons eues ensemble. Elle s'occupe de littérature, et cherche à voir tous les hommes qui se distinguent un peu dans un genre ou dans l'autre. Je suis bien content, je vous assure, d'avoir sous les yeux un exemple de ce que le temps peut faire pour diminuer la plus grande douleur...

« Ces dames ne sortent pas du tout. Leur société m'est très agréable, parce qu'elle est douce, et que les conversations y sont plus instructives et plus de mon goût que celles qu'on entend dans bien d'autres maisons. Elles ont beaucoup d'esprit. Mlle de Villeneuve est une personne d'une instruction extrêmement étendue, et qui, avec une manière large et grande de voir les choses, a beaucoup de sensibilité et de charme. La princesse Charlotte est peut-être moins distinguée sous le rapport des connaissances; mais, si ses raisonnemens n'ont pas un caractère aussi prononcé, ils ont ordinairement plus de naturel, d'autant qu'ils viennent d'un cœur droit, ami de la franchise et de la vérité. Il n'y a qu'une chose sur laquelle nous soyons toujours en discussion : c'est la religion. Malheureusement ces dames n'ont pas une foi bien solide, et elles sont persuadées que les têtes fortes n'ont pas besoin des consolations de la religion. Cet esprit est généralement dans la famille, et il n'est pas extraordinaire que les personnes qui n'ont jamais en-

tendu parler que d'une manière dérisoire du christianisme, comme de toutes les autres croyances,
aient une espèce d'éloignement pour tout ce qui
est mystique (1).

« Pardon, cher ami, de vous parler si longue-
ment de personnes qui ne vous sont point connues;
mais l'intérêt qu'elles mettent à ce qui vous concerne m'a fait croire que ce que je vous dis d'elles
ne vous paraîtra pas trop long. C'est d'ailleurs vous
faire connaître en quoi consistent mes distractions
et mes plaisirs... »

Plus tard, en 1833, il disait encore : « Je vous
remercie, cher ami, d'avoir remis à M. Thiers une
épreuve de la gravure des *Moissonneurs* par Mercuri. Si j'avais l'honneur d'être connu de M. Gui-
zot, je lui aurais fait hommage d'un exemplaire,
car il sent les arts, et j'ai vu de lui un petit livre
fort bien touché sur un salon de l'Empire, quand il
n'avait que vingt ans. Je crois vous avoir déjà prié
d'envoyer quatre épreuves à M\ :sup:`me` Juliette Clary, qui
se charge d'en faire la distribution à des personnes
qui me veulent du bien. A propos de cette dame,
je vous rappellerai que c'est une personne à la-

---

(1) Voir, au n⁰ IV de l'Appendice, une lettre de la princesse
Charlotte Napoléon à Aurèle Robert, sur la mort de Léopold,
et où la princesse s'explique touchant ses conversations religieuses avec ce dernier.

quelle je suis bien attaché. Elle a les qualités les plus grandes; on peut dire que c'est une femme forte par sa raison, ses principes, et extrêmement intéressante par son excellent cœur. Je m'estimerai toujours heureux d'avoir des rapports avec elle. »

A peine est-il de retour à Florence, qu'une inquiétude secrète le poursuit. « Quels délicieux momens vous me faites passer, très cher et excellent ami! Chaque lettre de vous m'inspire des sentimens plus vifs, et, quand je crois que mon cœur est plein de votre affection, les nouvelles preuves de votre amitié m'émeuvent toujours davantage. Comment ne pas croire à une autre existence où l'on pourra s'aimer sans crainte et sans le chagrin que donne l'instabilité des choses de ce pauvre monde? Pour moi, j'ai le bonheur de sentir que je vous aimerai encore après ma mort. Je me vois réuni à toutes les ames avec lesquelles j'ai sympathisé. Cette idée, qui est une conviction intime, me donne tant de joie, me met dans un état si heureux, que je m'en attendris quelquefois comme un enfant. Je sens aussi que cette disposition, loin de m'ôter de l'énergie, m'élève et m'est une garde contre les malheurs de la vie, qui peuvent me faire bien souffrir, mais ne peuvent m'abattre. Je présume trop peut-être de ma force morale, moi surtout qui n'ai bu à la coupe du malheur que de loin en loin; encore l'amertume n'a pas été aussi grande que celle des infortunés qui en boivent la lie. Ma gratitude envers Dieu, que je me représente comme étant l'ame des mondes, est bien vive, quand je me demande si je mérite ces bénédictions particulières.

« Mon troisième tableau des Saisons serait bien en train maintenant; mais, en y pensant bien, j'aime mieux quitter Florence : *il y a une épine qui m'y pique; peut-être à distance la sentirai-je moins.* »

Puis, le 26 mars 1832, à Venise, son secret commençait à lui échapper par tous les pores, et ses dénégations, petite supercherie de sa timidité, devenaient presque des aveux. « Il me reste à vous entretenir d'un sujet sur la voie duquel vous m'avez mis, en me donnant vos excellens conseils. Que ne puis-je vous dire tout ce que mon cœur sent de reconnaissance pour une amitié si vraie et si bienveillante! Votre sollicitude vous a fait découvrir des sentimens que je me cache peut-être, mais qui pourtant ne me rendent jamais malheureux, et surtout ne m'ôteront pas le besoin que j'ai de produire et de faire mieux. D'ailleurs, est-ce à mon âge que la folie souffle ses sottises? Je ne le crois point. La raison a pris le pas et conduit d'une main plus sûre...

« C'est la soirée seulement que j'allais chez ces dames, encore n'y allais-je point chaque jour (en avril 1831, il disait le contraire). J'avoue que je trouvais un grand charme à ces visites. Cette tranquillité, cette douceur de rapports, me rappelaient mes soirées dans votre maison. Ces dames se contentent, pour toute distraction, de la société de quelques amis. Les conversations, toujours intéressantes, donnent l'envie de se conduire bien, élèvent l'imagination en faisant consister la véritable gloire dans le mérite et le talent. Si vous connaissiez leur intérieur, vous ne pourriez leur refuser la plus grande estime pour leurs vertus. La comtesse de Survilliers étant depuis long-temps malade, sa sœur, Mme de Villeneuve, et sa fille, firent un voyage en Italie pour la voir, comptant n'y rester que peu de temps. L'état de la comtesse est tel actuellement, qu'il y aurait barbarie de la part de sa sœur à la quitter... Avant le malheur arrivé dans cette maison, l'année dernière, à cette époque, il y régnait plus de gaieté. Aujourd'hui, beaucoup la trouveraient triste. Pour moi, je la fréquentais toujours avec plaisir, parce que j'y trouvais des idées en rapport avec les miennes. Quant à des sentimens autres que ceux de l'estime et d'une vive amitié, je crois qu'ils n'existent pas. Ne serait-ce point, d'ailleurs, une grande folie à moi que de lâcher la bride à des sentimens toujours combattus par la raison, car enfin quelle illusion puis-je avoir? Cher et excellent ami, je vous le répète encore, cette liaison ne peut que m'élever l'ame et me donner le désir de me maintenir dans le chemin de la vertu. Quel avantage n'y a-t-il pas dans ces relations qui donnent de l'intérêt à la vie et retrempent le cœur d'énergie! Votre amitié n'a-t-elle pas ce mérite pour moi? Vous avez bien voulu me disitnguer : le bonheur que j'en éprouve ne doit-il pas toujours régler mes actions pour conserver votre affection qui m'honore? Il en est de même des rapports intimes que l'on peut avoir dans la vie, quand la vertu en est la base. J'espère faire voir que mon art possède toujours mes pensées les plus continues. »

Trente lettres écrites, soit à M. Marcotte, soit à M. Jesi, sont remplies, sans parler de ce que Léopold appela plus tard *sa passion*, d'un intérêt vif et ardent pour la princesse Charlotte. Isolées, ces lettres pourraient passer inaperçues ; groupées et rapprochées de tous les témoignages accumulés sous nos yeux, elles forment un faisceau de preuves émouvantes. Voici un passage de l'une de ces lettres :

« De Venise, le 3 novembre 1832.

« J'ai reçu hier une nouvelle qui m'a vivement affecté et à laquelle je m'attendais bien peu : c'est le départ de la princesse Charlotte pour l'Angleterre. Elle va y voir son père qui n'a pas pu obtenir la permission d'établir son séjour en Italie. Je vous laisse à penser quelle persécution! Que les hommes, auteurs de telles décisions, ont l'ame petite et la vengeance basse! Poursuivre une famille avec une telle persévérance! Elle laisse sa mère malade pour aller trouver son père auquel on ne permet pas de passer quelques années de tranquillité et de repos, à un âge où l'on ne saurait désirer autre chose! Elle est partie avec sa parente après la séparation la plus pénible. J'en éprouve une peine que je ne puis m'expliquer, et c'est le jour des morts que j'ai reçu cette triste nouvelle! Sans être superstitieux, il y a des choses qui frappent, quoique la raison les condamne. Que je suis impatient de reprendre mes travaux, qui feront un peu diversion à mes pensées! Il me semble que je suis encore plus seul ici depuis hier, et je le serai tout à fait dans quelques jours, mon jeune ami (1) devant partir pour rejoindre sa famille. Je compte pourtant sur la force de volonté si nécessaire dans la vie et sur l'assistance du Ciel qui la donne. Puis je vous écrirai. Quand je prends la plume pour le faire, il me semble trouver des vertus que je ne me sens par toujours (2). »

Le 3 avril 1833, ce ne sont plus les demi-confi-

(1) Le jeune Roullet de Mézerac.
(2) Lettre à M. Marcotte.

dences de mars 1832, ce sont des aveux complets. Avant de les laisser échapper, il fait faire beaucoup de chemin à sa plume. Enfin il arrive, se réservant, comme Mme de Sévigné, pour le *post-scriptum:*

« Votre lettre m'a fait m'envisager bien coupable de ne pas avoir répondu plus tôt à celles qui l'ont précédée, et la raison que je vous ai donnée de mon retard à vous écrire me semble à présent trop faible pour le justifier. Je vous en demande donc pardon, et c'est un plaisir que j'ai, puisqu'il m'engage à me procurer celui d'être avec vous et de causer avec un ami qui m'est si cher. J'ai été enchanté d'apprendre d'aussi bonnes nouvelles de toute votre famille, et votre infatigable ardeur pour réorganiser votre administration m'assure de votre bonne santé. J'en jouis; mais pourtant j'aimerais bien à apprendre que vos occupations sont moins grandes, et il me semble qu'elles doivent vous fatiguer beaucoup. Quand je me représente cette activité si soutenue, je trouve que la mienne pour mon travail est bien peu de chose, et j'en ai honte. Et c'est vous cependant qui m'engagez à prendre du repos, vous qui devez en avoir un si grand besoin! Et c'est encore vous, dont les heures sont si comptées, qui me faites parvenir de si bonnes lettres! C'est vous dont les conseils et les observations me font réfléchir et me disposent davantage à me défier d'un caractère qui peut trop être conduit par une ima-

gination inquiète et peu sage ! Soyez sûr que mon
cœur les recueille, ces conseils de l'amitié la plus
excellente, et qu'il en éprouve une tranquillité qui
lui donne plus de force. Vous aurez vu par ma dernière que je continue d'être favorisé d'une très
bonne santé qui m'a été et m'est d'un grand avantage. Vous y aurez aperçu de nouveau un sentiment de satisfaction qui est ami de l'existence, et
la manière dont je m'y exprime me semble prouver que je tiens encore aux intérêts de la terre.

« A propos de cela, je me vois bien moins modeste que vous ne voulez m'envisager, et, en lisant
l'endroit de votre lettre où vous m'adressez un
éloge si flatteur, je me suis rappelé tout de suite
ma lettre passée et le jugement que je fais de mon
tableau, et j'ai senti le rouge me couvrir la figure...
Cher ami, vous me jugez bien trop favorablement.
J'espère pourtant que vous voudrez bien ne pas
trop expliquer à mon désavantage ma précipita-
tion à vous parler de mon tableau.

« *Dimanche de Pâques.* — J'ai différé quelques
jours à vous écrire, ayant fait ma dernière course
à Chioggia pour y observer quelques détails pour
mon fond. En revenant, j'étais véritablement heureux de penser que c'était la dernière fois que je
faisais ce voyage, au moins pour le présent. Plus
je vois ce pays, Venise et ses environs, plus je voudrais y être avec un esprit tranquille. Oh ! mon

cher ami, si vous saviez combien ma raison a déjà
fait pour avoir ce calme! combien elle travaille
pour cela! Vous trouveriez qu'elle se défend vivement contre une imagination qui tend à la gouverner. Comme l'amitié véritable sait lire dans
l'ame de ceux qui l'occupent, m'est-il permis de
ne pas vous le dire? Non, je ne peux pas cacher
les faiblesses de mon cœur, et il ne m'est pas possible de ne point répondre, ou de répondre d'une
manière évasive, à vos excellens conseils et à vos
observations. Comment pourrai-je vous expliquer
le silence que j'ai gardé jusqu'à présent avec vous,
si ce n'est en vous disant que c'est la honte qui me
l'a fait garder?—J'ose dire que ç'a été aussi l'espoir de vaincre des sentimens en apparence bien
téméraires et bien condamnables. Mais en suis-je
tout-à-fait coupable? Quelle chaîne d'entraînemens
il y a dans la vie! et souvent, comme vous le dites,
on en reste malheureux, si surtout on ne se persuade pas que tout est pour le mieux dans ce
monde.

« J'aimerais à vous parler avec plus de détails de
ce qui trouble bien trop le repos que j'ambition-
nerais; mais à quoi cela pourrait-il servir, sinon à
satisfaire peut-être ma faiblesse? Je ne veux pas
vous en ennuyer, je ne veux que vous montrer la
confiance la plus entière. Je vous le répéterai encore, un sentiment de honte m'a retenu jusqu'à

présent, mais je ne dois plus l'écouter; oui, la
honte d'avoir fait preuve de la plus grande inconséquence, la honte d'avoir montré aussi peu de
prudence que de prévoyance en une rencontre qui
en exigeait tant. Je me suis long-temps fait illusion. Vous le dirai-je? tant que j'ai conservé l'espoir de *la* revoir, je croyais mes sentimens très
naturels. A présent, ils m'occupent trop. Si je n'a-
vais mon cher Aurèle avec moi, et si je ne voyais
pas mon tableau s'avancer vers la fin, je ne sais
vraiment si je pourrais le continuer; mais, comme
je vous le disais, avec l'idée que tout peut servir,
sinon à l'avantage temporel, du moins à l'avance-
ment spirituel, on a déjà une grande consolation.
Je suis bien éloigné de vous, cher ami, et pourtant vous êtes constamment avec moi. Tout ce que
vous me dites se grave dans mon cœur, et mon
attachement s'en augmente. Je n'ai pas voulu, je
n'ai pas pu vous cacher la cause de cette disposition qu'avec raison vous blâmez en moi. En vous
en faisant l'aveu, je puis vous assurer des efforts
que je ne cesse de faire pour la changer. Le temps,
je l'espère, m'en fera triompher, mais je resterai
toujours avec les sentimens de la reconnaissance
la plus tendre pour vous, qui avez été et qui êtes
ma force.

« Voilà donc cette page que je vais vous envoyer et qui vous fera connaître cette inclination

*

que vous avez soupçonnée, et que je voudrais me
cacher à moi-même! Si je pouvais en même temps
vous dire ce qui l'a faite ce qu'elle est, peut-être
ne me jugeriez-vous pas trop sévèrement. Hélas!
vous le savez, le cœur est entraîné quelquefois. On
doit être plaint quand il ne vous entraîne pas au
point de mériter le blâme de ceux qui veulent que
les passions soient toujours gouvernées par le sentiment de l'honneur....

« Il y a plusieurs jours que j'ai commencé ma
lettre, et vous verrez par ce qui est écrit que je
me suis laissé aller à vous faire une confidence
qui vous fera bien mal juger de ma raison; mais,
en beaucoup de choses, vous me jugez trop avantageusement, et vos éloges me font trouver coupable de ne pas me faire mieux connaître à vous,
cher ami.... Je ne veux pas quitter ce sujet sans
vous faire une prière, à savoir de ne faire aucune
supposition qui puisse être désavantageuse à une
personne dont les qualités et les mérites appellent
non-seulement la considération, mais l'attachement de ceux qui l'approchent. D'ailleurs, mes
sentimens sont nobles et purs, et, quand ils auront
plus de calme, ils me feront trouver un avantage
dans ce qui m'a trop agité...

« .... Je ne ferai que quelques petits tableaux
après mes *Pêcheurs,* et j'irai m'installer tout-à-fait
dans le pays où je trouverai le sujet de mes *Ven-*

danges. Je m'en promets déjà du plaisir. Je ne tiens pas à m'arrêter à Florence. J'y aurais même bien peu de satisfaction, n'y trouvant plus les personnes que j'aimais le mieux. La princesse Charlotte n'y reviendra pas !.... »

Et plus tard : « Je toucherai encore dans cette lettre un point que je crois nécessaire. J'ai répondu à ce que vous désiriez savoir de Florence; mais je ne vous ai pas dit que, si la personne dont vous m'avez parlé supposait que l'on fît des remarques sur une relation qui n'a rien eu que de très naturel, elle en serait très étonnée. Je vous le dis, cher ami, pour vous persuader que, de sa part, il n'y a aucune envie d'attirer des adorateurs. Sa vie est si simple, ces dames vivent si retirées, qu'on ne pourrait penser ce qui n'est pas, si on les connaissait. Ce que je vous en dis, c'est pour l'acquit de ma conscience. D'ailleurs, je crois me mettre à ma place en pensant que je ne peux fixer des sentimens bien particuliers dans le cœur d'une personne qui m'accorde peut-être quelque estime, mais que tout empêche de laisser pénétrer en elle une impression qu'il faudrait d'autres mérites et d'autres qualités que celles que je puis avoir pour faire naître. »

Au mois de mai de la même année 1833, il revient encore sur ces tristes pensées qu'il n'a pu arracher de son cœur : « Vous avez bien voulu sympathiser avec une faiblesse que je n'ai pas craint de vous découvrir. Je ne sais si cet aveu ne déposera pas trop cruellement à vos yeux de mon imprudence; mais voilà le résultat de la peine que j'ai éprouvée en voyant une femme dans une affliction profonde. Sa sensibilité m'a ému; ses vertus ensuite ont augmenté cet intérêt que je pensais n'être d'abord que naturel. J'aurais besoin de vous en dire davantage pour que vous pussiez comprendre que je suis peut-être excusable. Quoi qu'il en soit, c'est un rêve bien glorieux!

« J'ai lu et relu votre dernière lettre, qui m'a été si bonne; je la relirai encore, car je ne peux me dissimuler que c'est la raison la plus convaincante pour opérer sur mon esprit. C'est donc à vous que je devrai un état plus calme. Quelle sensibilité profonde je trouve dans tout ce que vous me dites! Et qui pourrais-je croire plus que vous, qui voulez bien, non-seulement excuser une faiblesse que je condamne, mais encore m'aider de conseils pour ramener mon imagination dans la route qu'elle n'aurait pas dû abandonner? Comme je vous l'ai dit dans ma dernière, il me faudrait autre chose que la plume pour faire comprendre toute ma situation. Il m'est arrivé ce qui a demandé bien des sacrifices, et ici, en Italie, je sens que je suis toujours en danger par le besoin que j'ai de m'attacher, et par l'impossibilité où je suis de le faire de

façon à satisfaire à la fois la raison, les convenances
et, je le dirai, mon cœur. Malheureusement pour
moi, en Italie, je n'ai jamais eu de rapports qu'avec
des personnes dont la situation et l'existence si
différentes de la mienne auraient dû me tenir toujours en garde contre des sentimens qui exigent
bien d'autres rapports. On se laisse entraîner par
je ne sais quel charme trompeur qui ne vous lègue,
en s'évanouissant, qu'ennuis et dégoût de la vie.
Ma peinture, qui peut encore tant m'occuper, fait
une diversion à cet état si pénible, et je dois encore m'envisager heureux de sentir ma passion
pour mon état, loin de diminuer, prendre chaque
jour plus de mes idées et de mon temps. Pourtant il me semble que ce n'est qu'une fièvre qui
peut passer, et je me dispose à me ménager quelques forces pour le moment où cette ardeur se pré-
parera à me priver d'énergie en me quittant. »

C'est encore de Venise qu'il écrit : « Je viens de
relire votre chère lettre, et j'y vois un endroit auquel je n'ai pas répondu encore comme votre affection le demande. Vous voulez me dire que vous
n'osez plus me parler de ce qui, à votre idée, a
influé beaucoup sur ma santé, et m'a beaucoup
nui sous tous les rapports. Cher ami, c'est moi qui
dois craindre de parler d'une faiblesse que je condamne sans doute, mais dont je ne puis être hon-
teux. Moi seul je suis la cause d'un mal que j'au-

rais dû renfermer en moi-même; ne pensez pas qu'autre que moi en soit coupable et ait, à cet égard, quelque chose à se reprocher.....

« Il faut toujours avoir en réserve de la patience et de la résignation; avec cela, on se trouve toujours armé de courage et de force morale pour tout envisager avec philosophie. Chacun vieillit, et les années, qui, à une certaine époque de la vie, se passent si rapidement, nous font réfléchir au véritable but de l'existence. C'est encore une raison qui me console, car enfin les fausses illusions, qui se détruisent si facilement, ne peuvent être mises en balance avec la tranquillité que donne la réflexion saine de ce que nous devons être un jour. Dieu me préserve de désirer le mal pour essayer ma force à le supporter! ce serait une folie condamnable. Prions plutôt pour éloigner de nous la coupe amère de la vie, et disons avec notre *Modèle* : « Mon père, fais que cette coupe, s'il est pos-« sible, passe loin de moi, non point comme je le « veux, mais comme tu le veux! »

Enfin, trois mois avant sa mort, il jetait de nouveau quelques paroles confuses et désordonnées sur cette passion fantastique, et, cette fois, le rire de l'égarement se mêlait à ses paroles.

Venise, 14 novembre 1834.

« Votre état, en recevant ma lettre, était plus

nerveux que de coutume, et cette lettre vous a af-
fligé encore! J'en suis désolé, mon ami, d'autant
plus qu'en l'écrivant je n'étais pas dans la situation d'esprit que vous avez cru voir. Il faut, à propos de cela, que je vous fasse rire; j'en serais enchanté. Mon frère, avec son bon sens calme, après
avoir lu les pages qui me sont adressées, me dit
avec un sang-froid vraiment comique pour moi :
« Ce bon M. Marcotte se tourmente beaucoup de ta
« passion. Cependant il me semble que quand,
« comme toi, on boit, on mange et on travaille, on
« n'est pas bien malheureux! Tu devrais le lui
« dire. » Ceci vous instruira plus que tout ce que je
pourrais vous écrire sur l'état où je me trouve.

« Mon bon ami, cet attachement ne me rend pas
malheureux comme vous pouvez le penser, et,
vous le dirai-je? tout occupé qu'en soit mon esprit,
telle impression qu'en reçoive mon ame, je trouve
mon état bien moins pénible que le vide du cœur.
Mais comment puis-je parler du vide du cœur,
quand il est tout occupé de l'amitié qui nous lie
et de mon affection pour ma famille? C'est un blasphème; mais le cœur n'a-t-il point des capacités
pour recevoir des impressions diverses? Nous autres artistes, nous en avons besoin plus que d'autres
pour que l'imagination ne reste point froide. Oui,
monsieur, je vous le répète, et je mentirais si je
disais le contraire : je ne puis penser à Florence

sans émotion. La raison, le devoir, le caractère de
mon attachement peut-être, ne permettent pas à
une tristesse violente de s'emparer de moi, tout
au plus à une mélancolie qui ne peut nuire à mes
occupations. Une inclination qui n'a pour base que
les sens tourmente et abaisse; celle qui ne s'attache qu'à la beauté de l'ame, à la bonté du cœur,
au charme de l'esprit, ne peut qu'élever. J'ai pu
m'exagérer l'opinion d'Odier sur ces dames, mais
ses lettres ne tarissent pas en éloges sur la mère
et sur la princesse C... Vertus, naïveté, simplicité,
tout est là ! J'avais eu souvent l'occasion de parler
de cette famille avec lui pendant qu'il était ici, sans
lui donner aucune idée de mes sentimens (je sais
les renfermer). Il ne pensait pas alors des Bonaparte comme il en parle aujourd'hui. J'avoue
même que j'avais été plusieurs fois blessé de l'opinion qu'il émettait sur les membres de cette famille, et c'est surtout afin qu'il eût l'occasion de
se détromper que je lui ai remis pour ces dames
une lettre dont il ne voulait pas se charger. J'étais
sûr qu'il m'en remercierait ensuite. Ce que je vous
en dis est pour vous faire apprécier le charme de
cette maison. Je ne puis pas parler du caractère
d'attachement qu'on me conserve; mais ce que je
puis dire, c'est que, dans tous les cas, je ne me
sens pas capable de rompre des relations qui me
sont chères. A une époque bien malheureuse pour

la famille, j'ai montré du dévouement qu'on a apprécié; rompre sans motif qui puisse être su, je crois qu'on en ressentirait de la peine, éprouvant de la reconnaissance envers moi. J'aime mieux que le temps amortisse une inclination que vous voyez beaucoup trop ardente, et la transforme en amitié. Je dirai plus, je n'aurais point fait mon tableau, si mon cœur n'eût été plein d'affections. Elles sont pour moi, dans la vie, les degrés qui me font monter. Ce sont elles qui ont donné à mon énergie un ressort qu'elle ne pouvait avoir sans elles. Si la religion condamne les passions qui conduisent au vice, défend-elle les penchans qui en éloignent? Oui, de quelque nature que ces penchans puissent être, tous ceux qui font aimer le bien doivent être considérés comme un bien.... »

III.

Le cœur ne tend pas moins de piéges aux hommes par leurs vertus que par leurs vices. Le pauvre artiste dont l'ame s'était amollie aux tendresses de la famille durant sa jeunesse, qui entourait son frère Aurèle d'une affection si pater-

nelle, qui ne pouvait penser à la Chaux-de-Fonds
sans que les larmes lui remplissent les yeux; lui
qui aimait tant la simplicité et qui s'écriait avec le
bon Ducis : « Oh! que toutes ces pauvres maisons
bourgeoises rient à mon cœur! » s'était trouvé par
la destinée jeté dans une sphère qui n'était point la
sienne. La solitude porte au cerveau. Rendu à lui-
même, il eut peur, et son esprit rêveur, méditatif
et mélancolique, fut de nouveau agité de pensées
poignantes. Alors il s'enfuit à Venise pour se plonger avec une sorte de fureur dans la peinture, et
chercher en quelque façon l'oubli de la vie même
dans le travail. Aussi presque toutes ses lettres
écrites de cette ville sont-elles empreintes d'une
tristesse qui empoisonne ses souvenirs les plus
chers. Rome, où cependant il avait fondé sa réputation et goûté ses plus belles années de gloire;
Rome, qu'il regardait avec la France comme une
autre patrie, ne lui rappelle plus guère que des
chagrins (1). C'est ensuite Venise la taciturne, si
bien faite pour les travaux sérieux, qu'il maudit.
L'étroite gondole noire, noire comme un cercueil
dont elle a la forme, le fait frissonner; il se plaint
de ce que la singularité des constructions de la ville
l'empêche de faire des promenades si salutaires

---

(1) Lettres à M. Marcotte, du 29 février 1833; à M. Navez,
du 14 janvier 1834.

ailleurs. Le quai des Esclavons, la seule promenade de la ville qui soit agréable, est cependant à sa por‑tée. Son frère l'y entraîne, mais on y revoit des *Chiozzotti*, et il a pris le quai en aversion, comme lui rappelant son tableau des *Pêcheurs,* et toutes les peines que lui en a coûtées l'enfantement (1).

« Ce sujet m'est devenu insupportable, écrivait-il encore une fois; je suis comme l'homme dont l'en‑nemi, qui l'a fait cruellement souffrir, vient d'être terrassé; la victoire ne diminue point en lui l'in‑stinct de répulsion pour son ennemi. Cette œuvre aura bien vu blanchir ma tête par tous les chagrins que j'ai eus en la faisant. Je me demande quel‑quefois, quand surtout j'éprouve les plus grandes difficultés pour faire ce que je me suis proposé, à quoi sert tant de persévérance pour n'aboutir qu'à contrarier ses goûts et ses désirs. Cette réflexion, qui me semble prouver que l'on travaille volon‑tairement contre son bonheur, me porterait à chan‑ger mes idées à cet égard; mais elles reprennent bien vite leur cours habituel, et je suis effrayé du relâchement moral que la faiblesse de caractère me donne, et ce relâchement m'est plus pénible que tous les sacrifices qu'exige la continuité de la volonté (2). »

(1) Lettre d'Aurèle à M. Marcotte.
(2) Lettre de Robert à M. Jesi, Venise, 10 avril 1834.

Ainsi, tout lui pèse à Venise, et la ville et son tableau, et le passé et le présent. Cependant, chartreux qui creuse sa tombe, il est retenu par je ne sais quel attrait funèbre quand il songe à fuir : « Si je pense à quitter Venise, dit-il, j'éprouve une émotion incroyable. Il me semble que l'habitude d'une vie qui véritablement n'en est pas une, m'a donné quelque chose qui peut ne plus être en rapport avec ceux qui jouissent de l'existence, et que, par conséquent, je ne peux plus me faire voir que comme un original qui n'est bon qu'à vivre dans sa retraite, où il peut réfléchir à loisir qu'un peu de poussière recouvrira l'être heureux comme celui qui ne l'est pas, l'homme tourmenté par son organisation morale et physique comme l'homme impassible. Il y a là de quoi calmer (1). »

En vain le bon Aurèle cherche à rompre la chaîne des idées habituelles de son malheureux frère; celui-ci parle sans cesse de ses humeurs noires. Il en parle, il en écrit. Sa mélancolie veut se nourrir d'elle-même : y être arraché le fait souffrir. Les distractions extérieures, les représentations théâtrales, par exemple, depuis long-temps l'irritent : « Aujourd'hui dimanche (5 février 1833),

---

(1) Lettre de Robert à Jesi, 17 octobre 1834. Six mois avant, il en écrivait une du même ton mélancolique à son ami Navez.

chacun est occupé à rechercher les plaisirs bruyans du carnaval; mais nous y prenons bien peu de part, et nous sommes rentrés avec l'intention de passer la journée à la maison, ce qui du reste est l'ordinaire. Aurèle, quoique d'un caractère sérieux, trouverait bien des distractions amusantes, s'il n'était pas influencé par moi, qui ai une véritable aversion pour les grandes réunions. Il veut me tenir fidèle compagnie, et, tout en sentant cet avantage, je suis pourtant peiné qu'il se fasse une habitude qui tient son ame dans une situation plutôt triste que gaie. Hier soir, j'ai voulu me faire violence, et nous sommes allés au théâtre San-Benedetto, où une excellente troupe comique attire journellement la foule. Je ne puis pas nier que, quelques momens, je n'aie été obligé, comme tous les spectateurs, de prêter une certaine attention aux scènes qui excitaient un rire général; mais ce qu'il y a de singulier, et que je ne puis m'expliquer, c'est le changement prompt et pénible qui s'opère en moi après avoir pris part à des momens de gaieté. Mes nerfs en éprouvent une commotion si désagréable, que je préfère de beaucoup mon état habituel sérieux et reposé. Voilà la grande raison qui m'oblige à vivre aussi retiré que je le fais... La présence de mon frère me stimule et me fait du bien. Il me semble qu'il a remis de l'huile dans la lampe prête à s'éteindre. »

Du 7. — « Hier au soir, je n'ai pas continué ma
lettre, parce que j'ai été passer la soirée chez M. Cicognara, où je n'avais pas été depuis long-temps.
Aurèle, qui aime encore moins les réunions de la
société que moi, n'a pas voulu m'y accompagner.
J'ai trouvé un petit cercle. La conversation générale roulait naturellement sur le théâtre de la Fenice, où brille Mme Pasta. On m'a sur-le-champ
demandé ce que j'en pensais, et quand j'ai répondu
que je n'y avais pas été, parce que j'ai les théâtres
en antipathie, on s'est récrié sur ma barbarie de
goût et sur le blasphème que je prononçais. Ce
mot *antipathie* les a choqués d'une manière si plaisante pour moi, que j'en ris encore et que je me
veux du bien de l'avoir dit, tellement je trouve ridicule l'existence de ces gens dont la vie se con-
sume d'une manière aussi nulle. Je vous laisse à
penser, cher ami, combien peu j'ai d'agrémens
dans ces réunions où les sujets de conversation sont
si peu attrayans, si vides de plaisir pour le cœur. »

Robert recherche l'isolement, l'isolement le
ronge; il est assiégé de superstitions, et, suivant
l'expression de son frère, son existence n'est plus
désormais que comme une contrée dévastée. Dans
ses momens de calme et de lucidité, le malheureux se demande compte de cette fâcheuse tendance de son esprit; il analyse le désordre de ses
facultés mentales : « Je crois, dit-il par un pressen-

timent terrible, que c'est un mal qui est dans le sang. Quelles en sont les raisons? quels en sont les remèdes? Je l'ignore. Ne le voit-on pas, ce mal, dans des familles entières, y faire des victimes sans causes positives? »

Un volume ne suffirait pas à reproduire toutes les lettres de ce temps où le malheureux artiste découvre son ame endolorie. Les tristesses y viennent par bouffées à travers des réflexions nuageuses sur le présent et sur l'avenir, et jettent comme un voile de deuil sur tous ses épanchemens. Son imagination malade épuise successivement toutes les gammes de la douleur, et le cœur saigne à l'entendre dire : « Je suis gai, » au moment où de cruelles étreintes lui font rouler les larmes dans les yeux. Déjà le *tædium vitæ* de la folie ébranlait son cerveau, égarait son ame et la noircissait de terreurs; déjà le suicide rentrait dans ses idées délirantes. Parfois, l'oppression de sa poitrine le force à jeter la palette, et, en un instant, il passe des défaillances de l'esprit à la plus déchirante douleur, au plus violent désespoir, au plus affreux abattement. Des rêves de bonheur s'entre-choquent dans sa tête avec de sinistres hallucinations. Ses yeux se voilent, son front se brise, un froid mortel le glace, surtout à la tête, et de son sein s'échappent, sans causes apparentes de douleur, de longs cris de spasme et d'angoisse. Ainsi, une fois, comme on l'a vu dans la lettre d'Aurèle, il accourt tout éperdu à l'atelier de son frère et tombe échevelé sur une chaise, en s'écriant : « C'est fini de moi! dans quelques jours, je serai mort!» Trompé de la sorte par l'effervescence et le mouvement irrégulier de ses esprits, il a des anéantissemens inexplicables, il a des agonies imaginaires, il ne se sent plus vivre, comme si un voile séparait son intelligence de ses sensations réelles, et bientôt la respiration lui manque sous les débris de sa raison. Souvent, à l'époque voisine de sa mort, on le rencontrait tout effaré dans les rues de Venise; souvent, chez lui ou chez Aurèle, il se regardait dans la glace, et se faisait peur à lui-même : « Quelle figure! quels yeux fixes! s'écriait-il, parlant à son frère; un tel, que j'ai rencontré, m'a regardé d'un air étrange; j'ai l'air d'un fou!» Et comme il songeait, dans ce temps-là, à un voyage soit en France, soit en Suisse, il ajoutait: « Je n'oserais partir en cet état. S'il allait m'arriver un malheur en route! Je t'en prie, viens donc avec moi en Suisse, tu te marieras : je voudrais te sentir avec une femme. Tiens, mon cher, crois-moi, les fumées de la gloire ne sont rien : elles laissent un vide affreux dans le cœur (1)! »

Alors il prend la Bible qui ne le quittait jamais,

(1) Lettre d'Aurèle à M. Marcotte.

ét, dans les sublimes exhortations du livre saint, il puise quelques instans de tranquillité, mais d'une tranquillité trompeuse. Que si, en effet, il semble parfois dissiper le chaos de ses terreurs et trouver quelque résignation, ce n'est encore qu'un jeu cruel du mal qui l'oppresse; ce n'est que ce repos funèbre dont parle André Chénier, cette résignation à la façon des morts qui s'accoutument à porter le marbre de leur tombe, parce qu'ils ne peuvent le soulever. Il y a, si l'on peut ainsi parler, un coup de rasoir derrière chacune de ses paroles. Pourtant, chose remarquable, l'instinct lui fait encore chercher la vie dans l'éclat du ciel. Comme Jean-Jacques, qui, avant de se donner la mort, veut contempler une dernière fois le soleil, le dernier ami qui lui reste; comme Goethe, chargé d'années, qui, avant de laisser échapper sa grande ame, s'écrie : « *Mehr Licht!* *mehr Licht!* ouvrez, faites plus de lumière! » Léopold veut se plonger tout entier dans la nature : «Rendez-moi le soleil, disait-il; il m'émeut, il diminue mes soucis, il donne à l'espérance de l'avenir quelque chose de consolant! »

A cette même époque, un changement notable et touchant se manifesta dans ses habitudes extérieures. Jusque-là, depuis le premier établissement d'Aurèle à Rome, il avait régné entre les deux frères une réserve silencieuse, extraordinaire

chez deux hommes qui ne se quittaient jamais, et
que tout aurait dû porter à vivre dans les épanchemens de l'amitié. A coup sûr, le bonheur d'Aurèle préoccupait Léopold, mais il le préoccupait
en silence. Taciturne et concentré par nature, ca-
chant à tout ce qui l'entourait ses impressions et ses
sentimens, l'aîné inspirait à son jeune frère plus
de respect que de confiance; mais du jour où celui-là sentit en soi la nature à bout de force et les
ressorts de la vie se détendre, il fut pris d'un attendrissement suprême. Alors il fit voir à son
frère une sensibilité inaccoutumée, dont le pauvre
Aurèle fut aussi effrayé qu'il en fut touché.

IV.

On a peu d'indulgence pour les malheureux : on
a reproché à Robert de ne pas avoir fui à la première découverte de sa passion insensée, et d'avoir
eu peut-être le tort de rêver un sort pareil à celui
du peintre Fabre épousant la veuve du dernier des
Stuart. D'abord sur quoi fonde-t-on cette étrange
supposition? Oublie-t-on ensuite que la raison de

l'infortuné avait plus de droiture que de force, et que, lorsqu'il se comprit bien lui-même, il était trop tard? Je ne sais quelle jalousie vague, mais amère et irritée, s'était glissée dans son ame. En vain alors, voulant rompre avec le passé, chassa-t-il loin de son esprit le nom même de la jeune veuve; en vain brûla-t-il avec résolution toutes ses lettres, qui de Florence venaient le chercher à Venise : ce cœur était brisé pour jamais; un feu s'était allumé, qui ne devait s'éteindre que dans son sang (1). D'ailleurs, encore une fois, son mal le plus terrible n'était point l'amour : son vautour

(1) Aurèle écrivait ce qui suit à M. Marcotte, le 3 avril 1835 : « A l'égard du secret qu'il vous a confié, mon devoir m'oblige de vous dire, cher ami, que j'ai eu connaissance de toutes les lettres que ce pauvre Léopold, dans un dernier effort de vertu, a brûlées. A force de vertu et de réflexions, il était parvenu à se convaincre de tous les inconvéniens de sa passion; mais, à la suite d'un combat de trois ou quatre ans entre la raison et une imagination indocile, son cœur aimant n'a éprouvé qu'un vide affreux. Les lettres que j'ai vues étaient empreintes d'un intérêt constant qui pouvait provenir de l'estime pour le talent et pour le caractère de Léopold; il aurait fallu des yeux plus clair-voyans que les miens pour y découvrir d'autres sentimens, car il y régnait une retenue plus que platonique. Peut-être est-ce là ce qui a fait durer l'illusion. Il fallait se déclarer ouvertement dès le principe, afin de recevoir un refus ou une réciprocité. Le respect, dans ce cas-ci, était motivé par la différence des situations; mais, si le génie ne se croit pas égal aux titres, pourquoi s'en approche-t-il? »

dévorant était sa mélancolie, que l'hérédité du
mal, qu'un isolement obstiné, que la vision et la
peur de la gloire, qu'un travail énervant, rendaient
si fatale, — sa mélancolie, qui cherchait son aliment dans cet amour même, et qui, à coup sûr,
en eût inventé un autre, si elle n'eût pas eu celui-
là. N'eût-il su à quoi se prendre, il eût combattu
dans son ame avec le vide. Eût-il été accablé de
bonheur, demain il l'eût obscurci de chimères,
noyé de larmes, étouffé de sombres désespoirs. Ses
douleurs hypocondriaques s'exaspéraient sous l'influence de ses émotions successives, quelles qu'elles
fussent, et tour à tour, cause et effet, l'exaspération
des douleurs intimes et des cuisans souvenirs ac-
croissait les troubles survenus dans les fonctions
intellectuelles. Certes, on ne saurait envier ceux
qui peuvent vivre comme s'ils n'avaient ni souffert, ni vu souffrir; mais malheur à qui, dans le
cours de cette vie, n'a pas la faculté d'oublier, car
l'homme n'est guère de force à supporter à la fois
et tout le passé et tout le présent!

Que l'amour de Robert n'ait été qu'une forme
de sa folie, qu'il ait eu son siége dans le cerveau
plutôt que dans le cœur, — comme ces passions
éthérées et visionnaires de malades pour des êtres
inconnus et fantastiques, qui rappellent celle de
cette jeune fille du siècle dernier morte d'amour
pour Télémaque; — qu'il faille reconnaître dans ce

sentiment la cause primordiale, ou seulement oc-
casionnelle, du suicide de Robert, c'est là une double thèse qu'on doit laisser à la médecine. Les phénomènes vitaux sont si compliqués, si intimement
liés entre eux, qu'il faudrait, avant de prononcer,
en avoir fait une longue étude et avoir apprécié
l'influence de telle ou telle cause, en apparence
éloignée, sur les fonctions cérébrales. Tâche difficile assurément que celle de sonder les mystérieux
replis d'un cœur aussi secret! Ceux qui ont le plus
pratiqué Léopold n'ont pas eux-mêmes connu tous
ses penchans, encore moins toutes ses pensées. Sé-
nèque proclame quelque part qu'il y a un coin de
folie dans toutes les têtes de génie, — et qui sait,
si ce n'est Dieu, la limite fatale où la raison finit,
où la folie commence? Ni Aristote, ce grand esprit, le plus grand qui ait parlé le langage de la
raison, ni Leibniz, qui en a exercé le sacerdoce du
haut de son universel génie, n'ont suffi à pénétrer
les phénomènes de la pensée humaine. Si l'œil
profond de William Harvey a percé les voiles qui
cachaient les lois de la circulation, ce torrent éternel « où bouillonne la vie; » si les belles expé-
riences de Lavoisier, de Priestley, de Sheele, de
Berzelius, ont découvert en quelque sorte l'ame
de la nature; si le grand Haller et le grand Bichat
ont presque deviné l'énigme de la vie, en demandant ses secrets à la mort, l'étude de l'homme in-

tellectuel n'en est pas moins demeurée un cours complet d'humilité pratique. En vain, usufruitier de la création, l'homme dispose-t-il de l'espace et de la matière; le sceau de Dieu lui a fermé les mystères de sa propre intelligence, la science est impuissante à le faire se connaître lui-même.

Admettons, si l'on veut, que Léopold Robert se soit donné la mort parce qu'il y avait une place dans sa vie pour une affection et que cette place n'a pas été remplie. On comprend, en effet, que cette nature délicate, élevée, mais timide, ait pu s'éprendre en secret pour une grande dame, quand surtout cette grande dame, à toutes ses séductions personnelles, joignait encore celle du malheur. On comprend aussi que tout ce qu'il y avait d'énergie dans son intelligence, de faiblesse dans son caractère, de tendre exaltation dans son cœur, se soit tourné cruellement contre lui, le jour où il comprit sa déception; mais si le malheureux, dans la fixité de ses idées, s'était forgé de folles illusions, est-ce à lui, à lui seul, qu'il faut attribuer tous les torts? Quelle femme ignora jamais l'impression qu'elle a produite? et est-on bien assuré que celle à qui l'on aurait à demander compte de la destinée de l'artiste n'ait rien fait d'imprudent pour fasciner cette ame naïve, pour attiser cette passion visionnaire ou réelle qui devait emprunter de l'ardeur à l'âge même où elle était née? Un homme autrement brillant que le pauvre Léopold par le génie et par les dons extérieurs avait eu même sort : le Tasse avait aussi aimé dans les sphères élevées. L'audace du cœur augmentant en lui la timidité des manières, il avait pris tous les voiles pour cacher sa passion sans cesser de la peindre. Dans l'épisode d'Olinde et Sophronie de sa *Jérusalem délivrée*, lui-même est cet Olinde qui désire beaucoup, espère peu et ne demande rien :

> Brama assai, poco spera, e nulla chiede.

Lui-même encore est le Tircis de son *Aminte*, et ce drame pastoral exhale partout les souvenirs amoureux du poète. C'est en pensant à Leonora d'Este qu'il chante Ferrare :

> Oh che sentii ! che vidi allora ! Io vidi
> Celesti, Dee, ninfe leggiadre e belle,
> .   .   .   .   ed altre ancora
> Senza vel, senza nube (1)...

C'est encore en pensant à elle qu'il écrit ce chœur, qui n'a peut-être rien d'égal dans la poésie lyrique de l'Italie :

> Amiam, che non ha tregua

---

(1) *Aminta*, acte Ier. « Oh ! que sentis-je ? que vis-je alors ? Je vis des dieux, des déesses, des nymphes gracieuses et belles....., d'autres encore, sans voile, sans nuage.... »

Con gli anni umana vita, e si dilegua.
Amiam, che'l sol si muore, e poi rinasce;
    A noi sua breve luce
S'asconde, e'l sonno eterna notte adduce (1).

Eh bien! quel fut le prix de tant de génie et de tant d'amour? Le dédain, la prison et la folie! Malheur à l'amour qui ne sait pas compter avec l'orgueil et le rang! Cette Léonora d'Este, que l'imagination des romanciers s'est plu à embellir de tous les trésors d'une exquise sensibilité, s'amusait à se laisser aimer, mais sans daigner le savoir. Pour la princesse, Torquato n'était qu'un poète qui faisait de beaux vers à sa louange, et Léonore jeta son blason entre elle et lui le jour où l'imprudent laissa trop éclater son cœur. Ainsi de Léopold. Confident sans défiance de ces mille riens, de ces petites choses du cœur que toute femme a besoin de laisser échapper, et qu'elle dirait aux vents, si les hommes ne les écoutaient pas, l'amour de Robert commença par un culte d'enthousiasme. Autrefois, Mme de Sévigné s'était égayée de la passion gauche du pauvre Ménage; on fit de même, on se fit un jeu de cette étincelle d'amour. Malheureusement ce

(1) *Aminta*, acte Ier. « Aimons : la vie humaine n'a point de trêve avec les années, et elle s'écoule. Aimons : le soleil meurt et renaît; bientôt à nos yeux se cache le jour rapide, et voici venir le sommeil de l'éternelle nuit. »

n'était point là un de ces beaux esprits soupirant
Tibulle et aimant par citations; c'était une nature
inflammable et concentrée, qui prenait au sérieux
tous ses sentimens, comme elle prenait au sérieux
tous les devoirs. La vie de Robert avait été sans jeunesse; d'un même pas, il avait passé de l'adolescence
à l'âge mûr, ayant à peine, hormis les douceurs de
la famille et les impressions d'une liaison de passage, goûté quelqu'une des tendresses du cœur.
Combien alors l'amour devait pénétrer en cette
ame et en exalter les puissances! Chacun d'ailleurs,
comme l'a fait observer Sainte-Beuve, chacun,
plus ou moins, a « son idéal, son rêve, sa patrie
d'au-delà, son île de bonheur. » Heureux si l'on y
aborde! plus heureux peut-être si l'on n'y aborde
pas! On y croit toujours. Le grand Michel-Ange lui-
même n'avait-il pas aussi cultivé en secret une
passion idéale et mystique pour la marquise de
Pescara-Colonna, l'illustre poétesse, et, voyant passer son cercueil couvert de lauriers et de fleurs,
n'avait-il pas laissé échapper ce chaste et poétique
regret : « Que ne l'ai-je baisée au front (1)! »

_____

(1) Vasari rapporte que Michel-Ange avait fait faire le portrait de cette illustre poétesse par deux de ses élèves, notamment
Sébastien del Piombo. Le portrait de celui-ci s'est retrouvé à
Florence, et il est maintenant à Rome entre les mains d'un
peintre anglais nommé Macpherson. La peinture en est d'une

Léopold a donc eu son rêve, et, trop faible pour laisser mourir ou s'apaiser en lui les brûlantes facultés du cœur, il est mort avec elles et par elles; mais, dans tous les cas, les dévouemens de sa jeunesse et la longue ingénuité de cette ame austère avaient préparé sa maturité féconde, et ces souvenirs protecteurs forment une couronne lumineuse autour de sa tête. Trop souvent, sans doute, le suicide est le résultat du délire de passions mauvaises; mais jamais les mauvaises passions n'ont ébranlé cette inflexible droiture, n'ont souillé cette candeur d'enfant. Disons-le donc avec confiance, Robert était trop plein de bonnes pensées morales et religieuses pour avoir, de propos délibéré, sacrifié sa vie. Si, chez lui, le frein religieux s'est détendu, ce n'est qu'après le bouleversement de toute l'économie intellectuelle, après que la machine humaine n'obéissait plus qu'à l'action des ressorts physiques. S'il eût pu échapper aux convulsions de

---

conservation parfaite : c'est un des beaux portraits qui se puissent voir. On sait que la marquise ne porta plus que des habits de deuil depuis son veuvage; c'est dans ce costume qu'elle est représentée : robe noire, voile brun sur la tête, un livre de prières à la main. Sébastien del Piombo avait déjà peint le même personnage, mais beaucoup plus jeune. Le premier portrait est empreint du sentiment de sa première école, celle du Giorgion; le second, du sentiment de l'école de Michel-Ange.

son esprit agonisant, il eût chassé le spectre au
signe de la croix. Un calme et un sang-froid appa-
rens ont bien pu, comme l'a rapporté son frère,
présider à son action suprême; un quart d'heure
avant l'accomplissement de son dessein funeste,
la vieille servante qui soignait l'atelier a bien pu
le voir encore la palette à la main; néanmoins l'infortuné a succombé finalement à une affection organique. Et, en effet, l'autopsie de son corps a con-
staté un épanchement séreux considérable dans le
crâne, et l'une de ces altérations cérébrales qui',
au rapport de quelques médecins, accompagnent
toujours les troubles de l'intelligence.

Un point, du reste, est encore demeuré un mystère, à savoir la circonstance fatale et précise qui
a déterminé l'accomplissement du suicide. De
temps à autre, il est vrai, le défaut de liaison entre
les idées, les jugemens et les résolutions de Robert, était manifeste; mais aucun paroxysme pré-
curseur n'avait annoncé, ce jour-là même, le divorce de l'ame et des sens, — tant il est commun
que le passage de la raison au délire, comme le
retour du délire à la raison, ne soit précédé que
d'obscures influences! Ce fut peut-être, chez Robert comme chez nombre de mélancoliques, la
cause la plus futile et la plus insignifiante; ce fut
peut-être une lésion soudaine des forces vitales du
cerveau, une de ces hallucinations qui poussent

invinciblement à se soustraire à des souffrances imaginaires ou réelles.

Ses obsèques eurent lieu sans pompe. Son corps, placé dans une gondole, escorté par son frère, par ses amis et par les artistes nationaux et étrangers qui se trouvaient à Venise, a été descendu, arrosé des larmes de tous, à Saint-Christophe, petite île des lagunes, qui, sous la garde des religieux du couvent de Saint-Michel de Murano, sert de cimetière à la grande ville (1). Une simple pierre, encastrée dans le mur lézardé du cimetière, en face de la tombe, porte, avec la date de sa naissance et de sa mort, ces simples mots :

A LÉOPOLD ROBERT, SES AMIS ET COMPATRIOTES.

Sur les bords de l'Arno, à Florence, dans l'église de Santo-Spirito, non loin du palais Serristori, autrefois l'habitation de la jeune princesse Char-

---

(1) Saint-Christophe et l'île du couvent sont sur la route de Venise à la petite ville de Murano, où l'on fabrique les glaces, les perles, les verroteries, qui font, depuis des siècles, la célébrité de Venise. L'île de Saint-Christophe est de toutes parts enceinte de murailles pour fermer le cimetière, qui ne s'ouvre aux visiteurs que le dimanche. Un petit enclos, à l'un des angles, est réservé pour la sépulture de ceux qui ne professent pas le culte catholique, les Juifs exceptés, qui sont enterrés au Lido, petite île du bassin de Venise, autrement dit les Lagunes.

lotte, s'élève une chapelle funèbre, qu'elle a construite pour y déposer son mari. C'est là qu'en 1839 elle est venue dormir à ses côtés du dernier sommeil (1); mais, avant de le rejoindre, elle avait plus d'une fois donné des pleurs amers au souvenir du grand artiste, de l'homme de bien dont le sentiment de famille était si délicat et si profond, dont la journée avait été si rude, dont les défauts même étaient si touchans!

Malheureux Léopold! tes sueurs et tes larmes avaient trop baigné le livre de ta vie pour ne pas effacer le sang de la dernière page!

(1) La princesse, se rendant de Florence à Gênes pour sa santé, est morte des suites d'une hémorragie, à Sarzane, en avril 1839.

APPENDICE.

—◆—

I.

CATALOGUE DE L'ŒUVRE DE LÉOPOLD ROBERT.

Le catalogue de l'œuvre d'un peintre est le complément naturel de l'histoire de sa vie. Personne n'avait encore dressé une liste complète des tableaux de Léopold Robert : nous avons cru devoir prendre ce soin ingrat, mais utile, n'ayant eu l'occasion de citer, dans le cours de notre travail, qu'un petit nombre des ouvrages de Léopold. Sa correspondance, son frère et M. Marcotte d'Argenteuil nous ont fourni de sûrs matériaux. Robert dit, dans une lettre du 1er octobre 1830, qu'il avait peint, à cette époque, cent trente à cent cinquante tableaux. Or, ce qu'il fit depuis n'ajoute guère à ce nombre qu'une douzaine de toiles. Les récapitulations du catalogue suivant sont donc d'accord avec les siennes, si l'on défalque du total donné par Léopold ses nombreuses répétitions, qu'il a comprises avec les originaux.

1817 — Portrait de Léopold Robert, — appartenant à Mme Huguenin-Robert, à la Chaux-de-Fonds.

1818 — Intérieur d'une cour à Rome, avec un pèlerin faisant baiser des reliques à des enfans, — à M. Fischer, ancien avoyer, à Berne.

1818 — Église souterraine de Saint-Martin-des-Monts, à Rome, avec figures, — au comte d'Affry, à Fribourg, en Suisse.

1819 — Procession de moines dans l'église des saints Côme et Damien, à Rome, — à M. de Beauvoir, à Paris.

1819 — Intérieur du cloître de l'Ara-Cœli, à Rome, — à la famille de Robert.

1819 — Intérieur de la sacristie de Saint-Jean-de-Latran, à Rome, avec figures, — à Mlle Adèle Robert, sœur de Léopold.

1820 — Tête de jeune fille de Sonnino, grandeur naturelle, — à lord Kinnaird, en Écosse.

1820 — Un vieux pâtre et sa fille endormis auprès d'une Madone, — à ***.

1820 — Brigand avec sa femme, — à ***.

1820 — Femme de Sonnino et son enfant endormi, — au roi des Belges.

1820 — Brigand retiré avec sa famille dans le creux d'un châtaignier, et se préparant à la défense, — à la duchesse de Berry, à Venise.

1821 — Vieille disant la bonne aventure à une jeune fille de Sonnino, — à ***.

1821 — Brigands dans les montagnes de Terracina, — au baron de Foucquancourt.

1821 — Jeune religieuse recevant la bénédiction d'une abbesse, — à ***.

1821 — Portrait de lord Drummond et de deux de ses amis, — à lord Drummond, en Angleterre.

1821 — Procession de pèlerins chantant les litanies du matin, — à M. Roullet de Mézerac, à Neufchâtel.

1821 — Religieuse mourante, — au même.

1821 — Religieuses effrayées par des brigands qui envahissent leur couvent, — à lord Kinnaird, en Écosse.

1821 — Pêcheur et jeune fille de l'île de Procida (le pêcheur tient une mandoline), — à M. le comte de Pourtalès-Georgier, à Paris.

1822 — Brigand blessé, — au roi des Belges.

1822 — Femme de l'île d'Ischia, scène de désespoir, — à M. Coulon-Marval, à Neufchâtel.

1822 — Tête de jeune fille de l'île de Procida, — au roi de Prusse.

1822 — L'Improvisateur napolitain, grandeur naturelle. Gravé en grand à la manière noire soutenue de burin par Zaché Prévost, en petit au trait par Joubert. — Était au palais de Neuilly.

1822 — Frascatane au rendez-vous, — à feu le chevalier Bartholdy.

1822 — Enlèvement de jeunes filles par des brigands, — à M. de Rothschild, à Naples.

1823 — Femme de brigand veillant sur le sommeil de son mari, — quatorze répétitions appartenant à autant de cabinets différens.

1823 — Repos de pèlerines dans la campagne de Rome, — à la maréchale de Lauriston.

1823 — Envahissement d'un couvent de religieuses par des brigands, composition tout-à-fait différente du même sujet peint en 1821 pour lord Kinnaird, — à Mme la maréchale de Lauriston.

1823 — Brigand en prières avec sa femme, — à M. le prince Aldobrandini-Borghèse, à Rome.

1823 — Berger romain, — à M. de Rothschild, à Naples.

1823 — Pillage d'un couvent de religieuses par des pirates turcs, — à ***.

1823 — Brigand mourant, — à M. le duc de Fitz-James, à Paris.

1823 — Deux jeunes filles napolitaines revenant de la fête, — à M. le comte de Gourieff, en Russie.

1823 — Vieux pâtre des Apennins endormi. Près de lui, un jeune garçon joue du hautbois. — Au même.

1823 — Jeune chevrier des Apennins soignant une chèvre blessée, — à la baronne Gérard, veuve du peintre, à Paris.

1823 — Étude de tête de jeune Frascatane, demi-nature, — à M. Marcotte d'Argenteuil, à Paris.

1823 — Danse napolitaine dans l'île de Capri, — à M. le marquis Hutchinson, à Londres.

1823 — Femme de l'île de Procida, — à M. Philipps, en Angleterre.

1824 — Costume de Sorrento, grandeur naturelle, — à M. Rauch, sculpteur à Berlin.

1824 — Pêcheur improvisant, — à M. le général Disney, en Angleterre.

1824 — Vieille disant la bonne aventure, — à M. Mari, en Belgique.

1824 — Brigand blessé à mort et sa femme se livrant au désespoir, — au roi des Belges.

1824 — Répétition du tableau précédent, — à M. le duc de Fitz-James, à Paris.

1824 — Deux vues intérieures de Rome, avec beaucoup de figures de *contadini*, de moines, de marchands de poissons et de marchands de légumes, — à M. le vicomte de Fontenay, à Stuttgardt.

1824 — Intérieur des ruines de Saint-Paul-hors-les-Murs (Rome), le lendemain de l'incendie, — au musée de Neufchâtel.

1824 — Répétition du précédent tableau, — cabinet du sculpteur danois Thorwaldsen.

1824 — Retraite de brigands, — à M. le comte Basilewski, à Saint-Pétersbourg.

1824 — Famille de brigands en alarmes, — à M. le prince de Metternich.

1824 — Jeunes filles de Frascati portant des corbeilles de fleurs et de fruits, — à M. Rougemont de Loewenberg, à Paris.

1824 — Deux brigands. — Brigand et sa femme en prières, costume de Monticelli. — A lord Honson, en Angleterre.

1824 — Brigand mourant, — à M. le comte de Schœnbrunn, à Vienne.

1825 — Jeunes Napolitaines revenant d'une fête, — à Mme la princesse de Souwaroff, à Berlin.

1825 — Brigand veillant à côté de sa femme endormie, — à Mme Huguenin, née Robert.

1825 — Jeunes filles de l'île de Capri, — à lord Acton, à Naples.

1825 — Famille de brigands se parant, dans une grotte, d'objets enlevés à des voyageurs, — à Mme la comtesse de Nesselrode, à Saint-Pétersbourg.

1825 — Femme de l'île de Procida, sur le bord de la mer, attendant son mari durant une tempête, — à M. le duc de Laval-Montmorency.

1826 — Pèlerins reçus à la porte d'un couvent, — à Mme Schickler, à Paris.

1826 — Tête de femme de Sora, demi-nature. — Pèlerine des montagnes voisines du lac Fucino, avec son enfant mourant, — à M. Marcotte d'Argenteuil.

1826 — Le marinier napolitain avec une jeune fille de l'île d'Ischia, — a passé de feu Guérin le peintre à M. A. Nottebohm, de Rotterdam.

1826 — Répétition du sujet précédent, — à M. R. de Mézerac.

1826 — L'ermite de Saint-Nicolas, au mont Epomeo, île d'Ischia, recevant des fruits d'une jeune fille, — à M. le comte de Feltre, à Paris.

1827 — Jeune fille de Procida donnant à boire à un pêcheur, — à M. Casimir Lecomte, à Paris.

1827 — Retour de la fête de la madone de l'Arc, — au Musée du Louvre.

1827 — Une fille de Procida au rendez-vous. — M. Édouard Bertin avait donné ce tableau à sa mère, à qui il a été volé.

1827 — Répétition du tableau précédent, esquisse terminée, — à M. Snell, à Rome.

1827 — Jeunes filles d'Ischia au rendez-vous, — à ***.

1827 — Vieille femme disant la bonne aventure à une jeune fille, — à M. Mari, en Belgique.

1827 — Tête de jeune fille de Frascati, demi-nature, — à M. Marcotte d'Argenteuil.

1827 — Deux jeunes filles de San-Donato se déshabillant pour se baigner, — à M. Marcotte aîné, à Troyes.

1827 — Ermite trouvé mort près de son ermitage par un *pecoraro*, — à M. Marcotte d'Argenteuil.

1827 — Deux jeunes paysannes à la fontaine, — à M. de Maun, en Belgique.

1828 — Tête de jeune fille des environs de Rome, demi-nature, — à M. Marcotte d'Argenteuil.

1828 — Les petits pêcheurs de grenouilles dans les marais Pontins, — à M. Marcotte aîné.

1828 — Jeune fille de Sonnino ôtant une épine du pied à une de ses compagnes, — à M. Marcotte-Genlis.

1828 — Jeune Grec aiguisant son poignard, grandeur naturelle, — à M. Frédéric Pourtalès, à Berlin.

1828 — Répétition du même tableau, avec variantes et de plus petite dimension, — au sculpteur Thorwaldsen.

1828 — Femme de Sora pleurant sur sa fille morte, — à Mme la baronne Gérard, veuve du peintre.

1828 — Répétition de ce tableau, — à M. le comte de Schœnbrunn, à Vienne.

1828 — *Idem,,*— à M. le général baron Fagel, envoyé extraordinaire et ministre plénipotentiaire des Pays-Bas à Paris.

1828 — Deux petits Flûteurs *pecorari* chantant l'*Angelus* du matin sur une des sommités des Apennins, — au roi des Pays-Bas.

1829 — *Pifferari* devant une madone, — à M. Casimir Lecomte.

1829 — Jeunes filles à la fontaine, — à M. Dubois, à Paris.

1829 — Vieille femme malade entourée de ses petits-enfans, — à M. Armand de Werdt, à Berne.

1829 — Portrait de jeunes personnes, filles de la comtesse de Celles, petites-filles de Mme de Valence, arrière-petites-filles de la comtesse de Genlis, en costume de paysannes des environs de Rome, — à Mme la comtesse de Celles.

1829 — La femme du marin, costume d'Ischia, — à M. Coulon-Marval, à Neufchâtel.

1829 — Deux brigands avec leurs femmes. — Brigand arrêtant une femme. — A M. le comte de Hahn, à Berlin.

1830 — Jeune fille de Frascati, — à M. Falconet, à Naples.

1830 — Halte de moissonneurs dans les marais Pontins, gravé en grand à la manière noire, soutenue de burin, par Z. Prévost; en petit au burin; par Paolo Mercuri; au pointillé, par Desclaux; au trait, par Joubert, et de nouveau au burin, par les frères Varin, — au Musée du Louvre.

1831 — Tête de Frascatane, grandeur naturelle, — à M. le comte Demidoff, à Florence.

1831 — Tête de femme de Sezze, — à M. le vicomte de la Villestreux, à Paris.

1831 — Enterrement d'un fils aîné de paysans romains, gravé par Z. Prévost. — Était dans la galerie du Palais-Royal.

1831 — Femme napolitaine pleurant sur les débris de sa maison détruite par un tremblement de terre, gravé par Z. Prévost pour la société des Amis des Arts, — au Musée du Louvre.

1831 — Épisode de l'insurrection italienne à Civita-Castellana. Deux femmes effrayées par les révoltés de Bologne en 1831. — A M. le comte de Ganay, à Paris.

1831 — Portrait du prince Napoléon Bonaparte, mari de la princesse Charlotte, grandeur naturelle, — à la famille Napoléon.

1832 — Deux jeunes filles des environs de Berne caressant un chevreau, — à M. Marcotte-Genlis.

1833 — Deux jeunes filles napolitaines se parant pour une fête champêtre, — à M. Deu, à Strasbourg.

1834 — Portrait en petit de M. Odier, peintre, — à Mme Odier mère.

1834 — Deux esquisses du repos de la Sainte-Famille en Égypte, — à la famille de Robert.

1834 — Troisième esquisse du même sujet, — à M. Marcotte d'Argenteuil.

1834 — La mère heureuse, gravé en taille-douce par Mandel de Berlin, sous le titre de la *Vedova*, — à M. Marcotte d'Argenteuil.

1834 — Départ des pêcheurs de l'Adriatique pour la pêche au
long cours, gravé en grand à la manière noire soutenue de burin par Z. Prévost, en petit au pointillé
par Désclaux, au trait par Joubert, — à M. Paturle.
1835 — Répétition inachevée, avec des changemens et de petite
proportion, de la Halte des Moissonneurs dans les
marais Pontins, — à M. le comte Raczynski, à Berlin.

Robert a exécuté, en 1831, pour Mme Delpech et pour les
éditeurs Rittner et Goupil, les lithographies dont les titres suivent : l'*Improvisateur, la Prédication, le Repos du Pâtre,
la Mère italienne, une Suissesse, Bergère de Suisse avec
un enfant, Brigand napolitain.*

Il a laissé une grande quantité d'esquisses peintes, souvent
fort terminées, de dessins à l'aquarelle, au crayon noir, à l'es-
tompe, à la plume, qui, pour la plupart, appartiennent à sa
famille.

Esquisses peintes. — 1818 — Vue du lac d'Albano. Intérieur
de cour à Rome. Deux intérieurs du cloître de Saint-Laurent à
Rome. Un paysage. Voûte du Colisée. Intérieur de cour à Rome.

1819 — Autre intérieur de cour à Rome. Cloître de chartreux
à Rome. Brigand romain. Femme de Sonnino. Femme de Ver-
oli. Intérieur de l'église de Sainte-Constance à Rome. Autre
femme de Sonnino. Vieille *ciocciara.*

1820 — Costume de San-Lorenzo. Vue du temple de Vénus
à Rome, prise des arcades du Colisée. Intérieur de l'église de
Sainte-Agnès près Rome. Religieuse franciscaine. Femme de
Sonnino. Étude de chien des Pyrénées. Intérieur de cloître.
Escalier de la villa Mécène à Tivoli. Porte de Saint-Laurent à
Rome. Cloître de Sainte-Praxède à Rome. Deux intérieurs du
Colisée.

1822 — Attelage de buffles. Roméo et Juliette, esquisse

appartenant à la famille de Robert. Même sujet, appartenant à
M. Snell, à Rome. Assemblée de famille romaine sur une terrasse, appartenant au même M. Snell. Pâtre et sa femme retirés dans une grotte pendant l'orage. Pompiers romains. Étude
de mer sur la côte de Salerne. Autre marine : même côte. Vue
prise de Monte Porzio. Vue du Vésuve. Vue d'Albano.

1823 — Pèlerin.

1824 — Religieux bénédictin.

1825 — Capucin. Esquisse du tableau appartenant au prince
de Laval–Montmorency. Bœuf romain, grande étude pour le
tableau de la madone de l'Arc, et appartenant au musée de
Neufchâtel.

1827 — Première esquisse du retour de la fête de la madone
de l'Arc.

1828 — Tête d'étude du bouvier qui est en tête du tableau
des Moissonneurs, chez M. Marcotte d'Argenteuil.

1829 — Ébauche d'une tête de sainte, grandeur naturelle,
chez M. Dubois, à Paris.

1832 — Église construite par Palladio à Palestrina, lagunes
de Venise.

M. Marcotte d'Argenteuil possède plusieurs dessins de Robert, dont deux à la plume, très remarquables, du sujet des
Pêcheurs, dessins exécutés, l'un quand le tableau était avancé,
l'autre quand il était terminé. Ce sont ces deux dessins qui ont
été gravés par Joubert pour la notice de M. Delécluze sur Léopold. M. Marcotte a en outre une esquisse au crayon du sujet
abandonné du *Carnaval de Venise.*

Robert m'a fait à la plume, en 1829, un charmant dessin
pour la fable de *Daphnis et Alcimadure* de La Fontaine.

On voit chez Mlle Robert, à la Chaux-de-Fonds, une étude
de paysage représentant une grotte entourée de végétation,

peinte par le Hollandais Verstappen, et dans laquelle Léopold
a ébauché une ou deux figures. Enfin Mme Huguenin-Robert a
recueilli et classé en deux *albums*, avec l'aide d'Aurèle, tous
les croquis, esquisses, dessins finis ou non terminés qu'elle a
pu ramasser de son frère, à commencer par les informes essais
de sa première enfance et par ses gravures. Parmi les dessins
encadrés qu'elle a recueillis, on remarque une fort belle étude
à la *seppia*, qui porte la date de 1833, et représente une
femme en costume de *Marina*, environs de Venise.

Il nous reste, pour compléter cette liste, à enregistrer la dis-
parition de quelques-unes des plus belles peintures de Robert,
englouties, avec nombre d'autres chefs-d'œuvre de notre école,
dans le flot populaire de février. La galerie du Palais-Royal
n'est plus qu'un souvenir; le palais de Neuilly n'est plus qu'une
ruine, qu'on dirait déjà vieille de longues années; c'est comme
un palais antique étouffé sous l'avalanche d'un volcan : des bâtimens sans toitures, des murs rasés, d'autres debout et conservant encore de fraîches peintures qui rient, comme celles
de Pompéi, au sein du deuil et de la mort. La salle de
Henri IV au musée du Louvre est jonchée de débris innombrables, souvent informes, de sculptures, de peintures, qui
faisaient l'ornement de ces deux palais. Parmi les peintures, les
unes sont percées de balles ou éventrées à coups de sabre et de
baïonnette; les autres sont brûlées, morcelées, déchiquetées,
triturées : ici une colonne ou un arbre, là une tête ou un corps,
un pied ou une main : *disjecti membra poetæ*. C'est le chaos,
c'est un champ de bataille, charnier immonde dont l'art a fait
les frais. De trois tableaux de Robert qui se trouvaient dans les
deux palais, l'un est mutilé, mais réparable : c'est la *Mère na-*

politaine sur les débris de sa maison; deux ont disparu : c'est l'*Improvisateur au cap Misène* et l'*Enterrement d'un fils aîné de paysans romains.* Quelqu'un a vu chez un restaurateur de tableaux, vis-à-vis du Louvre, le groupe principal de l'*Improvisateur* arraché du milieu de sa toile, car, à la faveur du désordre, des voleurs, glissés au milieu des combattans, ont trouvé le moyen d'exercer leur industrie! Deux têtes esquises de Masaccio; le *Charles-Quint*, l'*Isabelle de Portugal*, l'*Éléonore d'Autriche* d'Holbein; le *Henri IV* et la *Catherine de Médicis* de Porbus sont en poussière. Le portrait du *Régent* avec son *Corbeau noir*, Mme de Parabère, sont en cendres. Quantité de toiles, coupées soigneusement au raz du bord intérieur de leurs cadres et détachées de leurs châssis, ont été enlevées : — ainsi le *Gustave Wasa* d'Hersent, cette délicate et fine peinture; ainsi *la Porte de Constantine*, chef-d'œuvre impétueux d'Horace Vernet où le général de Lamoricière volait, à travers les balles, au front de bataille. D'autres peintures, coupées de même pour être enlevées, sont restées sur leurs bordures : le temps avait manqué sans doute pour les dérober. La colère du peuple a frappé, dans l'aveuglement de ses vengeances, sur ses propres favoris. Horace Vernet, par exemple, le peintre du soldat, est l'un de ceux qui ont été le plus atteints. Ses batailles de *Hanau*, de *Jemmapes*, de *Valmy*, de *Montmirail*, sont labourées de coups de sabre; l'*Arrestation des princes au Palais-Royal* n'est que lambeaux. Le *Soldat laboureur*, la *Confession du brigand*, la *Revue de hussards*, le *Camille Desmoulins arborant la cocarde verte*, le charmant portrait de la *Paysanne de l'Ariccia*, sont des cadavres. Ajoutons que le beau portrait de *Maria-Grazia*, la femme du brigand, par Schnetz, est méconnaissable. Des deux portraits du duc *d'Orléans-Égalité* peints par sir Joshua Reynolds, l'un est à Eu; l'autre était au Palais-Royal : le premier est intact, le second est mutilé; heureusement la réparation en est possible. Le *Mameluck* de Géricault, son *Cheval blanc*, sa

Fileuse avec des enfans, merveille d'expression et d'harmonie, ont disparu de Neuilly et du Palais—Royal; on n'en a pas même retrouvé les débris. C'est au Palais—Royal qu'appartenaient encore les deux fameuses peintures de Géricault, *le Cuirassier et le Chasseur :* par un miraculeux hasard, elles sont sauvées; un propriétaire exigeant et mal payé les retenait comme gage dans les salles de l'exposition des artistes quand éclata la révolution. Elles vont faire la décoration du Louvre : colonnes vigoureuses restées debout au milieu de lamentables ruines.

II.

LETTRE AUTOBIOGRAPHIQUE

DE LÉOPOLD ROBERT A M. MARCOTTE.

« Rome, ce 24 juin 1830.

« Très cher monsieur, Schnetz est parti, il y a huit jours, très fâché de quitter Rome dont le séjour lui plaît oujours davantage. J'aurais écrit plus tôt cette lettre pour la lui remettre si j'avais su que son voyage dût être rapide; mais il ne l'avait pas annoncé tel. Ce qui l'a fait changer d'idée, c'est qu'il a été chargé des dépêches de M. de la Ferronnays pour le ministère. Cela lui donne un caractère diplomatique et, par conséquent, une importance qui peut lui faire oublier quelqu'une des commissions dont ses nombreux amis de Rome l'ont chargé. Je lui ai remis une lettre pour M. Ingres où je remercie un homme aussi recommandable par son caractère et par son talent du souvenir qu'il veut bien me conserver. Sans vous, cher monsieur, bien certainement, il m'eût perdu de vue, et j'en aurais eu beaucoup de peine.

«Votre dernière lettre, monsieur, m'a fait une impression
bien vive, puisqu'elle m'a fait comprendre que le bonheur
peut se trouver. Mais quel homme vous êtes! et quels sentimens! Si vous êtes heureux, qui peut le mériter comme
vous? Je ne puis assez vous dire combien je jouis chaque
fois que je reçois des nouvelles de vous, monsieur. Tout ce
qui est renfermé dans vos tant chères lettres, que je conserve précieusement, me fait du bien; tou t! Il n'y a pas
pour moi une parole de perdue. Vos conseils m'émeuvent
et je les regarde comme parfaitement bons. Ce que vous
me dites du mariage, je le pense : et pourtant, Dieu sait
si jamais je me sentirai la raison de me régler sur ce que
vous m'engagez à faire! Je ne suis pas arrivé à l'âge où
je me trouve sans avoir eu le cœur engagé et même sans
avoir eu des espérances de bonheur; elles se sont éva-
nouies par les combinaisons les plus singulières, et je reste
avec des regrets. Ces regrets me seraient plus pénibles, si
je n'étais assuré que mon état de célibataire me lie plus
étroitement à ma famille que si j'avais une femme, lien
que j'ai toujours cherché à resserrer avec les miens par
un motif de reconnaissance. Jamais je n'épouserai une
Romaine ni une femme qui ne soit pas de ma religion.
Vos idées à ce sujet me paraissent de toute justesse. Je
suis de la religion réformée et j'aime à croire que je suis
religieux, non de cette manière étroite qui a fait tant de
mal au monde; mais il me semble que les préceptes de
toutes les croyances peuvent concourir au bonheur de
l'homme, parce que tous tendent toujours à amortir les
passions qui rendent quelquefois bien malheureux, si
elles n'ont pas d'autre frein ou si on n'a un sentiment inné
de justice pour ses semblables. Un homme égoïste peut se

livrer peut-être à tous ses penchans sans en souffrir. Ne s'occupant que de lui, il n'éprouve aucune peine s'il est de quelque chose dans le malheur des autres. C'est de cette manière que je m'explique le calme et même le contentement que j'aperçois chez tant de personnes qui, à ce qu'il me semble, ne devraient pas en avoir.

« Chacun voit le monde à sa manière; chacun y a ses goûts, ses plaisirs. L'un jouit du présent, l'autre pense à l'avenir; et, en prenant des routes bien différentes, tous cependant visent au même but : celui de passer l'existence avec le plus de plaisirs et le moins de peines, physiquement et moralement parlant. Qui a raison? qui pense le mieux? Il y a longtemps qu'on ne peut s'accorder sur ce point.

« J'arrive à ce que je veux vous dire, monsieur. Je veux vous exposer ma vie, et vous jugerez si je pouvais aspirer à un autre bonheur que celui qui, jusqu'à présent, m'a fait agir. Je ne parle pas d'une circonstance qui aurait pu me faire dévier, parce que les illusions du bonheur le plus incroyable avaient bouleversé ma tête..... Mais c'est une histoire tout entière que je n'entreprendrai pas de raconter ici !

« Sans avoir reçu une éducation soignée, ma famille, dont la fortune était fort peu considérable, a cependant fait tout ce qu'elle a pu pour que je reçusse quelque instruction, d'autant plus que je paraissais le désirer. Je dois ajouter que, si j'avais été sur un autre théâtre que celui d'un village dans les montagnes du Jura, peut-être j'aurais plus profité que je n'ai fait. Mais si, à cet égard, j'ai eu beaucoup à désirer, j'ai eu ce bien inappréciable d'avoir l'exemple des vertus les plus rares dans ma famille, de la délicatesse de sentiment la plus exquise et en même temps la plus naturelle en ma mère.

« Arrivé à un âge où l'on a dû penser à me donner un état, je suis entré dans le commerce. Mais cette carrière n'était pas faite pour moi. Après plusieurs dégoûts et après avoir passé quelque temps hors de ma famille, j'y suis rentré pour m'occuper à dessiner quelques mauvaises gravures que je copiais avec une précision qui faisait dire que j'avais du talent, et me le faisait croire. Une circonstance particulière décida mes parens à m'envoyer à Paris, pensant qu'un séjour de quelques années dans cette capitale serait suffisant pour me donner un état qui me rendrait indépendant. Alors mon père se prépara à faire les dépenses nécessaires pour m'y entretenir. Hélas! j'ignorais bien complétement alors qu'il fallût un temps si long avant que, dans les arts, on pût vivre d'une manière tant soit peu sûre. Mais il faut que je dise un mot de la circonstance qui me fit partir. Mes parens, qui ont tant veillé sur leurs enfans pour qu'ils ne souffrissent pas d'un trop grand isolément, ne s'en séparaient qu'en étant sûrs de les laisser sous la direction et avec les conseils de personnes sages. C'est ce qu'ils firent pour moi. Je ne sais si le nom des frères Girardet, dans les arts, vous est connu. Il y en a un qui s'est assez distingué dans la gravure en taille-douce; ce n'est pas de celui-là que je veux parler, mais d'un frère qui était graveur aussi et qui, à l'époque dont je parle, était revenu de Paris pour épouser la fille d'un ministre protestant d'un village voisin de la Chaux-de-Fonds, où ma famille est encore, et retourna avec sa femme à la capitale. On me le donna comme maître et directeur; et c'est chez lui que je passai les premières années de mon séjour à Paris. Je me trouvai engagé à suivre la même branche et je devins graveur un peu malgré moi, surtout lorsque j'eus fait la différence de la gravure et de la peinture. Mon maître, que j'ai toujours considéré comme un parfait honnête homme, n'avait cependant pas, à mes yeux, un talent qui me donnât l'espoir d'en acquérir. C'est ce qui m'engagea, tout en restant chez lui, à entrer dans l'atelier d'un maître pour apprendre à dessiner. Je choisis celui de M. David, et je m'en félicite actuellement. J'étais bien jeune; et cette circonstance, probablement jointe à quelques dispositions, me fit remarquer du restaurateur de l'école. Pendant ce temps, mes parens, qui avaient d'autres enfans que l'on ne devait pas sacrifier pour moi, étaient inquiets du résultat de mes études. Ma mère fit un voyage à Paris pour s'assurer par ses yeux des espérances que l'on pouvait fonder sur mon avenir. Elle vit M. David, qui lui en donna de favorables, et elle me quitta avec l'idée qu'elle et mon père pouvaient continuer leurs sacrifices pour me procurer une réussite. J'avais pour but la pension à Rome : à un premier concours, j'obtins un second prix, et, deux ans après, me figurant que le premier prix devait suivre, je me présentai à un second concours. Les circonstances politiques firent évanouir toutes mes espérances, ce que déjà vous connaissez, et, le cœur navré, je me retrouvai dans ma famille après lui avoir occasionné des dépenses trop considérables pour ses moyens. Cependant j'en fus reçu avec les démonstrations du plus grand attachement, non-seulement par mon père et ma mère, mais par mes frères et par mes sœurs. Il est vrai que, si j'ai eu à me plaindre du sort, on ne pouvait me faire de reproches, m'étant toujours conduit de manière à conserver, avec l'amour de ma famille, l'estime générale. La reconnaissance que j'ai ressentie pour ces marques particulières d'affection a été d'une grande influence dans ma vie. Je n'ai plus consulté que ce souvenir et il a été le grand moteur de mes actions, d'autant que les sacrifices que j'ai occasionnés ont été, je ne puis me le cacher, pour beaucoup dans les événemens qui, quelques années après, ont entraîné bien des malheurs dans ma famille : c'est en gémissant que je le reconnais.

«M. David, pendant que j'étais à son atelier, m'avait engagé à peindre quelquefois. J'ai eu lieu de me féliciter de ce conseil qui fut cause que je pus m'occuper d'une manière assez lucrative pendant le temps que je passai en Suisse. A Neuchâtel, je fis quelques bonnes connaissances, parmi lesquelles se trouvait un amateur des arts, M. de Roullet, qui venait de faire un séjour de plusieurs années en Italie avec sa famille et qui, ne voyant que Rome pour un artiste, m'engagea à faire ce voyage. En peu d'années, me disait-il, je pouvais me classer parmi les artistes qui vivent honorablement.

«Mais, pour réaliser ce projet, il fallait encore des dépenses, et j'aurais préféré devenir paysan plutôt que d'induire ma famille à en faire de nouvelles. M. de Roullet fut instruit de ma position et me fit une proposition très désintéressée. Il s'engagea à me fournir les moyens d'étudier et de travailler pendant trois ans, et il se contenta que je lui rendisse ses avances quand je le pourrais. Vous pensez bien que j'acceptai avec reconnaissance, et je partis pour Rome avec l'idée d'y vaincre ou d'y mourir.

«J'eus le bonheur d'y trouver des amis en grand nombre et plusieurs dont les talens et les conseils me firent abandonner la gravure pour la peinture. Ma constitution a dû être bien forte pour résister au travail le plus assidu, je dirai même le plus imprudent, ainsi qu'aux peines et aux chagrins qui suivirent des nouvelles funestes de ma famille. Enfin, grâce en soit rendue au Grand Ordonnateur, après bien des soucis sur ma réussite je commençai à espérer, et à la fin de la troisième année, j'avais au moins une douzaine de tableaux terminés, dont les artistes de Rome faisaient l'éloge et qui plaisaient par leur originalité.

« J'avais obtenu du gouverneur de Rome une autorisation pour avoir un local propre à travailler dans un endroit où l'on avait réuni plus de deux cents montagnards : hommes, femmes et enfans, tous parens des brigands répandus dans les montagnes, et qui portaient des costumes qu'on n'avait jamais vus ici. J'y passai plusieurs mois et, après y avoir fait plusieurs tableaux, j'achetai tous les costumes pour pouvoir faire de nouveaux ouvrages chez moi.

« Je n'ai jamais eu de savoir-faire pour me présenter aux amateurs qui viennent en grand nombre à Rome, et ma timidité était si grande alors qu'elle me fit beaucoup de tort. Cependant un artiste m'amena un jour M. le colonel de La Marre, qui habitait Rome. Mes tableaux lu; plurent : il conduisit chez moi ses amis et connaissances, et le succès le plus singulier suivit. Il était temps qu'il arrivât; car j'avais déjà été obligé d'engager M. de Roullet à continuer de m'aider encore quelque temps pour faire passer l'hiver. C'est à compter de cette époque que la fortune m'a regardé d'un œil favorable. Enfin, au bout de quelques mois, je me trouvai en position d'engager mes parens à m'envoyer mon jeune frère, qui déjà était employé dans une petite branche d'horlogerie. Mais, voyant qu'en la suivant, il aurait toujours une existence peu aisée, et me rappelant qu'il avait montré des dispositions pour le dessin, je lui peignis les avantages d'un changement d'état. D'ailleurs, voyant ma nouvelle fortune, il fut naturellement entraîné à venir.

« J'avais contracté une dette considérable avec ma famille et une autre aussi avec M. de Roullet. Je n'eus pas de repos qu'elles ne fussent entièrement acquittées. C'est pour cette raison que je fis un grand nombre de petits tableaux qui m'en facilitèrent les moyens plutôt que d'autres où j'aurais peut-être acquis davantage. J'avais un autre souci; l'incertitude de la réussite de mon frère, craignant de l'engager tout de suite au grand genre qui ne peut offrir de ressources que quand on a un talent tout-à-fait distingué. J'eus alors l'idée de lui faire commencer le recueil de dessins d'après mes tableaux, ce qui l'intéressa, dans la pensée que l'entreprise de les graver pouvait être avantageuse à tous deux. Mais, tout en s'occupant de ce travail, il ne perdait pas de vue la peinture. Il poursuivait les études nécessaires pour se mettre en état de faire des tableaux. Les premiers qu'il entreprit furent des *intérieurs*. Il me semble que cette marche est bonne; du moins quand on se livre à ce genre, d'après nature, on a sous les yeux son tableau tout fait. Couleurs, effets, lignes ne vous tourmentent pas à chercher; on n'a qu'à copier ce qu'on voit. Il en résulte, à mon sentiment, qu'un jeune artiste travaille avec plus de plaisir et réussit mieux que s'il se met tout de suite en face de son imagination qui ne peut être rendue, parce qu'il manque des moyens nécessaires pour le faire. Enfin, je n'ai qu'à me féliciter au sujet d'Aurèle, car le voilà lancé. Il ne lui manque plus qu'une chose, c'est d'être lui. Pour cela, je crois qu'un voyage qui le séparât quelque temps de moi qui l'influence trop, lui ferait du bien.

« Mais je reprends mon discours. Ce ne fut que plusieurs années après l'arrivée de mon frère que je me fus acquitté entièrement. Mais je me trouvais sans aucunes avances par-devers moi. Je ne pouvais donc raisonnablement songer à me marier; d'autant qu'à cet égard, j'ai des idées positives et que j'ai toujours craint de mettre une femme et des enfans dans une position peu aisée. Jamais, non plus, je n'ai eu l'idée de prendre une femme par des motifs intéressés. Ces raisons vous expliqueront peut-être, cher monsieur, le véritable motif de mon état présent. Ne croyez pas, je vous prie, qu'il dénote de ma part de l'aridité de cœur et que je sois semblable à tant d'hommes qui craignent le mariage parce qu'ils l'envisagent comme un lien qui peut les empêcher de se livrer à une vie libre et peu réglée. J'aime trop l'ordre et la tranquillité pour cela, et j'ai toujours envisagé une union assortie comme le bonheur le plus complet qu'on puisse éprouver. Si je ressens quelque peine de ne l'avoir pas, je dois dire que j'ai eu des dédommagemens, tels que le contentement d'avoir toujours d'heureuses nouvelles à apprendre à ma famille, dont chacun de ses membres jouissait véritablement; cette satisfaction a fait jusqu'à cette heure mes plus chères délices.

« Ma pauvre mère, qui aimait tant ses enfans, m'a procuré le bonheur de la posséder quelque temps à Rome.

Si je ne l'avais pas vue alors, combien sa perte n'eût-elle pas été plus douloureuse pour moi !

« La peinture m'occupe en ce moment d'une manière exclusive. Il me semble que je me sens intérieurement un talent que je voudrais mettre au jour, ce qui me préoccupe et me fait envisager l'avenir avec assez de tranquillité. Si quelques récompenses ou même des honneurs m'arrivaient, je les recevrais certainement avec plaisir; mais je puis dire que je ne me tourmente pas pour en obtenir. Une vie douce et contemplative me paraît préférable aux agitations d'un cœur ambitieux; et ce qui me fait plaisir, c'est que plus je vais, et plus je sens que ce calme, accompagné d'abord d'ennui, de tristesse et de mécontentement, me devient actuellement habituel.

« Mais pardon, cher monsieur, excusez-moi de vous parler toujours de moi et de ce qui me touche. Je me suis laissé entraîner. Je voulais vous dire d'abord très brièvement pourquoi je n'ai pas encore fait choix d'une femme: pour vous l'expliquer, je devais, à ce qu'il m'a semblé, vous donner toutes mes raisons. J'ai donc pensé à vous raconter ma vie qui, à la vérité, est bien insignifiante et qui ne peut avoir d'intérêt que pour les personnes qui me montrent de l'affection; encore doivent-elles être douées d'une bonne dose de patience, car j'ai outrepassé la mesure d'une lettre raisonnable. Et peut-être vous en aurais-je écrit davantage encore, tant je suis heureux, très excellent monsieur, de causer avec vous !........ »

III.

TESTAMENT DE LÉOPOLD ROBERT.

« Frascati, le 16 octobre 1830.

« Au nom du Père, du Fils, du Saint-Esprit; comme il suit, soit :

« Considérant que moi, Léopold Robert, étant mortel et devant mourir une fois, sans savoir le moment où la mort peut m'arriver, je suis résolu à faire mon dernier testament, maintenant que je suis dans la force de mes facultés morales et physiques, pour que mes successeurs et héritiers n'aient, après ma mort, aucune occasion ni raison de controverse, procès, etc. En conséquence, je dispose comme suit de tous mes biens, tant meubles qu'immeubles, créances, rentes publiques et particulières existantes partout en mon nom. Je lègue à ma chère sœur Adèle Robert dix mille francs de France en argent, parce que j'ai le désir de réparer à son égard ce que les circonstances et le sort ont eu de moins heureux pour elle, dans notre famille, que pour ses frères et sa sœur. D'ailleurs, j'aime bien lui donner une marque de reconnaissance de ce qu'elle a été, jusqu'à la mort de notre excellente mère, sa fidèle compagne et amie, et qu'elle l'est, en ce moment, de notre très cher père. J'entends et je veux que le reste de mes biens soit partagé également entre ma chère sœur Sophie Huguenin, née Robert, ma chère sœur Adèle Robert et mon cher frère Aurèle Robert, en les engageant à donner à la Chambre de charité de ma commune du Locle et à l'Établissement des jeunes filles de la Chaux-de-Fonds ce qu'ils jugeront à propos.

« Ceci dit, je veux, j'ordonne et je commande que ce soit ma dernière volonté et disposition, laquelle doit servir de donation et de codicile en cas de mort, et de tout autre titre ou raison, comme cela et non autrement.

« LÉOPOLD ROBERT. »

Indépendamment de ce testament, on trouva dans ses papiers le billet suivant, écrit un mois et quelques jours avant sa mort :

« Je laisse à mon frère Aurèle Robert les dessins qu'il a faits d'après mes tableaux, et que j'ai acquis à différentes époques. Il pourra faire de ces dessins tout ce qui lui semblera le plus avantageux dans son intérêt, ce qui est d'autant plus juste, que ces dessins n'ont pas été payés par moi à leur juste valeur. C'est une petite marque de ma vive reconnaissance pour l'assistance de l'amour fraternel le plus dévoué.

« LÉOPOLD ROBERT. »

« Venise, ce 11 février 1835. »

IV.

LETTRE

DE LA PRINCESSE CHARLOTTE NAPOLÉON

A AURÈLE ROBERT (1).

«Rome, ce 19 avril 1835.

« Je ne puis tarder à venir vous dire, monsieur, tout ce que j'ai éprouvé de douleur en apprenant le malheur affreux qui nous frappe, et c'est avec un chagrin bien profond que je vous écris. A mon départ de Florence, cette fatale nouvelle y était déjà connue, mais on me l'avait cachée, sentant bien tout le mal qu'elle me ferait, et je me plaignais alors de ne pas recevoir de réponse à ma dernière lettre à votre frère. Je disais aussi à M. Jesi que je pensais à revenir à Florence en passant par Venise, et je me faisais vraiment une fête d'aller y surprendre celui qu'il faut pleurer à présent. Pleurer! ah certainement!

(1) Voir pages 319 et 320.

car pour *lui*, j'ai retrouvé bien des larmes. Je le connaissais trop pour ne pas lui avoir voué un attachement bien véritable, — et celui qu'il me portait aussi, j'y comptais bien, je vous assure. Il y a déjà bien des années que mon mari et moi fûmes tous deux dans votre atelier pour la première fois; et à l'admiration que nous avions pour son talent s'étaient jointes une estime et une affection bien véritables. Quand il revint à Terni, où il avait vu mon pauvre Napoléon, il m'en rapporta des nouvelles, et nos conversations nous reportèrent souvent depuis à ce moment où il l'avait vu pour la dernière fois. Que de sujets sérieux n'avons-nous pas traités ensuite! et combien ses sentimens étaient religieux! Que de fois je lui ai envié cette croyance inébranlable qu'il cherchait à m'inspirer! — S'il y a réellement une autre existence, elle doit être bien heureuse pour lui qui était si bon et dont les sentimens étaient si élevés et si beaux. Mais il est triste de laisser des amis. Je ne puis m'empêcher de vous écrire ce que je pense, ce que j'éprouve en ce moment. Je ne vous suis pas étrangère, j'en suis sûre. Je compte sur quelques mots de vous. Je voudrais savoir comment vous, — vous avez supporté tant de malheur et ce que vous devenez; comment vous avez trouvé votre famille.

« J'ai appris par hasard ici ce qu'on m'avait caché à Florence; mais je ne voulais pas y croire jusqu'à l'arrivée d'une lettre de Palerme, de M. Odier, qui m'annonçait avoir reçu la vôtre, et qui était dans la douleur la plus profonde, et a aussitôt pensé à moi et à l'affliction que j'en ressentirais. Enfin, M. Jesi m'envoie votre lettre, et on ne peut plus douter! C'est avec larmes que je vous écris. Combien je me reproche de ne pas avoir écrit plus

souvent à Venise, de ne l'avoir pas engagé davantage à
venir à Florence! Que je suis fâchée que M. Odier ait
quitté Venise! Enfin, j'ai bien des regrets. Je vous demande, monsieur, de me donner de vos nouvelles et d'être
persuadé que bien des gens pleurent avec vous et que je
sens bien la perte que je fais aussi; je comptais tellement
sur l'attachement de votre excellent frère!

« Votre affectionnée

« CHARLOTTE NAPOLÉON.»

P. S. «Chaque jour est pour moi un jour de nouveau
malheur. J'apprends la mort de mon cousin Auguste. Si
jeune! si bon!... Monsieur, ne vous laissez point abattre
par la douleur; prenez courage.»

V.

SUR LE BRIGANDAGE EN ITALIE.

(Voir pages 39 à 47.)

Les nombreuses révolutions qui ont bouleversé l'Italie moderne avaient contribué, comme jadis la révolte des esclaves et la ruine des provinces dans l'ancienne Rome, à nourrir le brigandage. Par une tradition des républiques italiennes, où chacun pourvoyait à sa propre défense et se faisait justice à soi-même, tous les habitans étaient demeurés l'arme au bras. Sous les despotes, pour qui gouverner n'était que poursuivre et punir, les mécontens s'enfuirent armés dans les bois, et recoururent au pillage pour subsister. Le fils de famille endetté ou ruiné, le seigneur compromis par la peccadille de quelque meurtre ou empoisonnement, parfois le prince persécuté ou ambitieux, prirent parti en faveur des bandes et se mirent à leur tête. La paresse des Italiens, secondée des dispositions du sol, fit facilement dégénérer ces désordres en habitude. Les bandits fournirent des assassins pour les meurtres particuliers, tinrent les pays en feu, détruisirent hommes et propriétés, et le brigandage colora de teintes sanglantes la moitié des pages de l'histoire d'Italie.

En vain, pour arrêter la main d'un peuple passionné, voulut-on frapper l'imagination par la terreur et la promptitude des supplices; l'imagination italienne se monta au récit de ce qu'on appelait des exploits, et les supplices mêmes rendirent le brigandage héroïque aux yeux des peuples qui en souffraient le plus. Pour l'Italien, ne pas se venger est comme ne pas répondre à un soufflet : quelque tyrannie subalterne de moine, quelque sanglante jalousie avait-elle allumé la soif de la *vendetta* dans le cœur d'un homme du peuple, il se faisait brigand, ou, pour parler son langage, *il se jetait à la montagne*. Formant, à la fin, comme une espèce de nation à part dans les états de Rome et des Deux-Siciles, tour à tour l'appui ou le fléau des gouvernemens établis, les brigands en vinrent à traiter avec eux de puissance à puissance.

Frosinone et Sonnino étaient devenus leur quartier-général; la ligne de Naples à Ravenne, leur ligne d'opération; les montagnes boisées d'Aquila, d'Aquino et de Terracina, leur refuge. Les repoussait-on des territoires napolitains de Nola, Sora, Fondi, dans la terre de Labour ils refluaient sur les districts romains de Verroli, san Loranzo, Sonnino et Terracina, et réciproquement. Leur prodigieuse activité les multipliait. Les croyait-on à la montagne, ils sortaient tout à coup entre Fondi et Itri, près du mont Saint-André, de cette grotte fameuse par le massacre que la reine Caroline de Naples y fit faire de Français. L'Italie qui, par une suite lointaine de ses anciennes rivalités politiques, présente de ville en ville, de

village en village, des mœurs si diverses, des physionomies si contrastées, n'offrait, à une longue distance, sur
cette double frontière, qu'une âpre uniformité de mœurs
exaltées par les mauvaises passions.

Auxiliaires de la restauration à Naples, les bandits
crurent avoir par leurs services payé leur impunité, et
mirent à profit les faiblesses de l'anarchie et la misère
des populations. Ils avaient réussi par argent à jeter des
ramifications jusque dans les troupes chargées de les ré-
primer. Des agens qu'ils entretenaient à Rome, à Naples,
en Sicile, et dans les grands centres du nord de l'Italie,
les tenaient au courant de l'itinéraire des voyageurs
opulens. On n'osa pas déployer de nouveau les moyens
atroces d'extermination dont le général Manhès s'était
armé contre les bandes sous le roi Murat. Une *comitiva*
était-elle dissipée, de nouvelles se reformaient aussitôt :
les unes, composées d'aventuriers sans unité de but ni
simultanéité d'action, semant devant elles, avec une
aveugle intrépidité, la vengeance, la rapine et le meurtre;
les autres, amies aussi fidèles qu'ennemies dangereuses,
et d'autant plus difficiles à détruire que, par une politique adroite, elles se faisaient de nombreux partisans en
ne mettant que les riches à contribution, et distribuant
aux pauvres des provisions et des secours. Le paysan ré-
calcitrant ou traître était seul exposé à de mauvais traitemens et à la mort (1). Aussi vit-on, soit connivence,

---

(1) C'est ce souvenir qui a inspiré à Victor Schnetz son tableau représentant un berger romain assassiné pour avoir refusé un mouton à
un brigand.

soit terreur, les habitans des campagnes se joindre aux bandes ou leur fournir munitions, armes et retraite. Habiles surtout à entretenir des liaisons avec les aubergistes, elles reproduisirent plus d'une fois, dans les *osterie*, ces scènes tragiques où la férocité jetait le défi à l'imagination la plus lugubre des romanciers anglais. Généralement elles se bornaient à détrousser les voyageurs, et ne tuaient que si l'on faisait résistance à main armée. Quelquefois même elles partageaient les bagages avec leurs victimes. Mais le plus souvent, enlevant ces dernières dans quelque gorge écartée de la montagne, elles les mettaient à rançon, et ne les relâchaient qu'après le paiement.

Les notions du bien et du mal ne sont pas les mêmes pour cette espèce de sauvages que pour le reste des hommes. La facilité avec laquelle certains gouvernemens font de bandits, même de galériens, des soldats et des officiers que les troupes acceptent, prouve que les masses, en ces pays exceptionnels, s'accordent à tremper dans la bonne opinion que les brigands ont conçue de leur propre personne. A l'instar des sociétés primitives, les états mal réglés où le brigand et la soldatesque font la loi ont accoutumé de recruter ainsi leurs troupes sur les grands chemins. Le courage tient lieu de tout. C'est ainsi que le maharadjah du Pendjâb, Rendjit-Sing, réparait les pertes de ses armées. Il y donnait des grades aux détrousseurs fameux, et le général Ventura déclare que ces hommes vigoureusement trempés étaient ensuite, chose bizarre, mais vraie, les officiers sur lesquels il pouvait compter le plus.

On ne peut s'empêcher de se rappeler ce Gaetano Mam-

mône, que la reine Caroline, après son expulsion de
Naples par Championnet, en 1799, traitait en officier de
l'armée royale. Quand elle lui écrivait de Sicile, elle
donnait le titre de *caro colonello e amico* à cet assassin
qui avait fait, un jour, la bravade de boire du sang humain servi dans un crâne comme au palais d'Odin.

Fra Diavolo était aussi officier des troupes à la tête
desquelles le cardinal Ruffo fit, au profit des Bourbons
de Naples, la conquête de leur royaume. On voit encore
à la *Vicaria* (palais de justice), dans le vieux Naples, plusieurs cages de fer attachées au mur, à une grande élévation du sol. C'est là qu'on renferme, jusqu'à ce qu'elles
tombent en poudre, les têtes des suppliciés. Celle de Fra
Diavolo y figure encore. Son fils existe. Il vit même dans
le royaume en qualité d'employé du gouvernement, et
personne ne le montre au doigt.

Nous avons, page 40, parlé de ce Barbone qui avait
offert sa soumission au cardinal Consalvi en échange
d'une place dans la police romaine, et qui obtint la place.
Passe encore pour l'emploi de police; mais on fit à l'ex-
brigand les honneurs des établissemens publics, comme
à un homme qui se prend et est pris au sérieux. Heureusement on avait l'œil sur lui : les mauvaises habitudes
revinrent; on l'arrêta, et il mourut en prison. C'est ainsi
que le sauvage prisonnier Bou-Maza, encore teint du
sang de nos soldats en Algérie, fut des mieux rentés sous
le dernier gouvernement, fut des fêtes de la cour, fut
des plaisirs d'une princesse étrangère et, quand éclata la
révolution, tenta de s'enfuir pour aller reprendre dans
les déserts sa vie fanatique d'aventures et de meurtres.

Les chefs de brigands, lorsqu'ils sont prisonniers, ont

toujours obtenu et obtiennent encore de leurs gardiens
une véritable considération, une sorte de respect; témoin
ce Gasparone de Sonnino, qui, tout galérien qu'il soit à
Civita-Vecchia, n'est pas astreint à porter l'habit du
bagne et obtient des ménagemens marqués. C'est cependant l'un des plus abominables scélérats qui aient in-
festé les grandes routes. Il a aussi traité; mais, cette fois,
le gouvernement romain pensa que, quand on a saisi un
tigre, il ne faut pas le relâcher; il lui manqua de parole,
et, dès qu'on eut sa soumission, on le mit aux fers à la
citadelle de Civita-Vecchia. Là, il excite aujourd'hui encore la curiosité des étrangers auxquels il raconte avec
complaisance l'odyssée de ses campagnes et ses menus
traits de générosité (1). Il se vante d'avoir commis de sa
main quatre-vingt-dix-sept meurtres; encore a-t-il soin
de faire observer que ce n'est pas dans ce qu'il appelle
ses *campagnes* contre les carabiniers. Il apprend, un jour,
que son compère l'a trahi : il enlève l'enfant qu'il a
nommé sur les fonts de baptême et qui avait quatorze
ans; il le tue, et, parodiant le drame de Gabrielle de
Vergy, qu'à coup sûr il ne connaissait pas, il fait manger
au père le cœur de son fils : « Voilà, lui dit-il ensuite
d'un ton froid, comment on se venge d'un traître. »

Après quelques années de fers, Gasparone parut se re-
pentir. Grégoire XVI, qui lui voulait du bien, lui rendit
une fois la liberté; mais il en fit un médiocre usage, et

---

(1) C'est un homme remarquable par une singulière énergie de
constitution et surtout de regard. Des taches de poudre dont il a le
visage couvert ne contribuent pas peu à lui donner un aspect martial.

il fallut lui rouvrir les galères. Je me souviens qu'un chef d'escadron romain qui me servait de guide dans la citadelle, et me fit voir ce scélérat, en parlait avec le respect d'un professeur pour un écolier plus fort que le maître. « De ces deux hommes, disait, à mes côtés, un esprit chagrin, l'un est le Romain, l'autre est le soldat du pape; et s'il se trouve encore parmi ces peuples quelque descendant égaré de Brutus, ce n'est point parmi les fonctionnaires qu'il le faut aller chercher. »

Gasparone s'estime fort pour n'avoir jamais commis la faute d'un crime inutile. A tout prendre, il ne se regarde que comme un prisonnier de guerre, et il est d'une parfaite bonne foi en disant qu'il a fait dans ses campagnes des choses héroïques pour lesquelles d'autres sont récompensés. Il avait l'effronterie, peut-être la naïveté, d'avouer devant moi, l'année dernière, qu'il comptait sur la promesse des réformes entreprises par le pape Pie IX, et qu'un homme comme lui ne serait pas laissé au bagne par le Saint-Père !

Les bandits italiens colorent, autant qu'il est en eux, leurs déportemens d'un prétexte politique, et c'est une de leurs forces sur l'esprit des populations. Le Gasparone n'a eu garde de faire défaut à l'usage : si jamais il arrêta un courrier de cabinet, ç'a été de préférence un courrier de l'Autriche. Ceux de France avaient passage libre à la faveur de quelque légère politesse. Ainsi Giorgini, courrier de l'empire français, et qui est encore au service de l'ambassade de la république, circulait à volonté en gratifiant Gasparone de quelques livres de poudre ou de tabac.

Un autre brigand, le fameux Josaphat Talarico, non

moins redouté naguère en Sicile, a le mérite d'être inédit
de ce côté de la Méditerranée. Aujourd'hui, il vit paisiblement retiré à Lipari par suite d'une capitulation qu'il
a passée avec un major de gendarmerie, nommé Salzano,
chargé de pleins pouvoirs du roi de Naples pour traiter
avec ce prince des grands chemins. Le ministre de la
police, marquis del Carretto, qui se trouvait alors en
tournée à Cosenza, lui remit en personne, dans cette
ville, son décret de grace. Lui et sa bande constituent la
bourgeoisie des îles Éoliennes, où, loin d'être soumis à
aucune surveillance, ce sont eux, au contraire, brigands
retirés, qui ont celle des forçats de Lipari. Talarico reçoit
un traitement de six carlins par jour; et, comme il vient
de se marier, le gouvernement, sur la demande de l'é-
vêque de Lipari, lui fait présent d'un carlin de plus. Chacun des hommes de sa bande jouit d'un traitement jour-
nalier de quatre carlins.

L'histoire de sa capitulation, où il a traité de puissance
à puissance avec sa majesté sicilienne, n'est pas la moins
curieuse de sa vie. Vrai fils du Charles Moor de Schiller,
imitateur du fameux Testalonga, il mit, pendant douze
années, en pratique les doctrines du sophiste Proudhon,
pour qui la propriété est un vol, et joua, sous le harnais
de bandit, dans la *Calabria ferox*, le rôle du Dieu irrité
et du Dieu miséricordieux, jetant aux faibles l'or dont il
dépouillait les heureux du siècle. Aussi est-ce à présent
un des patrons, presque un des saints du peuple, et ses
gentillesses de grand chemin ont un parfum classique
qui fait la joie et le désespoir des vrais croyans.

Société peu avancée que celle où nul opprobre n'est
attaché aux livrées du crime! Il n'est pas rare de voir,

dans les cafés de Civita-Vecchia, des galériens s'attabler au milieu du public, et le public n'y prend point garde. Semblablement, dans les états napolitains, l'homme de chiourme est assez bien avec le soldat qui le garde, pour que celui-ci, quand il veut se rafraîchir au café, donne, avant d'entrer, son fusil à garder au galérien. Le forçat romain porte un habit blanc ou marron rayé, suivant qu'il est condamné à temps ou à perpétuité; l'assassin, quelque nuance d'habit qui le couvre, est sûr d'abondantes aumônes. On voit même circuler, par la ville, de petits garçons vêtus en galériens : ce sont des enfans de condamnés, enfans de troupe d'un nouveau genre, que leurs mères économes ont costumés avec les habits de rebut de leur père.

Tout cela, il est vrai, est dû à mille causes éloignées ou prochaines dont, pour être impartial, il faut tenir compte aux peuples. Souvent, dans les états pontificaux, de même que dans ceux des Deux-Siciles, on condamnait aux galères pour des délits que notre législation n'eût frappés que de peines correctionnelles. Lors de l'invasion des états romains, sous la première république, les Français trouvèrent, dans les bagnes de Civita-Vecchia, un bon nombre de forçats qui y étaient sans jugement. L'écrou ne portait d'autre mention que ces mots : *per ragione da noi conosciuta* (pour raison à nous connue). C'étaient de malheureux paysans que leurs seigneurs avaient traités comme un bétail, et qui pourrissaient là depuis vingt ou trente années.

En 1824, sous le pape Léon XII, dont la politique extérieure fut si sage, mais l'administration intérieure si peu politique, un boucher fut condamné aux galères pour avoir vendu de la viande un vendredi.

A Naples, un pauvre ébéniste de Sorrente fut, dans ces dernières années, condamné à treize ans de galères, comme ayant frappé un caporal de gendarmes, en défendant contre lui l'honneur de sa propre sœur.

Autre fait : un Français nommé Rastoin, établi à Castellamare, fut condamné, par une magistrature vénale, à quatorze ans de galères, pour avoir cherché, sans armes, à arracher son fils aux mains de gendarmes qui l'assommaient à coups de crosse de fusil; et sans la puissante intervention de l'ambassadeur de France, alors M. le duc de Montebello, qui enleva sa grace en allant trouver sur-le-champ le roi, le malheureux Rastoin aurait pourri dans les galères de Lipari sous le fouet de Talarico. Il ne faut point devancer son siècle.

Les gouvernemens de Rome et de Naples avaient arrêté, le 4 juillet 1816, par une convention, les mesures à prendre de concert pour l'extirpation du brigandage; mais les articles répressifs de cette convention ne devaient durer que quatre mois, et la négligence mise de part et d'autre à s'entendre sur la police des frontières avait aidé puissamment à perpétuer les désordres dans l'un comme dans l'autre pays. L'armée napolitaine, révoltée et mal aguerrie, n'avait pu tenir contre les brigands, et l'on sentait que, pour avoir des troupes exercées, il faudrait se résoudre à soudoyer des étrangers, dès que les Autrichiens, qui occupaient alors le pays, l'auraient évacué. On ne le fit que plus tard. Impuissant donc à obtenir la répression du crime par ses soldats, dont le fer, *telum imbelle sine ictu*, n'avait pas de tranchant, le gouvernement des Deux-Siciles imagina de détruire les bandits par eux-mêmes. Dans cette vue, il traita avec un de leurs chefs les plus hardis et les plus entreprenans, le fameux Gaetano Vardarelli, qui, avec ses deux frères, trois de ses parens, et soixante-quinze hommes aussi déterminés que lui, tenait en échec les troupes les plus alertes. Au prix d'une amnistie pleine et entière, et d'une grosse solde pour lui et pour ses cavaliers, cet homme s'engagea à purger de brigands les provinces qu'il avait lui-même ravagées. Sa bande, par un article de la convention, devint *squadriglia d'armigeri* (un escadron de gendarmes), qui, fidèle à ses engagemens, travailla avec autant de vigueur que de succès à la pacification du pays.

D'abord soldat déserteur de l'armée de Murat, puis proscrit et brigand heureux en Sicile, ce Gaetano avait compté, lors de la restauration des Bourbons, que son intrépidité connue et sa qualité redoutée de brigand lui vaudraient de l'emploi dans l'armée; il avait pensé juste : on l'avait fait sergent dans la garde. Mais les mauvais instincts ayant repris le dessus, il avait déserté de nouveau, s'était fait une bande et avait détroussé sur les grands chemins. Les *Vardarelli* (la troupe était ainsi nommée du nom du chef), assouplis sous une discipline de fer, toujours à cheval, présens partout, partout insaisissables, excitaient à la fois terreur et admiration. Les gagner était devenu une affaire d'état. La convention qu'ils souscrivirent avec le gouvernement est datée de Naples, le 16 juillet 1817. Le chef reçut traitement de colonel, c'est-à-dire 90 ducats par mois; chacun de ses trois lieutenans eut traitement de capitaine, à savoir, 45 du-

34

cats, et chaque homme de la compagnie en eut 30. Il était
stipulé que tous ces traitemens seraient payés par mois
et à l'avance (art. III). La compagnie eut à prêter serment de fidélité au roi entre les mains du commissaire
royal (art. IV), et le serment fut prêté. Au rapport du
duc de Narbonne, alors ambassadeur de France à Naples,
on assurait même que des récompenses honorifiques leur
avaient été promises. Rien ne coûtait, en fait de promesses, à ce gouvernement qui devait si mal les tenir.

Mais dans ce malheureux royaume de Naples, où la faiblesse et l'impopularité des gouvernans avaient réduit à
un pareil traité, le roi Ferdinand avait sur les bras, indépendamment du brigandage, la secte des *carbonari*, re-
crutée, chaque jour, des hommes les plus énergiques.
Vardarelli lui-même, avant de traiter, se vantait d'y être
affilié, et peut-être disait-il vrai. Faisant souvent cause
commune avec les bandits pour arriver plus promptement au renversement du gouvernement, les sectaires
avaient excité des mouvemens insurrectionnels dans les
villes et répandu l'agitation dans les campagnes. Ils s'é-
taient portés à des hostilités contre les troupes régulières;
ils avaient même arraché des mains des autorités une
bande de malfaiteurs qu'elles s'apprêtaient à punir. Ainsi,
au mois de janvier 1818, un chef de brigands, vivement
poursuivi par un détachement de troupes, se réfugia avec
sa bande dans un château situé à quelque distance de la
ville de Lecce. L'officier qui commandait le détachement
faisait ses dispositions pour attaquer le château, quand
les paysans d'un village voisin, tous *carbonari*, paruren
en armes, firent feu sur la troupe et la forcèrent à la retraite. Le général anglais Church, au service de Naples et

commissaire de la province, fit partir des renforts, au moyen desquels les habitans du village et les brigands, enfermés dans le château, furent cernés et obligés de se rendre.

Au milieu de tous ces désordres, le gouvernement napolitain eut bientôt peur de son propre ouvrage, et, dès qu'il en eut recueilli les fruits, il tendit des piéges aux Vardarelli réhabilités, et ne songea plus qu'à laver dans leur sang la honte de sa faiblesse. On les accusa de trahison; mais le fait de leur trahison est contesté. Ce qui ne l'est pas, c'est l'histoire de leur massacre par les troupes napolitaines. Ils furent surpris, un jour de marché, à Foggia, et l'on en fit une boucherie. Leur fin courageuse et désespérée, le prestige de leur ancien métier de brigands, ont rendu leur mémoire très populaire.

Les mêmes difficultés se présentaient dans les états du pape. Depuis que le vigoureux gouvernement de Napoléon avait disparu; depuis que les *motu proprio* de Pie VII avaient bouleversé les ordres judiciaire et civil, et blessé les opinions et les intérêts créés par la domination française, des mécontentemens avaient éclaté, et le brigandage, qui sort de terre au premier bruit de troubles, avait reparu plus ardent que jamais. Le cri public força enfin les cours de Rome et de Naples à s'entendre, dans un intérêt commun, pour la protection de leurs sujets contre les malfaiteurs, et, le 19 juillet 1818, elles signèrent une convention d'extradition destinée à proroger les articles jusque-là inutiles de 1816.

En vertu de cette tardive convention, des colonnes mobiles de carabiniers (gendarmes) furent créées dans les provinces maritimes et intérieures des deux pays pour prendre les brigands entre deux feux. Les forces militaires romaines et napolitaines furent autorisées à les poursuivre jusqu'à une certaine distance au-delà des frontières respectives.

De mois en mois, une liste de malfaiteurs fut imprimée et publiée, et l'on put tuer comme bête fauve, où qu'on le trouvât, tout homme porté sur cette liste, n'eût-il commis aucun délit sur le territoire.

Cent *scudi* de récompense à qui représenterait la personne, à tout le moins la tête, d'un chef de bande.

Enfin, pour couper aux brigands les communications et les subsistances, et prévenir l'espionnage des bergers, on retira les bestiaux des montagnes limitrophes les plus infestées, et des troupes gardèrent à vue bergers et bestiaux dans les districts où ils furent cantonnés.

Un an presque jour pour jour après la signature de cette convention, fut lancé dans les États-Romains l'édit de démolition de la ville de Sonnino, le repaire de brigands des deux frontières. C'était annoncer l'intention de poursuivre sans faiblesse l'exécution des articles; mais des considérations d'indulgence portèrent le souverain Pontife à surseoir à la démolition. Or, quand ce genre de rigueur ne s'exécute pas sur-le-champ, il ne s'accomplit jamais. L'audace des bandits s'en accrut. L'un des secrétaires de l'ambassade du duc de Blacas, le marquis de Sommery, avait été arrêté et laissé nu, entre Fondi et Terracina, avec son frère, officier au service d'Autriche (1).

---

(1) On se rappelle ce chevalier de Sommery qui, en 1702, passa à Rome sans y coucher, vit le pape Clément XI le temps de lui baiser a mule, courut à Saint-Pierre, et de la porte : « N'est-ce que cela?

Les brigands poussaient leurs reconnaissances jusqu'aux portes de Rome, et dévalisaient des voyageurs en face de St-Jean-de-Latran. On aurait pu supposer que l'occupation militaire de Naples par les Autrichiens qui traversèrent, en 1821, les états du Saint-Siége aurait du moins ce bon résultat de purger la double frontière et la route de Rome à Naples. Non, l'application du fer étranger ne suffit pas pour extirper la plaie. Se recrutant de déserteurs, de révolutionnaires et réactionnaires de toutes les classes, les bandits furent plus nombreux et plus entreprenans que jamais. Malheur à qui ne voyageait pas sous bonne escorte! Les brigands allèrent, en janvier 1822, jusqu'à enlever et transporter dans la montagne un colonel autrichien, le comte de Codenhove, chargé d'une mission de son gouvernement, et qu'à son cortége ils avaient pris pour l'opulent prince Esterhazy, dont leurs espions avaient annoncé le prochain départ. Quand ils reconnurent leur erreur, le prince était passé sans danger. Ils n'en sommèrent pas moins, dans leur colère, le commandant du premier poste autrichien d'avoir à leur payer pour le prisonnier une rançon de 20,000 écus romains. L'effronterie du fait, encore plus celle de la demande, allumèrent l'indignation du général en chef,

---

dit-il, et s'en alla. Cette étourderie avait produit, dans le temps, un effet extraordinaire. Clément XI, qui en avait été blessé, en parlait sans cesse. Il en pleura même, lui dont la politique avait, en toute occasion, un torrent de larmes à ses ordres. On prit texte de cette vieille aventure pour railler le marquis de Sommery sur la sienne, et l'on alléguait que c'était une vengeance tirée sur sa personne, par les Romains, du mépris d'un de ses aïeux.

✱

baron de Frimont, le même à qui Paul-Louis Courier appliqua ses caustiques. Il fit répondre qu'il ne savait pas ce que c'était que de racheter des militaires autrichiens à prix d'argent; et, commandant une battue par un bataillon d'arquebusiers tyroliens soutenu d'un détachement de cavalerie et d'infanterie romaines, il traqua les bandits dans leur repaire. Cernés de toute part, épouvantés à la vue des feux de bivouac, succombant déjà sous la faim et la fatigue, ceux-ci relâchèrent le colonel en lui faisant promettre de solliciter pour eux une amnistie, qui leur fut refusée. La bande fut prise en partie, et le reste se dispersa dans les Apennins pour tomber, plus tard, dans une lutte désespérée, sous le plomb des carabiniers ou sous la corde du bourreau.

Traqué de tout côté et par tous les moyens, le brigandage fit une vigoureuse résistance; mais bientôt la délation creusa des précipices autour des bandits, parmi lesquels ne se trouvait pas une seule tête dont la loi n'eût à l'avance disposé. Le corps de carabiniers des deux nations, secondant à l'envi la bonne intelligence établie entre les autorités de police sur la double frontière, frappa, de son côté, de terribles coups. Enfin, l'abandon fait par le clergé de la dîme en argent que la plupart des paysans ne pouvaient payer sans voler; surtout encore le bien-être des populations, fruit d'une longue paix, achevèrent alors l'œuvre de la destruction du brigandage. Toutefois l'armement général et l'acceptation de la civilisation moderne de ce côté des Alpes et dans l'Italie du nord pourraient seuls réussir à l'extirper d'une manière radicale. Malheureusement cette civilisation, fondée sur le travail, rencontre dans les mœurs de l'Italie méri-

dionale trop d'obstacles, que les bouleversemens politiques modernes ne font qu'augmenter encore. L'unité
italienne est un rêve : les sympathies des peuples ne
s'improvisent pas. Ce sont encore les Romains, les Vols-
ques, les Sabins, etc., des temps antiques qui foulent le
sol de l'Italie, et le vieux levain gibelin et guelfe y fait,
aussi par tradition, germer ses haines de nation à nation,
de ville à ville, de quartier à quartier dans les cités. Le
peuple, ignorant et superstitieux, ne comprend rien aux
améliorations que réclament à main armée la noblesse
et les classes éclairées de la bourgeoisie. Tantôt il voit
avec indifférence, tantôt avec une malignité hostile,
l'agitation des réformateurs, et une aristocratie naturellement odieuse ne réussit pas mieux par la ruse que
par l'autorité, faute d'avoir su rattacher à ses passions
l'intérêt des masses populaires. Le brigandage sourit
mieux à la multitude. Il restera donc endémique dans
ces contrées, grace aux fautes des gouvernans et des
classes privilégiées. Aujourd'hui encore il fait, par le
souvenir, frémir la fibre du peuple, comme le son lointain du clairon fait hennir le coursier de guerre : les
héros, les types nationaux sont là. Avec les chevaliers du
Tasse, les brigands, — ces chevaliers errans des rêves de
liberté désordonnée des classes ignorantes, — sont l'ornement et le succès des ballades qui se déclament, le
soir, au môle de Naples ou à la foire de Carditello. Nul
doute que ce ne fût le sujet de la cantilène poétique de
l'*Improvisateur napolitain* que nous avait donné Léopold
Robert. Une vie comme celle de tous les brigands, une
vie tissue des plus romanesques aventures de courage,
d'amour, de crime, de générosité chevaleresque, — en

un mot de drame joué au grand air d'une liberté sans limite, — n'est que trop faite pour séduire des esprits passionnés qui prennent l'éclair de l'imagination pour le foyer du bon sens. Que les désordres politiques et administratifs (ce qu'à Dieu ne plaise!) continuent à remuer l'Italie, et le brigandage, qui déjà renaît, va se propager : vérité terrible qu'on voit, armée du glaive, descendre du haut des Apennins pour avertir les peuples et les gouvernemens.

FIN.

TABLE ANALYTIQUE

DES MATIÈRES.

———◦◦◦———

LIVRE PREMIER.

PREMIÈRE PÉRIODE.

LIVRE SECOND.

SECONDE PÉRIODE.

(1822-1831.)

LIVRE QUATRIÈME.

APPENDICE.

FIN DE LA TABLE.

ERRATA.

Page 5, ligne 17 : — *plus étudié David que Patru*, ajoutez : et Vaugelas.

Page 15, dernière ligne : — *corresponding membre*, lisez : member.

Page 36, ligne 12 : — *Degérando*, lisez : de Gérando.

Page 50, ligne 3 de la note : — *de lentisques, de mûriers sauvages*, lisez : de lentisques, d'oliviers sauvages.

Page 52, ligne 5 : — *encore en tire-t-on*, lisez : encore en tire-t-il.

Page 93, ligne 15 : — *partageait avec les œuvres d'Aristote*, lisez : partageait avec l'*Homère* d'Aristote.

Page 109, ligne 21 : — *l'horizon et enchanteur*, lisez : l'horizon est enchanteur.

Page 111, ligne 11 : — *fumer la canale*, lisez : fumer le *canale*.

Page 112, ligne 5 : — *recouverte d'une étoile*, lisez : recouverte d'une toile.

Page 118, ligne 7 de la note 1 : — *dessinés par Raphaël*, lisez : dessiné par Raphaël.

Page 130, ligne 7 : — *cette digresson*, lisez : cette digression.

Page 156, ligne 15 : — *en 1831*, lisez : en mars 1830.

    Id.   lignes 17 et 18 : — *quand il fut de retour à Florence avant de passer à Venise*, lisez : quand il vint à Paris en 1831.

Page 157, ligne 2 : — *lueurs d u solei*, lisez : lueurs du soleil.

Page 198, ligne 25, dans la note : — *aussi connu que l'autre,* lisez . aussi connu que l'antre.

Page 208, ligne 1 : — *out leur lustre,* lisez : tout leur lustre.

Page 223, ligne 18 : — *comme s',* lisez : comme s'il.

Page 248, ligne 4 : — *confianc,* lisez : confiance.

Id. ligne 5 : — *mai,* lisez : mais.

Page 251, ligne avant-dernière : — *qui m'on-,* lisez : qui m'ont.

Page 268 : — faites précéder le dernier *alinéa* de «

Page 269 : — faites précéder le premier *alinéa* de «

Page 302, ligne antépénultième : — *religions,* lisez : religion.

Page 309, ligne 6 : — *de ce dernier,* ajoutez : La comtesse de Survilliers était aussi présente.

Page 324, ligne 5 : — *itnguer,* lisez : tinguer.

Page 360. Année 1820 — *Brigand avec sa femme,* ajoutez : endormie. Le brigand tient un petit enfant dans ses bras. Ce tableau a été acheté, en 1841, à la vente de M. de Pigneux, par M. le comte de Pourtalès-Georgier.

www.ingramcontent.com/pod-product-compliance
Lightning Source LLC
Chambersburg PA
CBHW051351220526
45469CB00001B/194